Ştiin. Ştiin.

## Despre carte

Lucrarea de față îndeplinește un rol util și multiplu în cadrul dezvoltării mijloacelor de informare și de învățare a limbilor străine în țara noastră.

Rod al unor strădanii îndelungate pentru adunarea și sistematizarea unui material prețios, pentru perfecționarea și aducerea lui la zi, în pas cu dezvoltarea științei și tehnicii, precum și cu schimbările atât de dinamice ale realității și relațiilor cotidiene, lucrarea asigură corespondența între modurile de exprimare atât de diferite ale românilor și englezilor, utilizând un vocabular bogat și contemporan.

Acest ghid se adresează românului călător în numeroase țări de limbă engleză precum și oaspetelui venit în România dintr-una din aceste țări. În plus, el oferă elevilor, studenților, în general, celor care studiază limba engleză expresii și tipare uzuale - în structuri și contexte paralele - folosite în cele mai variate situații, depășind astfel nivelul unui simplu ghid turistic, putând fi utilizat ca un adevărat manual de conversație.

## Despre autor

**Maximilian (Maxim) Popp** (n. 19 ianuarie 1912, la Viena), de cetățenie română și austriacă, a fost profesor universitar la Universitatea din București și la Conservatorul „Ciprian Porumbescu" din București. A studiat la Hochschule für Wetlhandel din Viena și la Academia de Înalte Studii din București, specializându-se în predarea limbilor străine (engleză, germană, franceză). A trăit și studiat 5 ani în Marea Britanie, perioadă în care a fost membru al Confederației Internaționale a Studenților de la Londra. Și-a luat doctoratul la Viena. A publicat numeroase articole și lucrări de specialitate, între care *"Limba germană"* – 2 volume (Editura Didactică și Pedagogică, 1968), *"Engleza vorbită – cuvinte și expresii de uz curent"*, *"Spoken English - Everyday Words and Phrases"* (Editura Sport-Turism, 1978), *"English through Pictures"* (Editura Științifică și Enciclopedică, 1983). Dovedind o experiență deosebită în predarea modernă a limbilor străine, metodele consacrate de el sunt renumite pentru acuratețe, eleganță și eficiență. S-a stins din viață la 10 februarie 1994.

Maxim Popp

# GHID DE CONVERSAȚIE ROMÂN – ENGLEZ

*pentru toți*

NICULESCU

Descrierea CIP a Bibliotecii Naţionale a României
POPP, MAXIM
Ghid de conversaţie român-englez pentru toţi / Maxim Popp. –
Bucureşti: Editura NICULESCU, 2011
ISBN 978-973-748-583-0

81'374.8=135.1=111


Adresa: Bd. Regiei 6D
060204 – Bucureşti, România
Comenzi: (+40)21-312.97.82
Fax: (+40)21-312.97.83
E-mail: editura@niculescu.ro
Internet: www.niculescu.ro

B-dul Tudor Vladimirescu, nr. 31, sector 5, Bucureşti, ROMÂNIA
Tipărit la fedprint tipografie
Tel.: 411.00.55; 411.47.76 fed@promo.ro

ISBN 978-973-748-583-0



---

# *Diverse*

# *Miscellanea*

# NOȚIUNI INTRODUCTIVE
# INTRODUCTORY NOTES

## Expresii convenționale în conversația engleză curentă

*Cererea* sau *rugămintea* de a ni se spune ceva, de a face sau a ni se face un serviciu, un anumit lucru etc. este de obicei formulată printr-o construcție interogativă introdusă de verbul "will...?". Ex.: "Will you tell me the time?" (Vreți/Binevoiți să-mi spuneți ce oră este?), "Will he take this letter to the post office?" (Vrea el să ducă scrisoarea aceasta la poștă?)

Expresii similare în conținut în acest sens mai sunt: "Are you so kind as...?" (Sunteți așa de amabil să...?) sau "Can/Could you...?" (Puteți să/Ați putea să...?). Ex: "Are you so kind as to lend me a hand?" (Sunteți așa de amabil să-mi dați o mână de ajutor?), "Can/Could you translate this text for me?" (Îmi puteți/Mi-ai putea traduce acest text?)

**N.B.** Politețea obligă ca astfel de cereri sau rugăminți să fie completate de una din expresiile: "...please, ...if you please" (...vă rog).

*

Construcțiile prin care vrem să exprimăm *o dorință* le introducem cu cuvintele: "I should like to..." (Aș dori/Mi-ar face plăcere să...). Ex.: "I should like to meet her." (Aș dori/Mi-ar face plăcere să o cunosc.) sau: "We should like to take a walk." (Am dori/Ne-ar face plăcere să ne plimbăm).

*Obs.* La forma interogativă, *should* este înlocuit cu *would*. Ex: "Would you like to meet her?" (Ați dori/V-ar face plăcere să o cunoașteți?). "Would you like to take a walk?" (Ați dori/V-ar face plăcere să vă plimbați?).

Când solicităm *îngăduința* sau *permisiunea* de a face ceva, putem face uz de unul din verbele *may* sau *permit*, ambele având aici înțelesul de "a putea/a i se permite să..." Ex.. "May I ask you a question?" (Pot/Îmi permiteți să vă pun o întrebare?), "May we smoke here?" (Putem/Ne permiteți să fumăm aici?), "Permit me to help you" (Permiteți-mi să vă ajut) sau "Will you permit me to...?" (Îmi permiteți să...?).

Cuvintele de *mulţumire* pot fi exprimate – între altele – prin: "Thank you!" (Vă mulţumesc!) sau "Thank you very much!" (Vă mulţumesc foarte mult!) sau "Much obliged!" (Vă sunt foarte îndatorat!) sau americanismul "I appreciate!"

*Obs. 1.* - Pentru a conferi acestor expresii o notă mai oficială, de la caz la caz putem adăuga şi: ...Sir (domnule), ...Madam (doamnă), ...Miss (domnişoară). Ex: "Thank you, Sir!" (Vă mulţumesc, domnule!)

*Obs. 2* - Cuvintelor de mulţumire ce ni se adresează le putem răspunde cu una din expresiile: "Don't mention it", "You're welcome", "Not at all", "It's all right" corespunzând aproximativ expresiilor româneşti: "N-aveţi pentru ce!" şi respectiv "Pentru puţin!"

*Obs. 3* - În cazul în care, în schimbul unui serviciu sau al unei atenţii etc., interlocutorul prestează un altul sau acordă corespunzător o indemnizaţie, la "Thank you!" se răspunde tot prin "Thank you!" sau "Thank you too!" (Şi eu vă mulţumesc!).

Dacă *nu înţelegem* sau *nu auzim bine* cuvintele rostite de interlocutorul nostru, spunem: "Pardon?" sau "I beg your pardon?" (Poftim? Vă rog...?).

**N.B.** În stilul familiar putem folosi şi interogaţia "What...?" (Ce...? ), însă niciodată "Please?"*

*Obs. 1* - Rugămintea de *a se repeta* cuvântul sau cuvintele pe care nu le-am înţeles sau auzit o menţionăm cu una din expresiile: "Please, repeat!" (Vă rog, repetaţi!) sau: "Say it again, please!" (Spuneţi încă o dată, vă rog!) sau: "I did not (quite) understand you!" (Nu v-am înţeles (prea bine)!).

*Obs. 2* - Foarte frecvente sunt situaţiile când în convorbire cu persoane purtând nume străine, de ex. vizitatori de peste hotare, nu putem desluşi ortografia numelui interlocutorului nostru. Pentru a-şi spune *numele "literă cu literă"* ne vom adresa cu următoarele cuvinte: "Spell your name, please!" sau: "How do you spell your name?" (Vă rog pronunţaţi numele dvs., literă cu literă). Acelaşi verb (*to spell*) îl folosim şi în cazul altor nume ca de ex. cu referire la ţări, localităţi etc. despre care nu ştim cum se scriu în limba engleză. Ex.: "Spell it/this word,

---

* Este însă frecvent folosit ca formă de politeţe obligatorie (Vă rog), când cerem sau oferim ceva: "Let me have a look at your lighter, please." (Permiteţi-mi, vă rog, să mă uit la bricheta dvs.), "Accept this... from me as a token of respect and gratitude, please." (Acceptaţi/Primiţi, vă rog, acest... din partea mea ca un semn de respect şi recunoştinţă).

please!" (Pronunțați, vă rog, literă cu literă acest cuvânt!).

Interjecția "*Poftim!*" cu înțelesul "Ia(tă)/Ține!", folosită când dăm/înmânăm ceva cuiva este redată prin "Here you are!".

Adresându-ne unei persoane (care nu ne vede), cu intenția de *a-i atrage atenția asupra noastră*, de ex. pe stradă, unui trecător de la care vrem să obținem o informație, într-un restaurant, ospătarului etc., vom spune: "Excuse me, please", "Pardon me, please" (Scuzați-mă, vă rog) sau mai puțin formal: "I say, please".

Traducerea expresiei românești "Ce mai faceți?", cu referire la *starea sănătății* sau *dispoziția* unei persoane, se face prin cuvintele: "How are you?" (niciodată prin: "How do you do?"). Aceeași întrebare însă cu referire la terți se formulează corespunzător persoanei. Ex.: "How is/How's your father?" (Ce face/Cum se simte tatăl dvs.?) sau: "How are they all at home? (Ce fac/Cum se simt membrii familiei/toți cei de acasă?).

Răspunsul variază de la caz la caz: "I am fine thank you!" (Mulțumesc, foarte bine!) sau: "I am all right!" (Foarte bine!) sau: "I have never been happier!" (N-am fost niciodată mai fericit!) sau: "Just so and so!" (Așa și așa!) sau: "Pretty well, thank you!" (Destul de bine, mulțumesc!) sau: "Not very well!" (Nu așa de bine!).

*Scuze*, indiferent de natura motivului care ne obligă să le prezentăm, pot fi exprimate – între altele – cu următoarele fraze: "I (must) apologize for...!" (Trebuie să mă scuz pentru...!), "Excuse me, please!" (Scuzați-mă, vă rog! – mai ales când întrerupem pe cineva) sau: "I beg your pardon!" (Vă rog să mă scuzați!) sau: "I very much regret...!" (Regret foarte mult...!). Expresia cea mai elocventă prin care ne arătăm părerea de rău pentru un neajuns pricinuit cuiva este "I am sorry!" sau "I am awfully sorry!" (Regret/Îmi pare foarte rău!).

Acceptarea scuzei este de obicei formulată cu cuvintele: "It is all right!" (traducerea aproximativă: "Nu face nimic!") sau: "Don't bother!" (traducerea aproximativă: "Nu vă necăjiți/Nu-i nimic!).

Alte forme curente de exprimare a sentimentelor:

*bucuria* - "What a pleasure!" (Ce plăcere!) sau "I am glad to...!" (Sunt bucuros să...!) sau "Nothing could make me happier!" (Nimic nu m-ar putea face mai fericit!). De asemenea: "Bravo!", "Well done!" (Bravo! Foarte bine!).

*supărarea, părerea de rău* - "I am very angry!" (Sunt foarte supărat!) sau "I am angry with you!" (Sunt foarte supărat pe tine/dumneata!), "I am sorry for you!" (Îmi pare rău!), "I am much affected!" (Sunt foarte îndurerat!).

*deznădejdea, încurcătura* - "What shall I do?" (Ce să fac?) sau "What can he done now?" (Ce se poate face acum?) sau "I am at a loss!" (Sunt în încurcătură!).

*mânia, reproşul* - "I am indignant!" (Sunt indignat!) sau "It is a scandalous thing!" (Este un lucru scandalos) sau "Shocking!" (Revoltător!) sau "What a shame!" (Ce păcat!) sau "For shame!" (Ruşine!).

*îndoiala* - "What?!" (Ce?!) sau: "Really?" (Într-adevăr?) sau "Can it be so" (Să fie aşa?), "It is incredible!" (E de necrezut!), "Are you sure of it?" (Sunteţi sigur de asta?).

*mirarea* - "I wonder...?" (Mă întreb...?).

*pentru a întări o afirmaţie* - "Yes, of course!" (Da, desigur/fireşte!) sau "Sure!", "Surely!"/"Doubtlessly" (Sigur, cu siguranţă!).

*pentru a întări o negaţie* - "No, certainly, not!" (Nu, cu siguranţă, nu!) sau "No, it is not the case!" (Nu, nu este cazul!) sau "I did not say that..." (Eu nu am spus că...) sau "Not in the least!" (Câtuşi de puţin!).

| SALUTĂRI | GREETINGS |
|---|---|
| Bună dimineața! | Good morning! |
| Bună ziua! | Hello!/Good morning!/Good afternoon! |
| Bună seara! | Good evening! |
| Noapte bună! | Good night! |
| La revedere! | Good-bye! |

*Obs. 1* - Când salutul este adresat unei persoane mai în vârstă, uneia căreia îi datorăm un anume respect, în expresiile de mai sus vom adăuga - de la caz la caz – cuvintele ..., Sir/Madam/Miss. Ex: Good morning, Sir! - Good evening, Madam!

*Obs. 2* - "Good morning!", la fel ca şi în limba română, se întrebuințează în primele ore ale dimineții până la ora prânzului.

*Obs. 3* - "Good day!" este folosit rar, numai pentru încheierea unei conversații (sau chiar întreruperea unei relații).

*Obs. 4* - "Good evening!" se spune o dată cu înserarea, de obicei după ora cinci, ora "ceaiului" (Five o'clock tea).

*Obs. 5* - "Good night!" se spune la ore târzii şi anume când ne despărțim de cineva.

Alte forme de salut specific englezeşti mai sunt:

- "Good afternoon!" se spune în intervalul dintre masa de prânz şi ora 5 p.m.
- "Hello!" este o formă folosită între prieteni sau vechi cunoscuți, corespunzătoare salutului românesc: "Salut! Noroc!"
- Cu înțeles aproximativ identic cu "Hello!" dar de o nuanță mai puțin intimă, mai oficială, este expresia specifică "How do you do!" care poate fi întrebuințată la orice oră față de persoane pe care le respectăm (echivalente: "Vă salut!", "Să trăiți!", "Sărut mâna! etc.). La ea se răspunde tot prin salutul cu care am fost întâmpinați ("How do you do!").

Americanismul "Hi!" (Noroc!/ Bună!) este o formă mai familiară decât "Hello!"

- Sinonime cu "Good-bye!" mai sunt şi expresiile: "So long!" şi "See you later!" (Amer.). Salutul "See you tomorrow!" se traduce: La revedere/Pe mâine. Abreviațiile "Bye-bye!" şi "Cheerio" sunt obişnuite tot cu înțelesul de mai sus mai ales în vorbirea familiară şi în rândurile tineretului (Pa!).

## CINE ESTE...?

***(Traducerea în lb. engleză a cuvintelor domnule, doamnă etc.)***

Cine este domnul acela? Este domnul Brown?

Nu, domnule, domnul acela este domnul Porter.

Domnul vârstnic de lângă ușă este doctorul Johnson?

O, nu, este Sir Alec, binecunoscutul dramaturg englez.

Știți întâmplător, doamnă, cine este doamna care șade pe canapea?

Desigur că o cunosc. Este doamna Newman. O doamnă foarte gentilă/amabilă/cumsecade.

Într-adevăr? Am confundat-o cu Lady Lawrence.

Nu, doamnă, ea este doamna Newman, soția profesorului Newman.

Ascultă, George, cine este tânăra/domnișoara care tocmai intră?

Nu o cunoști? Este domnișoara Mary Williams.

## WHO IS...?

***(The English for domnule, doamnă etc.)***

Who is that gentleman? Is he Mr Brown?

No, Sir, that gentleman is Mr Porter.

Is the elderly gentleman near the door doctor Johnson?

Oh, no, he is Sir Alec, the well-known English playwright.

Do you happen to know who is the lady sitting on the sofa, Madam?

Of course, I do. She is Mrs Newman. A very kind lady.

Is she? I mistook her for Lady Lawrence.

No, Madam, she is Mrs Newman, professor Newman's wife.

I say, George, who is the young lady that just coming (in)?

Don't you know her? She is Miss Mary Williams.

*Obs. 1* - Mr. şi Mrs (abrevieri pentru *mister* şi respectiv *mistress*) cer să fie urmate de numele persoanei în cauză. "Miss...", de asemenea este preferabil să fie asociat cu numele întreg (sau mic) al persoanei cu care vorbim sau despre care este vorba. De remarcat, totuşi, faptul că se spune Mr (John) Patrick – nu Mr John, Miss (Eliza) Doolittle – fără restricţii, Professor (Henry) Higgins, Sir Daniel (Jones) – nu Sir Jones, Lady Vivian (Leigh) – nu Lady Leigh, Dr (Samuel) Johnson – nu Dr Samuel. Expresia "young lady" (tânără, domnişoară) stă întotdeauna singură. Ex.: "Will you introduce me to the young lady, I mean to Miss Patricia (Edward)?" (Vrei să mă prezinţi domnişoarei, vreau să spun domnişoarei Patricia (Edward)?").

*Obs. 2* - Sir şi Lady nu sunt urmate de nume decât dacă persoana respectivă deţine – cum este cazul în Anglia – un titlu de nobleţe. Sir Winston – Lady Hamilton.

*Obs. 3* - Înaintea numelui mic al băieţilor de "familie" cărora nu li se spune încă Mister... (domnul...) se punea pe vremuri cuvântul Master... (echivalent cu românescul "domnişorul...") Ex.: Master Tom.

*Obs. 4* - Gentleman şi Madam nu sunt niciodată urmate de nume.

*Obs. 5* - Adresându-ne unui grup de bărbaţi şi femei, vom spune: "Ladies and gentlemen", dar vom spune Mr and Mrs Cartwright (nu Mrs and Mr Cartwright ca în limba română) atunci când bunăoară ne referim la soţ şi soţie. Ex.: "Mr and Mrs Robinson have the pleasure of inviting you to..." (Domnul şi doamna Robinson au plăcerea de a vă invita la...)

*Obs. 6* - Titlurile ştiinţifice ale intelectualilor, de nobleţe etc. nu sunt precedate de Mr sau Mrs. Ex.: "Good morning, professor! Have you seen doctor Bock?" (Bună dimineaţa, domnule profesor! L-aţi văzut pe domnul doctor Bock?). **N.B.** Pentru a evita confuzii posibile, nota de intimitate, vom înlocui aceste titluri cu Sir, Madam sau Lady, Miss. Ex.: "Good morning, Sir! Have you seen Mr Bock, the doctor? How are you, Sir/Madam?"

| PREZENTAREA | INTRODUCING PEOPLE |
| --- | --- |
| Faceți cunoștință cu prietenii mei...! | Meet my friends...! |
| Cunoașteți pe domnul.../doamna.../domnișoara..., nu-i așa? | You know Mr.../Mrs.../Miss..., don't you? |
| Îl/O cunosc numai din vedere/după nume/din auzite. | I know him/her only by sight/by name/from hearsay. |
| Nu cred că ne-am mai cunoscut. | I don't think we have met (before). |
| Nu-mi amintesc să vă mai fi întâlnit/cunoscut. | I don't remember meeting/having met you before. |
| Vreți să mă prezentați domnului Timothy? | Will you introduce me to Mr Timothy? |
| Aș dori să fac cunoștință cu domnișoara June. | I should like to make the acquaintance of Miss June. |
| Ați fi atât de amabil să mă prezentați? | Would you be so kind (as) to introduce me to her? |
| Îmi permiteți să vă prezint pe doamna și domnul Peters? | May I introduce to you Mr and Mrs Peters? |
| Permiteți-mi să vă prezint soției și fiicei mele. | Permit/Allow me to introduce you to my wife and daughter. |
| Permiteți-mi să mă prezint! | Permit/Allow me to introduce myself! |
| Îmi permiteți să mă prezint? Numele meu este... | May I introduce myself? My name is... |
| Vi-l prezint pe profesorul X! | This is professor X! Meet...! |
| Vi-l prezint pe doctorul Y! | This is doctor Y! Meet...! |
| Îmi pare bine să vă cunosc! | Glad to meet you! |
| (Sunt) încântat de cunoștință! | I am delighted to make your acquaintance! |
| Este o mare plăcere/onoare pentru mine să vă cunosc! | It is a great pleasure/honor for me to meet you! |
| Plăcerea/Onoarea este de partea mea! | The pleasure/honor is on my side!/My pleasure! |
| Am avut deja plăcerea/onoarea să cunosc pe dl. X. | I've had the pleasure/honor to meet Mr X before. |
| Domnul A. (etc.) este o veche cunoștință a mea. Ne-am cunoscut acum câteva luni la familia Brown. | Mr A (etc.) is an old acquaintance of mine. We got acquainted a few months ago at the Browns' /at Mr and Mrs Brown's. |
| Dați mâna cu... | Shake hands with... |

**N.B.** - La auzul numelui persoanei care este prezentată sau se prezintă, fiecare din părțile care fac cunoștință rostește câteva cuvinte prin care își manifestă sentimentele. Expresia clasică este "How do you do"*, la care se răspunde tot cu "How do you do!"

* Sens aprox.: "Îmi pare bine/Încântat de cunoștință" – în nici un caz "Ce mai faceți?"

## VORBIȚI LIMBI STRĂINE?

Vorbiți vreo limbă străină?

Da, vorbesc.//Nu, regret, nu vorbesc.

Vorbesc puțin franceza.

Nu știi englezește?

Pot citi și traduce din engleză în română, dar nu pot vorbi.

Înțelegeți engleza mea/vorbită de mine?

Înțeleg (câte) ceva când vorbiți rar.

Vă înțeleg cuvânt cu cuvânt.

Voi vorbi mai rar ca să mă puteți înțelege.

Ce limbi străine se predau la școala/institutul dvs?

În afară de cele deja menționate mai sus, noi mai învățăm germana, latina și rusa.

Ce metode folosesc profesorii dvs.?

La predarea limbilor străine, profesorii noștri folosesc toate metodele moderne: discuri, benzi de magnetofon, filme sonore și așa mai departe.

## DO YOU SPEAK FOREIGN LANGUAGES?

Do you speak any foreign language?

Yes, I do//No, I am sorry to say I don't.

I speak a little French.

Don't you speak English?

I can read and translate from English into Romanian but I cannot speak.

Do you understand my English?

I understand something when you speak slowly.

I understand every word you say.

I shall speak more slowly so that you may understand me.

What foreign languages are taken up/are taught at your school/institute?

Besides the ones already mentioned, we also learn German, Latin and Russian.

What methods do your teachers make use of?

In teaching foreign languages our teachers make use of every modern method: records, recording tapes, sound films and the like.

| | |
|---|---|
| Câte lecţii/De câte ori pe săptămână? | How many lessons/How many times a week? |
| De când învăţaţi engleza? | How long have you been learning English? |
| Învăţ engleza de mai bine de un an şi cu cât învăţ mai mult, cu atât mai mult îmi place. | I have been learning English for more than a year and the more I learn, the more I like it. |
| Engleza nu e grea, nu-i aşa? | English is not difficult, is it? |
| Ceea ce mă încurcă este pronunţarea şi apoi, desigur, multele excepţii de la regulile gramaticale. | It is the pronunciation that puzzles me and then, of course, the many exceptions to the grammar rules. |
| Cum merge cu studiul limbii spaniole? | How are you getting on with your Spanish? |
| Intenţionez... | I am going... |
| ...să frecventez un curs public. | ...to attend a public course. |
| ...să iau lecţii particulare. | ...to take some private lessons. |
| Caut un profesor de engleză experimentat. | I am looking for an experienced teacher of English. |
| Să vă fiu eu profesor/ îndrumător. | Let me be your teacher/your guide. |
| Să vorbim numai englezeşte. | Let us (try to) speak only English. |
| Dvs. vă lipseşte conversaţia. | You lack conversation/ practice. |
| N-am curaj. Am pierdut obişnuinţa. | I lack courage. I am out of practice. |
| Aş fi bucuros dacă aş vorbi româneşte tot atât de bine cum vorbiţi dvs. englezeşte. | I should be glad if I spoke Romanian as well as you do English. |
| Vorbiţi engleza admirabil/ destul de prost. | Your English is admirable/ not quite up to the mark. |
| Vorbiţi engleza... | You speak English... |
| ...destul de bine | ...fairly well |
| ...curgător/excelent | ...fluently/excellently |
| ...cu un uşor/puternic accent american/românesc/ unguresc | ...with a slight/strong American/ Romanian/ Hungarian accent. |
| Încerc mereu să "prind" cuvinte noi şi chiar expresii sau să-mi corectez pronunţarea, citind cărţi englezeşti sau ascultându-i pe cei ce vorbesc engleza. | I always try to pick up new words and even phrases or correct my pronunciation by reading English books or listening to English speaking people. |

| | |
|---|---|
| Îmi menţin cunoştinţele de engleză prin contact continuu cu englezi. | I keep up my English by mixing continually with English people. |
| Apropo... | By the way... |
| ...cum se spune pe englezeşte la... | ...what is the English for...? |
| ...ce înseamnă cuvântul... | ...what does the word... mean? |
| ...cum vă scrieţi numele? | ...how do you spell your name? |

| *Cuvinte suplimentare* | *Additional words:* |
|---|---|
| argou, jargon | slang |
| avansat (elev) | advanced (pupil) |
| dialect, grai | dialect |
| dicţionar | dictionary |
| engleza cultă; - stricată/ neliterară | educated English; - broken |
| începător | beginner |
| limba engleză | English/ the English language |
| limba română | Romanian/ the Romanian language |
| limba literară | the literary language |
| limba maternă | mother tongue/ native language |
| limbă vie/moartă | living/dead language |
| limba vorbită | colloquial/spoken language |

---

| | |
|---|---|
| a căuta un cuvânt în dicţionar | to look up a word in the dictionary |
| a exersa | to practice |
| gramatică | grammar |
| a îmbunătăţi | to improve |
| ortografie | spelling |
| a progresa | to make progress |
| a pronunţa | to pronounce |
| pronunţare, pronunţie | pronunciation |

| FAMILIA - CUM VĂ NUMIȚI? | THE FAMILY - WHAT IS YOUR NAME? |
| --- | --- |
| Cum vă numiți? | What's* your name? |
| Cum vă spune prietenul dv.? | What does your friend call you? |
| Numele meu este Michael, dar prietenii mei îmi spun Mike. | My name is Michael but my friends call me Mike. |
| Înțeleg. Mike este diminutivul/ numele dvs. de alintare. | I see, Mike is your pet-name. |
| Care este numele dv. de familie/de botez? | What is your surname/your Christian name? |
| Sunteți o familie numeroasă? | Are you a large family? |
| Câți frați și câte surori aveți? | How many brothers and sisters have you (got)? |
| N-am nici frați, nici surori. | I have neither brother(s) nor sister(s). |
| Cum se numește tatăl dvs.? | What is your father's name? |
| Numele tatălui meu este John D. Parker. | My father's name is John D. Parker. |
| Ce reprezintă litera "D"? | What does "D" stand for in his name? |
| (Inițiala) "D" vine de la Duncan. | "D" stands for Duncan. |
| Care este numele de domnișoară al mamei dvs.? | What was your mother's maiden name? |
| Alice Priestley. | (It was) Alice Priestley** |
| Sora dv. e măritată? | Is your sister married? |
| Cu cine e căsătorită? | Who is she married to? |
| Este măritată cu dl. George Brown. | She is married to Mr George Brown. |
| Când s-a căsătorit? | When did she get married? |

* In conversație se preferă formele abreviate What's, respediv I've heard...

** După căsătoria ei cu Mr John D. Parker, Miss Alice Priestley devine Mrs John D. Parker, nu Mrs Alice Parker.

| | |
|---|---|
| De când e măritată? | How long has she been married? |
| Este căsătorită de şase ani. | She has been married for six years. |
| Dl. Smith e rudă cu dv.? | Is Mr Smith related to you? |
| Ce fel de rudă vă este? | What relation is he to you? |
| Este o rudă depărtată/apropiată. | He is distant/near relation. |
| Nu, nu îmi este rudă. | No, he is no relation of mine. |
| Credeam că face parte din familia dvs. | I thought (that) he was a member of your family. |
| Familia Smith are copii? | Have the Smiths got any children? |
| Doamna şi domnul Smith au un fiu şi două fiice. | Mr and Mrs Smith have a son and two daughters. |
| Am auzit că... | I have heard*** that... |
| ...el/ea s-a logodit | ...he/she is engaged to be married |
| ...el/ea a desfăcut logodna | ...he/she has broken of his/her engagement |
| ...domnul/doamna N.N. divorţează de soţia lui/ soţul ei. | ...Mr/Mrs N.N. divorces his wife/her husband. |
| Nici vorbă de aşa ceva! | Nothing of the kind! |
| Zvonuri/Bârfeli! | Just rumors/gossip! |
| *Cuvinte suplimentare:* | *Additional words:* |
| bunic, bunică | grandfather, grandmother |
| căsătorie | marriage |
| celibatar, celibatară | bachelor, spinster |
| cumnat, cumnată | brother-in-law, sister-in-law |
| ginere, noră | son-in-law, daughter-in-law |
| locul naşterii | one's birth-place |
| logodnic, logodnică | fiancé, fiancée |
| mire, mireasă | bridegroom, bride |
| naş, naşă (la botez) (la nuntă) | godfather, godmother, sponsor |
| cavaler de onoare, domnişoară de onoare | best man, maid of honor |
| nepot de unchi/de bunic | nephew/grandson |
| nepoată de unchi/de bunic | niece/ granddaughter |
| părinţi | parents |
| poreclă | nickname |
| tineri căsătoriţi | newly-married couple, the newlyweds |
| unchi, mătuşă | uncle, aunt |
| văr, verişoară | cousin |
| viitorul soţ | husband-to-be, future husband |
| viitoarea soţie | wife-to-be, future wife |

*** În conversaţie se preferă forma abreviată I've heard...

| VORBIND DESPRE VÂRSTĂ | TALKING ABOUT AGE |
|---|---|
| Când sunteți născut? | When are/were you born? |
| Sunt născut la 19 ianuarie 1926. | I was born on January $19^{th}$, 1926. |
| Ce vârstă aveți? | How old are you? |
| Sunt în vârstă de 50 de ani. | I am fifty (years old). |
| Păreți mult mai tânăr. Nu arătați de această vârstă. | You look much younger. You don't look your age. |
| Am un copil în vârstă de trei luni. | I have a three months old baby. |
| Am doi copii mari. | I have two grown-up children. |
| Îmbătrânesc. | I am getting/growing old. |
| La anul împlinesc 55 de ani. | I shall be fifty-five next year. |
| Am împlinit 68 de ani luna trecută. | I was sixty-eight last month. |
| Barba vă face să arătați mai în vârstă. | Your beard makes you look older. |
| Părul meu începe să încărunțească. | My hair is beginning to go gray. |
| Suntem de aceeași vârstă. | We are (of) the same age. |
| Ce vârstă are soțul/soția dvs.? | How old is your husband/wife? |
| Este în vârstă de 48 de ani. | He/She is forty-eight. |
| Cum arată el/ea? | What does he/she look like? |
| Arată foarte îmbătrânit(ă). | He/She seems to have grown old. |

| | |
|---|---|
| Este cu 7 ani mai tânăr(ă) decât mine. | He/She is my junior by seven years/He/She is seven years younger than I. |
| Este cu 10 ani mai în vârstă decât el/ea. | He/She is his/her senior by ten years/He/She is ten years older than he/she. |
| Fratele meu/sora mea mai mare este cu 11 ani mai în vârstă decât dvs. | My elder brother/sister is eleven years older than you/yourself. |
| Are aproape 70 de ani. | He/She is nearly seventy (years old). |
| Are peste 70 de ani. | He/She is over seventy (years old). |
| Bunicul dv. mai trăiește încă, sper! | Your grandfather is still living, I hope! |
| Nu, a murit anul trecut. | No, he died last year. |
| A murit de bătrânețe; avea 95 de ani când a decedat. | He died of old age; he was ninety-five when he passed away. |
| Apropo, nepotul dv. este major? | By the way, is your nephew of age? |
| Nu, este minor. | No, he is under age. |
| Când devine major? | When does he come of age? |

*Obs.* The teens = anii adolescenței, vârsta între 13 și 19 ani (thirteen-nineteen).

| *Cuvinte suplimentare:* | *Additional words:* |
|---|---|
| decedatul...defunctul... | the late.... |
| în floarea vârstei | in his/her prime |
| între două vârste | middle-aged |
| majorat | full age |
| tânăr, tânără | young (adj.); a young man, a young lady |
| vârstnic, vârstnică | elderly |

| CASA - APARTAMENTUL ÎN CARE LOCUIESC | THE HOUSE - THE FLAT I LIVE IN |
|---|---|
| Unde locuiţi? | Where do you live/Where is your place? |
| Care este (noua) dv. adresă? | What is your (new) address? |
| Locuiesc pe Strada Victoriei nr 7. | I live at Number 7 Victoria street. |
| ...la etajul III. | ...on the third floor |
| ...apartamentul 42. | ...door 42 |
| Familia Burns locuieşte la etajul III. | The Burnses live on the third floor. |
| M-am mutat din vechea casă. | I moved out of the old house. |
| Casa aceea urmează să fie demolată. | That house is to be pulled down. |
| În locul ei va fi ridicată o clădire modernă. | An up-to-date building will be raised in its stead. |
| Aveţi un apartament proprietate personală? | Have you got a flat of your own? |
| Nu, am închiriat... | No, I have rented... |
| ...o garsonieră | ...a bachelor flat/studio apartment |
| ...o cameră mansardată | ...a garret. |
| ...o cameră mobilată | ...a furnished room. |
| Camera are 5 metri pe 4. | The room is five meters (long) by four meters (wide). |
| M-am mutat într-un apartament nou. | I have moved in a new flat. |
| Ce chirie plătiţi? | What about the rent?/What does the rent come up to? |

| | |
|---|---|
| Chiria pe care o plătesc și cheltuielile de administrație sunt relativ mici/mari. | The rent I pay and the management expenses are comparatively low/high. |
| Chiriile sunt foarte moderate în această parte a orașului. | Rents are quite reasonable in this part of the town. |
| Blocul se află... | The block of flats/building stands... |
| ...pe o stradă liniștită/zgomotoasă | ...in a quiet/noisy street. |
| ...în centrul orașului | ...in the centre of the town. |
| ...la periferie | ...in the outskirts. |
| ...în afara orașului | ...out of the town. |
| Câte etaje are clădirea? | How many storeys has the building got? |
| Clădirea în care locuiesc acum este un bloc nou-nouț cu opt etaje. | The building in which I now live is a brand-new eight storey block of flats. |
| Apartamentul meu este foarte confortabil. | My flat is very comfortable. |
| Este un apartament compus din trei camere la parter. | It is a three-roomed flat on the ground floor. |
| Acum am mult mai mult spațiu locativ. | I have much more floor/room space now. |
| În casa lui, sufrageria și bucătăria sunt jos; dormitoarele și baia sunt sus. | In his house the dining-room and the kitchen are downstairs; the bedrooms and the bathroom are upstairs. |
| Apartamentul are tot confortul modern: lumină electrică, apă curgătoare, rece și caldă, încălzire centrală, ascensor | The flat has every modern convenience: electric light, cold and warm running water, central heating, a lift |
| Aveți mașină? | Do you run a car? |
| Da, dar mașina o țin într-un garaj din apropiere. | Yes, but I keep my car in a garage that lies nearby. |

| *Cuvinte suplimentare:* (părți ale casei, mobile etc.): | *Additional words:* (parts of a house, pieces of furniture etc.): |
|---|---|
| acoperiș | roof |
| antreu | anteroom, entrance |
| balcon | balcony |
| birou, cameră de lucru | office, study |
| calorifer/radiator | radiator |
| camera de (locuit peste) zi | living-room, sitting-room |
| camera de musafiri | spare room |
| camera copiilor | nursery |
| cartier | neighborhood, district, quarter |
| casă cu un etaj | (a) one-storeyed house |
| casă prefabricată | pre-fab(ricated) home |
| cămară (de alimente) | pantry, larder |
| cheie | key |
| closet | toilet, water-closet; lavatory |
| debara | lumber room, box room |
| demisol | semi-basement |
| hol | hall |
| intrare principală | main entrance |
| intrare de serviciu | back entrance |
| parchet | parquet |
| perete | wall |
| pivniță | cellar |
| poartă | gate |
| pod | loft, garret |
| salon | drawing-room |
| scară (interioară/între etaje) | stair/staircase |
| scară (trepte) | steps |
| spălătorie | wash-room |
| subsol | basement |
| toaletă | lavatory |
| zid | wall, brick wall |
| a da cu chirie | to let |
| a deretica, a face curățenie | to do the room |
| a lua cu chirie | to rent |

| | |
|---|---|
| bibliotecă | book case |
| birou, masă de scris | writing desk |
| bufet; dulap | sideboard; cupboard |
| canapea; - mică | sofa, couch; settee |
| comodă (scrin) | chest of drawers |
| coş de hârtii | waste-paper basket |
| covor; covoraş, carpetă | carpet, rug |
| cuier; (mobilă) | peg; hallstand |
| etajeră | shelf |
| fotoliu | armchair |
| garderob | wardrobe |
| lampă | lamp; (de birou) desk lamp |
| masă | table; (extensibilă) extending table |
| masă de toaletă | dressing table |
| mobilă zidită/îngropată | built-in furniture |
| noptieră | night stand |
| oglindă | looking glass, mirror |
| pat; - studio | bed; couch bed |
| perdea | curtain |
| pian | piano |
| scaun | chair |
| tablou; - acuarelă; - în ulei | picture; water colour; oil painting |
| taburet | stool |
| veioză | night light; bedside lamp |
| vitrină | glass case |

| ÎNTÂLNIRE CU UN CUNOSCUT - O INVITAȚIE - ACCEPTARE - REFUZ | MEETING AN ACQUAINTANCE - AN INVITATION - ACCEPTANCE - REFUSAL |
|---|---|
| Salutare, Mihăiță! Nu mă așteptam să te întâlnesc aici! | Hello, Mike! I didn't expect to meet you here! |
| Salutare, George! Ce plăcere! | Hello, George! What a pleasure! |
| Nu te-am mai văzut de un veac! | I haven't seen you for ages! |
| Ce vești? Ce mai e nou? | What is the news? |
| Veştile sunt bune. Toate-s bune. | The news is good. Everything is all right. |
| Ce?! Tu? - Nu aş fi crezut niciodată să te întâlnesc în acest sat îndepărtat! | What?! Is that/it you? - I should never have thought to meet you here in this remote village! |
| Am nevoie de mult aer curat/bun. | I need plenty of fresh air. |
| Sunt în(tr-o) vizită la prietenii mei. | I am on a visit to my friends. |
| Bună dimineața, Ana. Ce mai faci? Ce mai fac cei de acasă? | Good morning, Ann. How are you? How are they all at home? |

| | |
|---|---|
| Mulțumesc, doamnă. Toată lumea este bine. Ce mai face domnul profesor Baker? Vă rog să-i transmiteți salutări din partea mea! | Thank you, Madam. Everybody (is) quite well. How is professor Baker? Will you (kindly) remember me to him? |
| Ești de mult aici? Când te-ai înapoiat de la...? | Have you been here long? When did you come back from...? |
| Am venit oarecum pe neașteptate din însărcinarea firmei la care lucrez. Chestiuni de serviciu, înțelegi... | I came rather unexpectedly, on behalf of the firm I am working with. Business matters; you know... |
| Am venit cu mașina, noaptea trecută. Am avut o călătorie foarte plăcută | I came by car last night. I have had a very pleasant journey. |
| Vino într-o zi la noi să-mi cunoști părinții. | Come round some day to meet my parents. |
| Ai să vii să cinezi cu noi, nu-i așa? | You will/you'll come and have dinner with us, won't you? |
| Ești liber astăzi după amiază? | Are you free this afternoon? |
| Sperăm/Așteptăm să te vedem duminică. | We are looking forward to seeing you on Sunday. |
| Duminicile suntem întotdeauna acasă. | We are always at home on Sundays. |
| Îți convine duminica viitoare? | Will next Sunday suit you? |
| Mulțumesc foarte mult! Dar ești sigur că nu deranjez? | Thank you very much! But are you sure I am not in the way? |
| Duminica//săptămâna viitoare mi-ar conveni de minune. | Next Sunday//week would suit me splendidly//fine. |
| Voi telefona mai întâi, pentru a mă asigura dacă... | I will ring up first to make sure if... |
| Mi-ar face mare plăcere să vin. Din nefericire, tot timpul sunt prins. | I should/I'd be very pleased to come. Unfortunately my time is taken up. |
| Regret foarte mult că un angajament anterior mă împiedică. | I regret very much that a prior engagement stands in the way. |
| Regret că nu pot accepta amabila ta invitație. | I regret not being able to accept your kind invitation. |

| *Cuvinte și expresii suplimentare:* | *Additional words and phrases:* |
|---|---|
| cunoscut (știut); bine -; o veche cunoștință | known; well-known; an old acquaintance |
| L-am întâlnit... | I met him... |
| ...pe bordul vasului | ...on board a ship |
| ...la cabinetul medical | ..at the doctor's |
| ...pe litoral | ...at the seaside |
| ...la mătușa mea | ...at my aunt's |
| ...cu mulți ani în urmă | ...many years ago |
| ...pe munte | ...in the mountains |
| ...nu demult | ...not long ago |
| ...cu ocazia... | ...on the occasion of... |
| ...la aceeași oră | ...at the same hour |
| ...pe stradă | ...in the street |
| ...în străinătate; din-... | ...abroad; ...from-... |
| ...în timpul șederii mele la... | ...during my stay at/in... |
| ...în tren | ...on the train |
| ...la țară | ...in the country |
| ...(chiar) în ziua aceea | ...on that (very) day |
| ...în ziua plecării//sosirii lui | ...on the day of his departure//arrival |
| a fixa o întâlnire | to make an appointment |
| a-și lua rămas bun de la... | to take leave from... |

| O VIZITĂ | A VISIT |
| --- | --- |
| Sună. | The bell is ringing. |
| Bate la ușă. | There is a knock at the door. |
| Du-te și vezi cine e. | Go and see who it is. |
| Caut un domn care se numește Smith. Locuiește aici? | I am looking for a Mr Smith/ for a gentleman by the name of Smith. Does he live here? |
| Da, aici locuiește, dar a plecat de acasă nu demult. | Yes, he does, but he went out a little while ago. |
| Știți când se înapoiază? | Do you know when he will be back? |
| Nu va întârzia. | He won't be long. |
| Voi veni mai târziu. | I'll call later. |
| Doriți să-i comunic ceva? | Would you like to leave any message? |
| Spuneți numai că am fost aici. | Just tell him I called. |
| Cine să-i spun că l-a căutat? | Who shall I say called? |
| Dl. N. vrea să vă vorbească. | Mr N. has come to see you/ wishes to speak to you. |
| Poftește-l înăuntru. | Ask him in/Show him in. |
| Intrați, domnule! | Come in, Sir. |
| Pe aici, vă rog! | This way, please. |
| Faceți-vă comod! | Make yourself comfortable/ at home. |
| Luați loc, vă rog. | Won't you sit down? |

| | |
|---|---|
| Mă aştepţi de mult? | Have you been waiting long for me? |
| Îmi pare rău că te-am făcut să (mă) aştepţi. | Sorry to have kept you waiting. |
| Sper că nu te deranjez. | I hope I am not disturbing you. |
| Câtuşi de puţin. | Not in the least. |
| Este aproape un veac de când ne-am întâlnit ultima oară. | It is quite an age since we last met/since we met last. |
| Ce te aduce la mine? | What has brought you here? |
| Cu ce îţi pot fi de folos? | What can I do for you? |
| Voiam numai să-ţi spun bună ziua/să te salut. | I just wanted to say hello (to you). |
| Am venit numai (ca) să te întreb... | I only came/dropped in to ask you... |
| Dorinţa de a te vedea m-a îndemnat să vin aici. | The desire to see you urged me to come here. |
| Eşti totdeauna bine venit. | You are always welcome. |
| Cât timp vrei să rămâi la...? | How long will you stay in.. |
| Nu pot preciza, dar îmi propun să petrec cel puţin trei zile în localitate. | I cannot say for certain but I expect to spend at least three days in the place. |
| Vrei să rămâi şi să iei micul dejun/cina cu noi? | Will you stay and have breakfast/dinner with us? |
| Eşti foarte amabil. Mulţumesc. Am dejunat/cinat deja. | You are very kind. Thank you. I have already breakfasted/dined. |
| Aş rămâne bucuros dacă nu aş incomoda. | I would gladly stay if I did not inconvenience you. |
| Acum trebuie să plec. Am (de făcut) o mulţime de treburi. | I must go now. I have a great many things to do. |
| Îmi pare într-adevăr foarte rău dar mă grăbesc. Trebuie să iau parte/particip la/am o şedinţă. | I am (really) very sorry (indeed) but I am in a hurry. I have to attend a meeting. |
| Am multe drumuri de făcut. | I have many places to call at. |
| Voi sta mai mult altă dată. | I'll stay longer some other time. |
| Fă-mi plăcerea şi revino. | Do me the pleasure and come again. |
| Te conduc până la ieşire/la autobuz. | I will see you to the door/the bus. |
| La revedere! - La revedere! | Good-bye! Good-bye! |

## UN MUSAFIR LA MASĂ

## A GUEST TO DINNER

Masa este pusă pentru două persoane.
The table is laid for two (persons).

Vrei să pui masa pentru încă o persoană?
Will you lay the table for one more person?/Will you lay one more/extra cover?

Aştepţi pe cineva?
Are you expecting anyone?

Tocmai am primit un telefon de la unul din prietenii mei care locuieşte în provincie şi doreşte să mă vadă.
I've just received a telephone call from one of my friends living in the provinces who wants to see me.

Vine chiar acum?
Is he coming right now?

Sunt în încurcătură ce să servesc.
I am at a loss what to serve (up).

Nu prea am de ales: supă de mazăre şi friptură de vacă.
The choice is not very large: pea soup and roast beef.

Mă tem că vom avea o cină modestă.
I fear we shall have a (rather) poor dinner.

Dă fuga şi vezi dacă mai poţi găsi nişte conserve de peşte şi fructe.
Cut out and see if you can still get any tinned fish and some fruit.

Grăbeşte-te, trebuie să ne schimbăm (hainele) pentru masă.
Make haste, we'll have to change for dinner.

Ajută-mă să pun faţa de masă.
Help me (to) spread the table cloth.

Cu ce să vă servesc?
What shall I help you to?

Să vă dau nişte peşte?
Shall I help you to some fish?

| | |
|---|---|
| Peştele este mâncarea mea preferată/favorită. | Fish is my favorite dish. |
| Să vă mai dau o porţie de peşte? | Would you like another helping of fish? |
| Mai doriţi puţină friptură de vacă? | Will you have some more roast beef? |
| Vă place carnea grasă sau slabă? | Do you like fat or lean meat? |
| Mai slabă, dacă se poate. | Rather lean, if you please. |
| Luaţi sos/muştar/bulion. | Help yourself to some gravy/ mustard/tomato sauce. |
| V-aş ruga câteva murături. | I should trouble you for some pickles. |
| Îmi permiteţi să mă servesc (singur)? | May I help myself? |
| Vreţi să-mi daţi sarea/piperul/ untdelemnul/oţetul? | Will you pass me the salt/the pepper/the oil/the vinegar? |
| Să vă torn puţin vin. | Let me pour you out some wine. |
| Nu, vă mulţumesc. Eu beau numai apă la mese. | No, thank you. I drink only water with my meals. |
| Vă mulţumesc, acum nu, mai târziu însă, nu voi refuza. | Thanks, not at present, but I shall not refuse later. |
| Ce preferaţi, prăjituri (patiserie), fructe (sau ambele)? | Which do you prefer, pastries, fruit (or both)? |
| Prăjiturile şi pişcoturile acestea de casă sunt delicioase. | These homemade cakes and biscuits are delicious. |
| Nu sunt mare amator de dulciuri. | I am not particularly fond of sweets. |
| Aceste...sunt foarte gustoase. | These... are very tasty. |
| Cu ce aş putea să vă mai servesc? O cafea neagră? | Anything else I could help you to? A cup of/Some black coffee? |
| O cafea ar prinde bine. | A cup of coffee will do. |
| Între timp noi vom sta de vorbă la un pahar cu vin. | Meanwhile we'll chat over a glass of wine. |
| Te supără dacă fumez? | Do you mind if I smoke? |
| Câtuşi de puţin. Şi eu sunt fumător. | Not in the least, I am a smoker myself. |
| Vom fuma o ţigară la cafea. | We'll smoke a cigarette with our coffee. |

| MESELE ZILEI | THE MEALS OF THE DAY |
|---|---|
| Câte mese luați pe zi? | How many meals do you have/do you take a day? |
| Eu iau trei mese pe zi: micul dejun, dimineața, prânzul, la amiază, cina, seara. | I have/take three meals a day: breakfast in the morning, lunch or dinner* at noon, dinner or supper in the evening. |
| Din ce se compune micul dejun? | What does breakfast consist of? |
| De obicei, micul dejun cuprinde o ceașcă de ceai, lapte sau cafea cu lapte, de asemenea pâine cu unt sau pâine cu gem sau cu dulceață etc. | Breakfast usually consists of a cup of tea or milk, or milk and coffee, also bread and butter or bread and jam or marmalade etc. |
| Dar micul dejun englezesc? | What about English breakfast? |
| Micul dejun englezesc este mai substanțial. | (The) English breakfast is larger/more substantial. |
| În familiile bine situate, el se compune din | In well-to-do families it consists of... |
| ceai sau cafea | tea or coffee |
| ochiuri cu șuncă (sau) | ham and eggs (or) |
| pește prăjit sau o costiță de berbec (sau) | fried fish or a mutton chop (or) |
| fiertură din fulgi de ovăz | porridge |
| pâine prăjită unsă cu unt | buttered toast |
| Există o explicație? | Is there any explanation? |

* "dinner" este masa principală a zilei, fie la prânz (în zilele când după amiaza nu este ocupată, fie seara; "supper" este masa ușoară de seară atunci când "dinner" este luat la prânz. Deci, de obicei la englezi Monday, Tuesday, Wednesday, Friday – breakfast, lunch, dinner; Saturday, Sunday – breakfast, dinner, supper.

| | |
|---|---|
| De regulă, englezii și în special muncitorii, funcționarii de birou, oamenii de afaceri nu iau masa de prânz acasă. Ei se duc la un bar (sau restaurant) din apropiere unde iau o masă rapidă/o gustare. | As a rule (the) English workmen, office workers and businessmen don't come home for lunch. They go to a bar (or restaurant) nearby where they take a quick meal/a snack. |
| Gustarea de la prânz este foarte simplă: | Their lunch is quite simple: |
| un sandviș cu șuncă/salam/brânză; | a ham/salami/cheese sandwich; |
| pește și cartofi pai sau piure; | fish and chips or mashed potatoes; |
| o bucată de carne rece; | a piece (joint) of cold meat; |
| două ouă; | a couple of eggs; |
| una sau două chifle. | one or two rolls. |
| Din ce se compune masa principală? | What does dinner consist of? |
| De obicei se compune din trei feluri de mâncare: | It usually consists of three courses: |
| o supă cremă sau cu fidea; | a thick or clear soup (with vermicelli); |
| carne, pește sau pasăre și legume; | meat, fish or poultry and vegetables; |
| prăjituri, fructe sau compot; | pastries, fruit or stewed fruit; |
| sau o ceașcă de cafea neagră. | or a cup of black coffee. |

| *Cuvinte suplimentare** | *Additional words:* |
|---|---|
| fel de mâncare | dish, (ca ordine) course |
| flămând; sunt - | hungry; I am - |
| gustare (între mese) | luncheon; (la ora 17) high tea |
| însetat; sunt - ; mi-e sete | thirsty; I am - |
| pahar; un - de... | glass; a glass of... |
| sătul; a fi - | full (up); to have had enough |
| șervet | napkin |
| a (pre)găti mesele | to cook the meals |
| a servi la masă | to serve/attend at table |
| a strânge masa | to clear the table |
| a strânge farfuriile întrebuințate | to take the empty dishes away |
| tacâm (cuțit, furculiță și lingură) | cover (knife, fork and spoon) |
| tacâm pentru șase persoane | cover for six (people) |
| a spăla vasele | to wash up |
| a șterge/usca vasele | to wipe dry |

* Vezi "Mâncăruri și băuturi", (See: Food and Drinks)

| VREMEA - DESPRE CLIMĂ | WEATHER - ABOUT THE CLIMATE |
|---|---|
| Cum este vremea? | What is the weather like (today)? |
| Ce (previziune) se anunță pentru astăzi? | What is the (weather) forecast for today? |
| Ce "spune" barometrul/termometrul | What does the barometer/thermometer say? |
| Plouă? | Does it rain?/(acum) Is it raining? |
| Ninge? | Does is snow?/(acum) Is it snowing? |

| | |
|---|---|
| Barometrul indică... | The barometer points to... |
| ...vreme frumoasă | ...fine/fair weather |
| ...vreme urâtă | ...bad weather |
| ...vreme variabilă... | ...changeable weather |
| ...ploaie | ...rain |
| ...zăpadă | ...snow |

| | |
|---|---|
| Câte grade plus//minus sunt azi? | How many degrees of heat//cold are we having today? |
| Termometrul arată... | The thermometer stands at... |
| ...zero grade | ...zero |
| ...plus 15° | ...15 degrees above zero (+15°) |
| ...minus 15° | ...15 degrees below zero (–15°)/of frost |

| | |
|---|---|
| Vântul bate... | The wind is blowing... |
| ...de la nord/est/vest/sud | ...from the north/east/ west/south |
| ...de la nord-vest la sud-est | ...from north-west to south-east |
| Vremea... | The weather... |
| ...se îmbunătățește | ...is improving |
| ...este urâtă | ...is bad |
| ...este frumoasă | ...is fine |
| ...se strică | ...is breaking |
| ...este stabilă/instabilă | ...is settled/unsettled |

| | |
|---|---|
| Ce zi... | What a... |
| ...cețoasă | ...foggy day |
| ...frumoasă | ...fine/beautiful day |
| ...furtunoasă | ...stormy day |
| ...geroasă | ...frosty day |
| ...înnorată | ...cloudy day |
| ...însorită | ...sunny day |
| ...mohorâtă | ...gloomy day |
| ...plăcută | ...lovely/pleasant day |
| ...ploioasă | ...rainy/wet day |
| ...splendidă | ...glorious day |
| ...urâtă (neplăcută) | ...nasty day |
| ...vântoasă | ...windy day |

| | |
|---|---|
| **Primăvara:** | **In spring:** |
| Soarele răsare mai devreme dimineața și apune mai târziu seara. | The sun rises earlier in the morning and sets later in the evening. |
| Zilele se lungesc, iar nopțile se scurtează. | The days gradually become longer and the nights shorter. |
| Uneori este umed și răcoros; cerul este acoperit cu nori. | Sometimes it is wet and cool; the sky is covered with clouds. |
| Alteori este frumos și cald; soarele strălucește pe cer. | At other times it is beautiful and warm; the sun shines in the sky. |
| Pe cer nu este nici un nor. | There isn't a single cloud in the sky. |
| Cerul se limpezește. | The sky is clearing up. |
| Iese soarele. | The sun is coming out. |
| Zăpada se topește. | The snow is melting. |
| Gheața se topește. | The ice is thawing. |
| În aer plutește primăvara. | Spring is in the air. |
| Să sperăm că vremea frumoasă va dura. | Let's hope this beautiful weather will last. |

| | |
|---|---|
| **Vara:** | **In summer:** |
| Din când în când este foarte cald. | Now and then it is very hot. |
| Căldura este înăbuşitoare. | The heat is oppressive. |
| Este zăpuşeală. | It is sultry. |
| Soarele te orbeşte. | The sun is dazzling. |
| Este... | It is... |
| ...o zi călduroasă. | ...a hot day. |
| ...o zi cu zăduf. | ...a stuffy day. |
| ...o zi cu praf. | ...a dusty day. |
| Priveşte la norii aceia albi. | Look at those white clouds. |
| S-ar putea să plouă. | We may expect rain/It may rain. |
| Cred că o să plouă/se pregăteşte de ploaie. | It looks like rain. |
| Va fi o furtună cu fulgere şi trăsnete. | There will be a storm with lightning and thunder. |
| Vântul bate cu furie. | The wind blows/is blowing furiously. |
| Plouă cu piatră/Bate grindina. | It is hailing. |
| A şi început să plouă. | It is raining already. |
| Plouă cu găleata. | It is raining cats and dogs. |
| Ploaia a încetat/Nu mai plouă. | The rain has stopped. |
| Iată curcubeul! | There is the rainbow! |
| La noapte vor fi stele/vor ieşi stelele. | There will be stars tonight. |
| Ce lună (plină) frumoasă! | What a splendid (full) moon! |
| Uită-te cum sclipeşte steaua aceea! | See how that star twinkles! |

| | |
|---|---|
| **Toamna:** | **In autumn:** |
| Acum vremea este mai răcoroasă. | The weather is cooler now. |
| Bate un vânt rece. | There is a cold wind blowing. |
| Sa face din ce în ce mai frig. | It is getting colder and colder. |
| Ce cer posomorât/cenuşiu! | What a dull/grey sky! |
| Peste oraş se răspândeşte o ceaţă deasă. | A thick fog is spreading over the town. |
| Este umed. | It is damp. |
| Priveşte! Burează. | Look! It drizzles. |
| Plouă de patru zile în şir/fără încetare. | It has been raining for four days running. |
| Mă tem că ploaia aceasta va dura. | I am afraid this rain will keep up. |
| Vine/Se apropie iarna. | Winter is drawing near. |

| | |
|---|---|
| **Iarna:** | **In winter:** |
| Termometrul coboară. | The thermometer is falling/ dropping. |
| Acest vânt de la nord (va) aduce cu siguranță zăpadă. | This cold wind from the north will bring snow, to be sure. |
| (Din cer) cad fulgi mari de zăpadă. | Large snowflakes are falling (from the sky). |
| Este prima ninsoare din acest anotimp. | It is the first snow (-fall) of the season. |
| Un strat gros de zăpadă a acoperit tot (ce se vede). | A thick layer of snow has covered everything (in sight). |
| A venit iarna. | Winter has set in. |
| Bate un vânt înțepător/tăios/ pătrunzător. | There is a keen/biting/piercing wind blowing. |
| Parcă vrea să viscolească. | It looks as if we are going to have a snow-storm. |
| Este extrem de frig. | It is bitterly cold. |
| Frigul este insuportabil. | The cold is unbearable. |
| Râurile/Lacurile/Iazurile sunt înghețate. | The rivers/lakes/ponds are frozen. |
| Este alunecos. | It is slippery. |

| | |
|---|---|
| Care anotimp vă place cel mai mult? | Which season do you like best? |
| După părerea mea, anotimpul cel mai plăcut este... | In my opinion, the must pleasant season is... |
| Cum este clima în România? | What is the climate like in Romania? What sort of weather do you have in Romania? |

| *Cuvinte suplimentare:* | *Additional words:* |
|---|---|
| aversă | shower, downpour |
| băltoacă (cu noroi) | (mud) puddle |
| bătut de vânturi | weather beaten |
| serviciul meteorologic | the weather bureau |
| blând | mild |
| briză/adiere | breeze/a light wind |
| brumă | hoar-frost |

| | |
|---|---|
| buletin meteorologic; - rutier | weather report; roads report |
| caniculă | dog-days |
| ciclon | cyclone |
| curent de aer | air current |
| fulger | thunderbolt/lightning |
| furtună | tempest, storm |
| polei | glazed frost |
| potop (inundație) | flood |
| răsărit//apus de soare | sunrise/sunset |
| rouă | dew |
| secetă | drought |
| taifun | typhoon |
| (temperatură) mai scăzută// ridicată | lower//higher temperature |
| troian, nămete | snow-drift |
| țurțur de gheață | icicle |
| umezeală | dampness |
| uragan | hurricane |
| uscat | dry |
| val de aer cald//rece | heat//cold wave; warm//cold spell |
| viscol | snow-storm, blizzard |
| vizibilitate | visibility |
| vânt puternic//slab | strong wind, gale//mild wind |
| vârtej | whirlwind |
| pe orice vreme | in all weathers |
| a se bate cu zăpadă | to throw snowballs at one another |
| a bura, a burnița | to drizzle |
| a face oameni de zăpadă | to make snowmen |
| fulgeră | it lightens |
| a se da pe gheață | to slide on the ice |
| bate grindină | it hails |
| a inunda | to flood |
| a fi înzăpezit | to be snowed under |
| a fi surprins de ploaie | to be caught in the rain |
| a prevedea vremea | to forecast the weather |
| a se da cu sania | to sledge |
| a tremura de frig | to shiver with cold |
| a tuna | to thunder |
| a fi udat până la piele | to be wet to the skin |

## CALENDAR - DATE

Într-un an sunt...
...patru anotimpuri
...douăsprezece luni
...52 de săptămâni

Cele patru anotimpuri sunt: primăvara, vara, toamna și iarna

Cele douăsprezece luni sunt: ianuarie, februarie, martie, aprilie, mai, iunie, iulie, august, septembrie, octombrie, noiembrie și decembrie.

Cele 7 zile ale săptămânii sunt:
luni, marți, miercuri, joi, vineri, sâmbătă și duminică.

## CALENDAR - DATES

In a year there are...
...four seasons
...twelve months
...fifty-two weeks

The four seasons are: spring, summer, autumn and winter

The twelve months of the year are:
January, February, March, April, May, June, July, August, September, October, November and December.

The seven days of the week are:
Monday, Tuesday, Wednesday, Thursday, Friday, Saturday and Sunday.

---

| | |
|---|---|
| În ce an suntem acum? | What year are we now in? |
| Suntem în anul 1977. | We are in nineteen hundred and seventy-seven/nineteen seventy-seven. |
| Când și unde sunteți născut? | When and where are/were you born? |
| Sunt născut la București la 7 ianuarie 1948. | I was born in Bucharest on January 7th, 1948. |
| În vara anului 1935. | In the summer of 1935. |
| Acum douăzeci de ani. | Twenty years ago. |
| Anul acesta - Anul trecut - Anul viitor | This year - Last year - Next year. |
| O dată pe an. | Once a year. |

| | |
|---|---|
| Într-un an/După un an | Within/In a year |
| Ani în şir | For years running |
| Ajunul Anului Nou | New Year's Eve |
| Anul Nou | The New Year |
| Primăvara/Vara etc. aceasta. | This spring/summer etc. |
| Toamna/Iarna etc. viitoare. | Next autumn/winter etc. |
| În timpul vacanţei de vară. | During the summer holidays. |
| În (timpul lunii) februarie. | In (During the month of) February. |
| La începutul lui iulie. | At the beginning of July. |
| Către sfârşitul lui august | Towards the end of August. |
| De la 1 la 15 martie curent | From March 1st (first) to March 15th (fifteenth) inst. |
| Până la 23 septembrie. | By September the 23rd (twenty-third). |
| O dată la două săptămâni. | Every fortnight. |
| Peste trei săptămâni. | In three weeks. |
| De mâine/De luni într-o săptămână | Tomorrow/Monday week. |
| Săptămâna viitoare. | Next week. |
| Într-o/În decurs de o săptămână. | Within a week. |
| După o săptămână. | In a week/A week later. |
| De două/trei ori pe săptămână | Twice/Three times a week. |
| Ce zi este astăzi? | What day is it today? |
| Ce zi a fost ieri? | What day was it yesterday? |
| Ce zi va fi mâine? | What day will it be tomorrow? |
| Azi este miercuri. | Today is Wednesday. |
| Ieri a fost marţi. | Yesterday was Tuesday. |
| Mâine va fi joi. | Tomorrow it will be Thursday. |
| Ce dată este astăzi? | What date is it today?/What is thc datc today? |
| În câte (ale lunii) avem/suntem? | What day of the month is it today? |
| Azi suntem în 2 aprilie. | Today is the 2nd (second) of April. |
| N-am un calendar la îndemână/o agendă la mine. | I have no calendar at hand/no agenda about me. |
| În ce zi cade Revelionul? | What day will be New Year's Eve? |
| ...cade la... | ...falls on... |

| *Cuvinte și expresii suplimentare:* | *Additional words and phrases:* |
|---|---|
| acum câteva zile | a few days ago |
| în ajunul... | on the eve of... |
| alaltăieri | the day before yesterday |
| an bisect | leap year |
| an școlar | school year |
| anual | yearly |
| astă seară/în astă seară | this evening; tonight |
| azi dimineață | this morning |
| azi după-amiază | this afternoon |
| cu o zi înainte//mai târziu | a day before//later |
| deunăzi | the other day |
| dis-de-dimineață | early in the morning, at daybreak |
| dimineața/în cursul dimineții | in the morning |
| după-amiază/în cursul după-amiezii | in the afternoon |
| după două zile/săptămâni etc. | after two days/weeks etc. |
| ieri seara | yesterday evening/last night |
| azi dimineață/după-amiază/astă seară | this morning/afternoon/evening |
| înainte de amiază | before noon |
| în cursul zilei | during the day |
| în decurs de trei zile | within three days |
| în dimineața următoare | on the next morning |
| în fiecare zi | every day |
| în noaptea de sâmbătă spre duminică | the night from Saturday to Sunday |
| pe înserat | at dusk |
| în timpul zilei/nopții | during the day/night |
| într-o dimineață | one morning |
| într-o duminică după-amiază | one Sunday afternoon |
| într-o zi/seară etc. | one day/evening etc. |
| în zilele noastre | in our days/nowadays |
| într-o zi frumoasă | on a fine day |
| într-una din aceste zile | one of these days |
| în ziua aceea (chiar) | on that (very) day |
| în ziua precedentă/următoare | on the previous/next day |
| în zori | at dawn |

| | |
|---|---|
| la amiază | at noun/at midday |
| la căderea nopții | at nightfall |
| la 2 zile, din 2 în 2 zile | every other day |
| la fiecare trei săptămâni | every third week |
| la noapte/seara târziu | tonight |
| la răsăritul/apusul soarelui | at sunrise/sunset |
| lunar | monthly |
| la miezul nopții | at midnight |
| mâine seară | tomorrow evening |
| noaptea | at/by night |
| noaptea aceasta - noaptea trecută - noaptea următoare | tonight - last night - next/the following night |
| noapte după noapte | night after night |
| penultima zi//noapte etc. | the last but one day//night etc. |
| pe curând | very soon now/one of these days |
| la revedere, pe duminică | see you on Sunday |
| la revedere, pe mâine | good-bye till tomorrow |
| pe înserate; în amurg | at nightfall; in the twilight |
| până sâmbătă | by Saturday |
| poimâine | the day after tomorrow |
| primăvara/vara etc. | in spring/summer etc. |
| săptămânal | weekly |
| seara/în cursul serii | in the evening |
| astă seară - seara trecută - seara următoare | this evening - last evening/ last night - next evening |
| secolul al XX-lea | the 20th century (twentieth) |
| semestru | semester/ half year/term |
| toată ziua//noaptea | all day//night long, the whole day//night |
| trimestru | quarter, term |
| ultimele zile | the last days |
| zi liberă | day off |
| zi lucrătoare | work-day, working day |
| zi de zi | day by day, every day |
| zi de vară/de toamnă | summer's day/autumnal day |
| zilnic | daily |
| în zori | at dawn |
| a rupe o filă (din calendar) | to tear off a leaf |

| ORA | THE TIME |
|---|---|
| Ce oră este/Cât e ceasul, vă rog? | What time is it/What's the time?/ What o'clock is it, please? |
| Ce oră/Cât de târziu este acum? | How late is it now? |
| Ce oră arată ceasul dv.? | What time is it by your watch/ clock? |
| Îmi puteți spune/da ora exactă? | Can you tell me the right/correct time? |
| Vrei să te uiți la ceas și să-mi spui ce oră este? | See what time/what o'clock it is, will you? |
| Este deja (ora) 12? | Is it twelve already? |
| Să fie atât de târziu? | Is it as late as that? |
| Este atât de devreme? | Is it so early? |
| La ce oră...? | At what time/what o'clock...? |

| | |
|---|---|
| Este 12 fix. Exact ora 12. | It is exactly twelve o'clock/ twelve o'clock sharp. |
| Este (ora) două și zece (minute). | It is ten minutes past two (o'clock). |
| Este două și un sfert. | It is a quarter past two. |
| Este două și jumătate. | It is half past two*. |
| Este trei fără douăzeci. | It is twenty minutes to three. |
| Este trei fără un sfert. | It is a quarter to three**. |
| La ceasul meu este trei fără șase (minute). | By my watch it is six minutes to three. |
| Ceasul meu arată trei și trei minute. | My watch says three minutes past three. |
| Ceasul din turn (tocmai) bate ora patru, dar nu te poți bizui pe el. | The clock in the tower is (just) striking four, but you can't rely on it. |

* Americanii spun și "a half after two".

** Americanii spun și "a quarter before/of three".

| | |
|---|---|
| Potriveşte-ţi ceasul. | Set your watch correctly. |
| Îmi potrivesc ceasul după radio. | I (usually) set my watch by the radio. |
| Se dă ora exactă. | There is the time-signal. |
| Ceasul dv. merge/o ia înainte, daţi-l înapoi. | Your watch is fast/it gains, put it back. |
| Dimpotrivă! Ceasul dv. rămâne în urmă, puneţi-l înainte. | On the contrary! Your watch is slow/it loses; put it on. |
| Trebuie să-l duc la ceasornicar să-l repare. | I must take it to the watchmaker's to be mended. |
| Ceasul meu (nu) merge bine. | My watch keeps good time// does not keep good time. |
| Se opreşte numai când uit să-l întorc. | It only stops when I forget to wind it up. |
| Ce marcă e ceasul dv.? | What is the make of your watch? |
| Nu întârzia! | Don't be long! |
| Am întârziat? | Am I late? |
| (M-)ai aşteptat mult? | Have you been waiting long (for me)? |
| (Te-)am aşteptat o jumătate de oră/un sfert de oră. | I've been waiting (for you) half an hour/a quarter of an hour. |
| Ai întârziat. | You are late. |
| Ai venit la timp/fix. | You have come in time/on time. |
| Ai venit prea devreme. | You have come too early. |
| După ceasul din perete este... | By the clock on the wall it is... |
| ...aproape 12;12 trecut. | ...almost/nearly twelve; past twelve. |
| (Aşteptaţi) vă rog, doar... | Just... |
| ...un minut | ...a minute (a min.) |
| ...un moment | ...a moment (a mom.) |
| ...o secundă | ...a second (a sec.), please. |
| Avem timp din belşug. | We have plenty of time. |
| Mai avem zece minute. | We have ten minutes left. |
| Cât timp? | How long? |
| De la opt la zece. | From eight to ten. |
| Din zori şi până-n noapte. | From early morning till late at night. |
| Durează/cere timp. | It takes time. |
| Durează un sfert de oră sau cam atât. | It will take a quarter of an hour or so. |

| | |
|---|---|
| La ora... | At... |
| ...6 dimineaţa | ...6 a.m./six o'clock in the morning/O[*] six (hours). |
| ...6 după-amiază | ...6 p.m./six o'clock in the afternoon/eighteen hours. |
| ...7,30 dimineaţa | ...7.30 a.m./O seven-thirty. |
| ...7,30 după-amiaza/seara | ...7.30 p.m./nineteen-thirty. |
| La ora fixată. | At the appointed time. |
| La orice oră din zi. | At any time of the day. |
| Mâine la această/aceeaşi oră. | This hour/At the same hour tomorrow. |
| Nu mai târziu de ora... | No later than... (o'clock). |
| O oră; două ore şi un sfert; trei ore şi jumătate. | An hour, two hours and fifteen minutes; three hours and a half. |
| O oră de mers pe jos/cu maşina. | An hour's walk/drive. |
| Pe la/În jurul orei... | At about...o'clock. |
| Până la ora... | Till/By... o'clock. |
| Până noaptea. | Till late at night. |
| Peste un sfert de oră. | In a quarter of an hour's time. |
| Timpul alocat pentru... s-a terminat! | Time is up! |
| Vreo/Cam 5 minute. | About five minutes. |
| *Cuvinte suplimentare:* | *Additional words:* |
| ac/arătător de ceasornic | hand |
| a.m.; înainte de amiază | ante meridian; before noon |
| arc de ceas | watch spring |
| cadran | dial |
| ceas... | watch - clock |
| ...brăţară | ...wristwatch |
| ...de buzunar | ...pocket watch |
| ...deşteptător | ...alarm clock |
| cifră (pe cadran) | figure (on the dial) |
| curea de ceas; panglică | strap; ribbon |
| minutar | minute hand |
| Observatorul Greenwich | Greenwich Observatory[**] |
| orar (acul) | hour hand |
| ore de birou | office hours |
| p.m.; după-amiază | post meridian; afternoon |
| timp liber | spare time |
| a sta până noaptea târziu | to keep late hours |

[*] Se citeşte ca litera o.

[**] G.M.T. (Greenwich mean time) ora etalon pentru Marea Britanie - în prezent observatorul se află la Herstmonceux în Sussex.

| CULCAREA - SCULAREA | GOING TO BED - GETTING UP |
|---|---|
| Este/S-a făcut (deja) târziu. | It is (already) late. |
| Aud ceasul bătând ora 11. | I hear the clock strike eleven. |
| Trebuie să mă culc. | I must go to bed. |
| Este ora mea de culcare. | It is time for me to go to bed. |
| Sunt mort de oboseală și mi-e somn | I am dead tired and sleepy. |
| Nu-mi place să mă culc așa devreme, însă trebuie să mă scol înainte de ora 6. | I hate going to bed so early but I shall have to get up before six. |
| Mă duc în camera mea să mă dezbrac. | I go to my room to undress. |
| Îmi dezbrac costumul/rochia etc. | I take off my suit/dress etc. |
| Îmi îmbrac pijamaua/cămașa de noapte și (îmi pun) papucii. | I put on my pyjamas/night shirt and my slippers. |
| Îmi pregătesc toate lucrurile pentru mâine dimineață. | I am getting all my things ready for tomorrow morning. |
| Îmi pun pălăria și pardesiul în cuier. | I hang my hat and overcoat on the peg. |
| Îmi pun haina pe un umeraș. | I hang my coat on a hanger. |
| Îmi pun costumul pe suportul pentru haine sau, în locul acestuia, pe spătarul unui scaun. | I put my suit on the clothes-horse or, instead of it, on the back of a chair. |
| Pun ceasul deșteptător să sune la... | I set my alarm-clock to ring at... |
| Am întotdeauna o carte sau o revistă la îndemână. | I always have some book or a magazine at hand. |
| Sting lumina. | I switch off the light. |
| Să vă trezesc mâine dimineață? | Shall I wake you up tomorrow morning? |
| La ce oră (doriți)? | What time shall it be/shall we make it? |
| Vise plăcute! | Sweet dreams! |
| Mulțumesc! Asemenea și dv.! | Thank you! The same to you! |
| V-ați sculat? | Are you up? |

| | |
|---|---|
| Aţi dormit bine? | Did you sleep well? |
| V-aţi odihnit bine (peste noapte)? | Did you have a good night's rest? |
| Mulţumesc, am dormit foarte bine. Mă scol devreme// târziu. | Thank you. I've slept very well. I am an early// late riser. |
| M-am trezit la ora cinci. | I (a)woke at five o'clock. |
| Arătaţi obosit. Nu aţi dormit bine? | You look tired. Didn't you sleep well? |
| Aseară m-am culcat târziu. | I went to bed late last night. |
| Am lucrat până la ora două noaptea/dimineaţa. | I worked till two o'clock in the morning. |
| N-am dormit mai mult de o oră. | I didn't sleep more than an hour. |
| A trebuit să iau un somnifer. | I had to take a sleeping-pill. |
| Mă dau jos din pat. | I jump out of bed. |
| Fac gimnastica de dimineaţă. | I do my morning physical exercises. |
| Îmi scot/dezbrac pijamaua şi îmi pun halatul de casă şi papucii. | I take off my pyjamas and put on my dressing-gown and slippers. |
| Mă duc în (camera de) baie. | I go to the bathroom. |
| Fac o baie/un duş rece. | I take a cold bath/shower. |
| Îmi place să mă spăl cu apă rece. | I like to wash in cold water. |
| Trebuie să mă rad în fiecare zi deoarece barba mea creşte foarte repede. | I must have a shave every day for my beard grows very fast. |
| Mă spăl pe dinţi cu pastă şi periuţă. | I clean my teeth with tooth paste and a tooth brush. |
| Îmi clătesc gura cu apă de gură. | I rinse my mouth with mouth wash. |
| Îmi şterg/usuc mâinile şi faţa cu un prosop moale. | I wipe/dry my hands and face with a soft towel. |
| Îmi perii şi pieptăn părul. | I brush and comb my hair. |
| Nu pierd prea multă vreme cu îmbrăcatul. | I am not long in dressing myself. |
| Mă privesc în oglindă să văd dacă totul este în ordine. | I look at myself in the mirror/ looking-glass to see if everything is all right. |
| Iau micul dejun. | I have/take my breakfast. |
| Plec repede la lucru. | I hurry to work. |

| *Cuvinte suplimentare:* | *Additional words:* |
|---|---|
| aparat de ras | safety razor |
| briantină | brilliantine |
| brici | razor |
| burete | sponge |
| carsă (mare) | jug |
| apă călduță | lukewarm water |
| colonie (apă de -) | eau de Cologne |
| fileu pentru păr | hair net |
| halat de baie | bath gown |
| lamă de ras | razor blade |
| limbă de pantofi, încălțător | shoehorn |
| pensulă/pămătuf de bărbierit | shaving brush |
| perie (de haine, încălțăminte) | brush |
| picoteală, moțăială | nap |
| pieptene | comb |
| rufărie de corp | underwear |
| săpun de ras/de toaletă | shaving/toilet soap |
| somn ușor, pui de somn | nap |
| a aprinde//stinge lumina | to switch on//off the light |
| a merge cu capul descoperit | to go bare-headed |
| a încălța//descălța pantofii | to put on//to take off the shoes |
| a încheia//descheia nasturii | to button (up)//to unbutton |
| a încheia//descheia copci/ broșe | to fasten/to do up//to unfasten/ to undo |
| a deschide/închide robinețul | to turn on//off the tap |
| a-și freca ochii | to rub the eyes |
| a curăța/lustrui pantofii | to clean/polish the shoes |
| a face patul | to make the bed |
| a peria | to brush |
| a picoti/moțăi | to take a nap/to doze |
| a-și scoate mănușile | to pull off one's gloves |
| a-și scoate pălăria/haina | to take off one's hat/coat |
| a sforăi | to snore |
| a lega șireturile de la pantofi | to lace up one's shoes |

## RADIO ŞI TELEVIZIUNE

## RADIO AND TELEVISION (TV)

Radioul meu este de fabricaţia cea mai recentă: este complet tranzistorizat şi are două difuzoare şi ochi magic.

My receiver is of the latest make: it is an all-transistor with two loud-speakers and magic-eye tuning.

Poate recepţiona orice post.

It can get any broadcasting station.

Eu am un aparat portabil cu (şapte) tranzistori.

Mine is a portable (seven-) transistor set.

Funcţionează cu două baterii.

It operates by two batteries.

Pot recepţiona (în bune condiţii) pe orice lungime de undă: ultrascurte, scurte, medii sau lungi.

I can tune in to any wave-length: ultra-short, short, medium or long wave-lengths.

Ce post doreşti să recepţionezi?

What station do you want to tune in to?

Poţi "prinde" Monte Carlo etc?

Can you get Monte Carlo etc?

Ai programul radio pentru azi?

Have you got today's radio program(me)?

Ce (program) este la radio?

What's on the radio?

"Pune" Radio Cluj.

Tune it in to Radio Cluj.

| | |
|---|---|
| Aş dori să aud... | I should like to hear... |
| ...muzică uşoară/de dans. | ...some light/dance music. |
| ...buletinul de ştiri. | ...the news bulletin/newscast. |
| ...jurnalul radio. | ...the newsreel. |
| ...buletinul sportiv. | ...the sports round-up/ sports-cast. |
| ...buletinul meteorologic. | ...the weather report. |
| ...ora exactă. | ...the time-signal. |
| Îmi place să ascult... | I like to listen in to... |
| ...programele pentru copii. | ...children's program(me)s. |
| ...muzică la cererea ascultătorilor. | ...listeners' choice/request program(me)/music by request. |
| ...(lecţiile de) engleză la radio. | ...English by radio. |
| ...scenete. | ...radio sketches/one-act plays. |
| Nu participi la emisiunea "Cine ştie câştigă"? | Don't you go in for the quiz program(me)? |
| Să prindem Berlinul. Tocmai se transmite Simfonia a III-a de Beethoveen. | Let's tune in to Berlin. They are broadcasting Beethoven's Third Symphony. |
| Dar ce este cu aparatul tău de radio? | But what is the trouble with your wireless set? |
| E prea tare; zgomotul acesta mă enervează; pune-l mai încet. | It is too loud; that noise gets on my nerves; turn it softer. |
| Este prea încet; nu pot auzi nimic din ce spune crainicul; pune-l mai tare. | It is soft; I can't hear anything that the announcer says; put it louder. |
| În ultimul timp este ceva în neregulă la acest aparat... | There has been something wrong with this receiver lately... |
| ..sunetul nu mai este atât de clar cum era. | ...the sound is no longer so clear as it used to be. |
| ...slăbeşte (are feding). | ...it is fading. |
| ...este acoperit de alte posturi de emisiune. | ...it gets interferences from other stations. |
| ...când şi când recepţia încetează. | ...the reception stops now and then. |
| ...acum nu mai funcţionează deloc. | ...now it has gone dead altogether. |

| | |
|---|---|
| Se pare că e defectă o lampă. | A valve seems to be faulty. |
| Nu mă pricep la aparatele de radio. Voi chema tehnicianul radio. | I can't manage wireless sets. I'll call in the radio serviceman. |
| Televiziunea este una din principalele mele distracții/pasiuni. | Television is one of my chief pastimes/hobbies. |
| Privește la această combină: televizor, radio și pick-up. | Look at this combined TV, radio and record-player set. |
| Am cumpărat-o și plătit-o în rate. | I have bought and paid it by installments/on the hire and purchase system. |
| Ce mărime are ecranul? | What is the size of the screen? |
| Pe câte canale recepţionează? | How many channels does it operate on? |
| Aștept tehnicianul TV pentru a-l instala. | I am expecting the TV serviceman to have it installed. |
| Nu știu cum să reglez diferitele butoane. | I don't know how to adjust the different knobs. |
| Să-i dăm drumul. | Let us switch it on. |
| Imaginea... | The picture... |
| ...pâlpâie | ...flickers |
| ...se șterge/dispare | ...washes out/goes blank |
| ...este estompată | ...is blurred |
| ...este deformată | ...is distorted |
| Tehnicianul trebuie să sosească dintr-un moment într-altul. | The serviceman must be here any minute now. |
| Puțină practică și veți învăța să-l mânuiți cum se cuvine. | A little practice and you will learn how to handle it properly. |
| Aveți aici instrucțiunile de întrebuințare. | Here are the directions for use. |
| Vă place să vă uitați la televizor? | Do you like to look in?/to watch the TV? |
| Îmi place să stau și să privesc programul la televizor. | I like to sit up and watch the TV program(me). |

| | |
|---|---|
| Ce este la televizor astă seară? | What is on (the) TV tonight? |
| V-ați uitat la programul de săptămâna aceasta? | Have you looked into this week's TV program(me)? |
| Se transmite un film. | They are broadcasting a tele-film. |
| La ce oră se transmite? | What time is it on? |
| Sunt un spectator obișnuit al... | I am a regular viewer of the... |
| ...programelor de varietăți | ...variety program(me)s |
| ...meciurilor de fotbal | ...football matches |
| ...emisiunilor de teatru etc. | ...theater etc transmissions. |
| Ați văzut Jocurile Olimpice transmise de la Montreal? | Have you seen the Olympic Games transmitted from Montreal? |
| Am vizionat în fiecare zi programele de televiziune. | I have been watching the television program(me)s every day. |
| N-am pierdut nici un.../nici o... | I haven't missed any... |

| | |
|---|---|
| *Cuvinte suplimentare:* | *Additional words:* |
| abonament radio/TV | radio//TV licence |
| butonul de reglare a volumului | power-volume knob |
| ...a contrastului | ...contrast knob |
| ...a luminozității | ...brightness knob |
| ...a focalizării | ...focusing knob |
| ...a sunetului | ...sound knob |
| pick-up | automatic record-player |
| Radiodifuziunea Română | Romanian Broadcasting Corporation |
| radio-telefon portabil | walkie-talkie |
| televiziune în culori | colour TV |
| a televiza | to televise |
| a ține/rosti un discurs | to make/deliver a speech |
| a vorbi la radio sau TV | to broadcast |

| ÎNVĂŢĂMÂNT | EDUCATION |
| --- | --- |
| Mă interesează sistemul de învăţământ din ţara dv. | I am interested in the educational system of this/your country. |
| Ce fel de instituţii de învăţământ există? | What kinds of educational establishments are there? |
| Care şcoli sunt obligatorii şi care facultative? | Which schools are compulsory and which optional? |
| Există şi un învăţământ preşcolar? | Is there also pre-school education? |
| Cine supraveghează copiii până la şase ani, în cazul când ambii părinţi sunt la serviciu? | Who looks after the children under six when both parents have to go to work? |
| Ce materii/discipline de studiu se predau la... | What subjects are taught in... |
| ...şcolile elementare? | ...elementary schools? |
| ...şcolile secundare? | ...secondary schools? |
| Limbile străine sunt incluse în planul de învăţământ? | Does the curriculum include foreign languages? |
| Există şcoli cu program special pentru... | Are there any schools with a special curriculum for... |
| ...copiii arieraţi mintal? | ...mentally deficient children? |
| ...infirmi, ca de exemplu surdo-muţi, orbi...? | ...invalids, as for instance the deaf-and-dumb, the blind...? |
| ...adulţi/vârstnici dornici de a-şi continua studiile? | ...adults/grown-ups wanting to continue their studies? |

| | |
|---|---|
| Există cursuri/școli serale și fără frecvență? | Are there evening and extra-mural courses/schools? |
| Care sunt condițiile de admitere cu privire la vârstă, studii, taxe? | What are the conditions of admittance with reference to age, studies, fees? |
| Cât durează studiul la...? | What is the duration of studies in...? |
| Școlile secundare sunt mixte? | Are secondary schools based on co-education? |
| Când are loc examenul de absolvire? | When does the school-leaving examination take place? |
| Ce institute de învățământ superior pot frecventa studenții? | What higher educational establishments can students attend? |
| De cine sunt organizate și conduse? | Who(m) are they organized and led by? |
| Primesc toți studenții dv. burse? Dacă nu, care anume? | Do all your students receive scholarships/grants? If not, which ones? |

---

| | |
|---|---|
| Învățământul preșcolar este facultativ. | Pre-school education is optional. |
| Există | There are... |
| ...creșe pentru copiii în vârstă de 1-3 ani; | ...nurseries/crèches for infants between 1 and 3 years of age; |
| ...grădinițe de copii care pregătesc copiii în vârstă de la 4 la 6 ani pentru învățământul elementar prin lecții intuitive, jucării, jocuri etc. | ...kindergartens which prepare children between 4 and 6 for elementary education by object-lessons, toys, games etc. |
| Materiile principale predate în primii doi ani sunt: scrisul, cititul și aritmetica. | The principal subjects of instruction taught in the first two years are: writing, reading and arithmetic. |
| Frecventarea unei școli de cultură generală este obligatorie și gratuită. | The attendance of a general school is compulsory and free of charge. |
| Elevilor din provincie li se oferă masă și casă. | Pupils from the country are given board and lodging. |

| | |
|---|---|
| Elevii se bucură de asistență medicală gratuită. | Pupils enjoy free medical assistance. |
| La terminarea clasei a 12-a elevii trebuie să susțină examenul de bacalaureat. | At the end of the 12th form the pupils have to pass/sit for the school-leaving examination. |
| El constă din probe/examene orale și scrise. | It consists of oral and written tests. |
| Certificatul/Diploma de bacalaureat îndrituiește pe posesor să se înscrie la universitate/un institut de învățământ superior. | The school-leaving certificate/ diploma entitles its holder to enroll at the university/a higher educational institute. |
| Universitățile sunt instituții de învățământ organizate pentru predarea și studiul în ramurile superioare ale științei. | Universities are educational institutions organized for teaching and study in the higher branches of learning. |
| Aceste instituții sunt împuternicite să confere diplome în anumite ramuri precum drept, medicină, arte, comerț etc. | These institutions are empowered to confer degrees in special departments such as law, medicine, arts, commerce etc. |
| Pentru a fi admis la universitate se cer anumite condiții. | There are certain standards required for entering the university. |
| Candidații/Solicitanții trebuie să treacă examenul de admitere la universitate. | The candidates/applicants have to pass the university entrance examination. |
| Tinerii noștri au posibilitatea de a îmbrățișa oricare profesiune le place. | Our young people have the opportunity to take up any profession they like. |
| Studenților care muncesc cu sârguință li se acordă burse. | Diligent students are granted scholarships. |
| Studenții din provincie pot locui în cămine confortabile și mânca la cantine speciale. | The students from the country can live in comfortable hostels and eat in special refectories. |

| | |
|---|---|
| Ei pot frecventa cursuri la... | They may attend courses at the... |
| ...Conservatorul de muzică | ...Conservatoire/Academy of Music |
| ...Institutul de Agronomie | ...Institute of Agronomy |
| ...Institutul de Arhitectură | ...Institute of Architecture |
| ...Academia de Teatru și Film | ...The Theatre and Film Academy |
| ...Institutul de arte plastice | ...Institute of Fine Arts |
| ...Institutul de limbi și literaturi străine | ...Institute of Foreign Languages and Literatures |
| ...Institutul de pedagogie | ...Pedagogical Institute/ Teacher - Training College |
| ...Institutul politehnic | ...Polytechnic Institute |
| ...Institutul de științe economice | ...Institute of Economics |
| ...Facultatea de biologie | ...Faculty of Biology |
| ...Facultatea de chimie | ...Faculty of Chemistry |
| ...Facultatea de drept | ...Faculty of Law |
| ...Facultatea de farmacie | ...Faculty of Pharmacy |
| ...Facultatea de filologie | ...Faculty of Philology |
| ...Facultatea de fizică | ...Faculty of Physics |
| ...Facultatea de medicină | ...Faculty of Medicine |
| ...Facultatea de stomatologie etc | ...Faculty of Dentistry/ Stomatology etc |
| La ce școală vrei să înveți? | What school do you want to attend? |
| Vreau să mă fac mecanic de locomotivă/țesătoare/electrician/instalator/constructor | I want to become an engine-driver/weaver/electrical fitter/builder |
| Ce cursuri frecventezi? | What courses/classes are you attending? |
| În ce clasă/an ești? | What form/year are you in? |
| Dorești... | Do you want... |
| ...să continui studiile la universitate? | ...to go to the university? |
| ...să devii inginer? | ...to become an engineer? |
| ...să studiezi prin corespondență? | ...to study by correspondence? |
| ...să frecventezi cursurile profesorului X? | ...to attend the classes of professor X? |

| | |
|---|---|
| Când... | When... |
| ...începe/sfârşeşte anul şcolar/universitar? | ...does the scholastic/ academic year begin/end? |
| ...speri să-ţi iei licenţa? | ...do you hope to graduate? |
| Cine... | Who... |
| ...este profesorul de literatură engleză/fizică? | ...is your professor in English literature/ in physics? |
| ...predă gramatica? | ...lectures in grammar? |
| Sunt... | There are... |
| ...cursuri pentru începători şi pentru avansaţi. | ...courses for beginners and advanced students. |
| ...două sesiuni de examene pe an. | ...two examination periods a year. |
| ...în medie 30 de elevi într-o grupă. | ...thirty pupils in a group on an average. |
| Eu sunt... | I am... |
| ...în clasa I-a/II-a etc. | ...in the first/second etc form. |
| ...înscris la institutul... | ...enrolled at the ...Institute |
| ...student în anul I/II etc | ...a first/second year student |
| ...student la cursurile fără frecvenţă; vin la universitate numai pentru a trece examenele. | ...an extra-mural student; I come to the university only to sit for the examinations. |
| ...interesat în limbile orientale | ...interested in oriental languages |
| ...student la facultatea de medicină/farmacie. | ...a student in the Medicine/ Pharmacy Department. |
| Mă pregătesc pentru examenul de admitere//diplomă. | I am reading for the entrance// the degree examination. |
| Trebuie să dau examen la cinci materii. | I have to take examinations in five subjects. |
| Am trecut examenul. | I have passed my examination. |
| Am căzut la examen. | I have failed in my examination. |
| Doresc... | I want... |
| ...să reiau (continui) studiile | ...to resume my studies |

| | |
|---|---|
| ...să dau/susțin examenul de bacalaureat | ...to sit for the school-leaving certificate |
| ...să devin profesor | ...to go in for teaching |
| ...să îmbrățișez profesiunea de inginer | ...to take up engineering as a career |
| ...să studiez pentru doctorat; eu sunt licențiat al facultății de... | ...to take up post-graduate studies; I am a graduate of the faculty of... |

| *Cuvinte suplimentare:* | *Additional words:* |
|---|---|
| absolvent; - a 12 clase | graduate; a twelve-year school graduate |
| absolvență | graduation |
| audio-vizual (mijloace -) | audio-visual aids |
| bibliotecă | library |
| bursier (student -) | stipended student |
| cadre didactice | teaching staff |
| cercetător științific | scientific researcher |
| cerc literar/științific | literary/scientific circle |
| catedră; - de limba engleză/ de istorie | (mobilă) teacher's desk; (funcție) professor's chair; the English Department/ the History Department |
| elev; - extern; - intern; - semi-extern | pupil; day-pupil; boarder; day-boarder |
| examinator; - la anatomie | examiner; - in anatomy |
| formular pentru înscriere | enrollment form |
| învățământ profesional; - tehnic | vocational education; technical education |
| laborator | laboratory/lab |
| sală de lectură | reading-room |
| limbă maternă | mother tongue |
| magnetofon | tape recorder |
| Ministerul Învățământului și Științei | Ministry/Board of Education and Science |
| muncă științifică | scientific work |
| notă: - bună; - rea; - foarte bună | mark; good -; bad/black -; top - |
| orar | time table |

| | |
|---|---|
| pauză | break |
| practică pedagogică | teaching practice |
| specialist cu înaltă calificare | highly trained expert |
| studiu individual | private/individual study |
| şcoală cu internat | boarding school |
| şcoală tehnică | technical school/college |
| şef de catedră | head of the chair |
| ziua intrării în vacanţă | breaking-up day |
| a absenta | to be absent/to be missing |
| a afişa lista cu rezultatele examenului | to post up the exam results |
| a primi bursă | to receive a grant |
| a (se) califica | to qualify (oneself) |
| a face cercetări ştiinţifice | to carry on scientific research |
| a chiuli | to play truant, to miche |
| a-şi lua diploma/licenţa | to take one's degree |
| a elabora | to work out |
| a exmatricula din... | to expel from... |
| a solicita înscrierea | to apply for enrollment |
| a vorbi despre... | to lecture on... |
| a intra în vacanţă | to break up for the holidays |
| a fi în vacanţă | to be on holiday |

| MUNCĂ - PROFESIUNI - OCUPAȚII - MESERII | WORK - PROFESSIONS - OCCUPATIONS - TRADES |
|---|---|
| Care este... | What is... |
| ...profesiunea dv.? | ...your profession? |
| ...ocupația dv.? | ...your occupation? |
| ...meseria dv.? | ...your trade? |
| Ce (fel de) muncă prestați? | What kind of work do you do? |
| Eu sunt agricultor și lucrez la o fermă. | I am a farmer and I work on a farm. |
| Eu sunt profesor; predau lecții de literatură engleză la o școală de limbi străine. | I am a teacher; I give lessons in English literature at a languages school. |
| Eu sunt casnică; am grijă de copiii mei, fac curățenie, gătesc mesele zilei etc. | I am a housewife; I look after my children, I do the rooms, (I) cook the meals of the day etc. |
| Eu fac (multa) munca de teren; sunt ocupat până peste cap. | I do (a lot of) field-work; I am up to my eyes in work. |
| Eu sunt dulgher; clădesc case, fac garduri și tot felul de mobile de lemn. | I am a carpenter; I build houses, make fences and all sorts of wooden furniture. |
| Eu sunt medic; îngrijesc și vindec bolnavii. | I am a physician; I attend and cure the sick ones. |
| Eu sunt avocat; eu îmi apăr clienții. | I am a lawyer; I defend my clients. |
| Eu sunt încă student: învăț pentru a deveni arhitect. | I am still a student; I'm studying to become an architect. |

| | |
|---|---|
| Eu sunt mecanic calificat pentru motoare; lucrez într-un atelier. | I am a trained motor mechanic; I work in a workshop. |
| Eu sunt zidar; lucrez pe un şantier de construcţii. | I am a bricklayer; I work on a building site. |
| Eu sunt de meserie croitor; fac costume pentru bărbaţi, dar fac şi reparaţii. | I am a tailor by trade; I make suits for men but I am not above mending old clothes. |
| Ce calificare aveţi? | What are your qualifications? |
| Pentru ce muncă eşti cel mai bine pregătit? | What kind of work are you best fitted for? |
| Posed certificatul de absolvire al... | I possess the School-Leaving Certificate of the... |
| Sunt licenţiat în filologie al Universităţii din Bucureşti, unde am obţinut diploma în (specialitatea) germană şi franceză. | I am a B.A.* of Bucharest - University where I took my degree in German and French. |
| Am absolvit... | I have finished... |
| ...o şcoală electrotehnică. | ...an electrotechnical school. |
| ...o şcoală tehnică de agricultură. | ...an agricultural technical school. |
| Sunt muncitor calificat// necalificat. | I am a skilled/unskilled worker. |
| Lucrez de ... ani. | I have served ... years. |
| Doresc să mă calific în... | I want to qualify myself in... |
| N-am cunoştinţe anume în această specialitate/branşă. | I have no special knowledge of this branch. |
| Doresc să ofertez pentru postul... Serviciul acesta îmi convine. | I want to apply for the job... That job suits me. |
| Am cunoştinţe bune în... | I have a good knowledge of... |
| Ce perspective am aici? | What prospects are there for me? |
| Sunt... | I am... |
| ...în concediu (plătit). | ...on holiday (paid holiday). |
| ...în concediu de odihnă. | ...on rest leave. |
| ...în concediu de boală. | ...on sick leave. |
| ...în concediu de maternitate. | ...on maternity leave. |
| La ce oră plecaţi la lucru? | At what time do you go to work? |
| La ce oră plecaţi de la serviciu? | At what time do you go off duty? |

* B.A. (Bachelor of Arts) = licenţiat în filologie.

| | |
|---|---|
| Care sunt orele dv. de lucru/ de birou? | What are your work hours/ your office hours? |
| Prestați ore suplimentare? | Do you have to work overtime? |
| Aveți normă întreagă sau parțială? | Have you got a full-time job or a part-time job? |
| Ce produce fabrica la care lucrați? | What does the factory you work at turn out? |
| Cât câștigați pe lună? | What do you earn a month? |
| Ce salariu aveți? | What is your salary/wage? |
| Sunteți plătit cu ziua/cu săptămâna/cu luna? | Are you paid by the day/by the week/by the month? |
| Care este venitul dv. anual? | What is your yearly income? |
| Care este salariul mediu al... | What is the average salary of... |
| Când este ziua dv. liberă? | When is your day off? |
| Sunteți de/la serviciu mâine? | Are you on duty tomorrow? |

---

| | |
|---|---|
| Eu lucrez într-o fabrică. | I work in a plant. |
| Eu lucrez 8 ore pe zi. | I work eight hours a day. |
| Eu încep lucrul la 7 dimineața. | I start work at seven o'clock in the morning. |
| Orele mele de birou sunt de la 8 a.m. la 4 p.m. | My office hours are from 8 a.m. to 4 p.m. |
| La amiază avem o pauză pentru prânz. | At noon we have a break for lunch. |
| Salariul meu se ridică la... pe lună, dar așteptăm majorarea salariilor la toamnă. | My salary/wage amounts to... a month but we expect a wage-rise next autumn. |

| *Cuvinte suplimentare:* | *Additional words:* |
|---|---|
| asigurări sociale | social insurance |
| asistență socială | social assistance |
| întreprindere de stat | state enterprise |
| mijloace de trai | means of livelihood |
| muncă de cercetare (științifică) | research work |
| pensie - pensionar | pension - pensioner |
| protecția muncii | labour protection |
| sindicat - sindicalist | trade union - trade-unionist |
| soldă | officer's pay |
| zi lucrătoare; - nelucrătoare; - de salariu | work day; holiday; pay-day |
| calificat (a fi - ca...) | (to be) trained as... |
| demisia (a-și da - ) | to resign (an employment) |
| pensionat (a fi - ) | to be pensioned off |

| | |
|---|---|
| personal (a fi în cadrul -ului) | to be on the staff of... |
| pregăti (a - pentru o profesiune) | to train |
| actor | actor |
| actriță | actress |
| artist(ă) | artist |
| bărbier | barber |
| bibliotecar | librarian |
| biolog | biologist |
| blănar | furrier |
| brutar | baker |
| bucătar (casă) | cook |
| ceasornicar | watchmaker |
| c.f.(funcționar) | railwayman |
| cizmar | shoemaker |
| coafeză | hairdresser |
| compozitor | composer |
| constructor | builder |
| coșar | chimney sweep |
| croitor | tailor |
| croitoreasă | dressmaker |
| dentist | dentist |
| dirijor | conductor |
| dramaturg | playwright |
| economist | economist |
| electrician | electrician |
| farmacist | chemist |
| fizician | physicist |
| fotograf | photographer, cameraman |
| frizer/coafor | hairdresser |
| geolog | geologist |
| inginer constructor | civil engineer |
| instalator; - de apă | fitter; plumber |
| legător de cărți | bookbinder |
| lenjereasă | seamstress |
| lustragiu | shoeblack |
| magistrat | magistrate |
| măcelar | butcher |
| mecanic | mechanic |
| medic | physician |
| meseriaș (calificat) | (skilled) tradesman/craftsman |
| miner | miner, pitman |
| modistă | milliner |
| muncilor agricol | agricultural labourer |

| | |
|---|---|
| muzician | musician |
| olar | potter |
| optician | optician |
| ospătar/ospătăriță | waiter/waitress |
| pictor | painter |
| portar | hall porter |
| poştaş | postman |
| proiectant | projector, planner, designer |
| regizor | stage manager |
| remaieză | ladder-mender |
| romancier | novelist |
| scenograf | scenographer |
| sculptor | sculptor |
| soră medicală (calificată) | (trained) medical nurse |
| stenodactilograf(ă) | shorthand typist |
| strungar | lathe operator/turner |
| sudor | welder |
| şofer | (motor) car driver |
| textilist | textile worker |
| tâmplar | joiner |
| tractorist | tractor driver |
| traducător | translator |
| violonist | violinist |
| viticultor | wine grower |
| vânzător | shop assistant |
| vopsitor | dyer |
| ziarist | newspaperman; journalist |
| zidar | mason, bricklayer |
| zilier | day-labourer |
| zugrav | house painter |

| SPORTURI ȘI JOCURI | SPORTS AND GAMES |
|---|---|
| Practicați vreun sport? | Do you go in for any kind of sports? |
| În orele mele de răgaz îmi place... | During my leisure hours I like... |
| ...să fac plimbări lungi. | ...to take long walks. |
| ...să joc șah. | ...to play a game of chess. |
| ...să merg pe bicicletă. | ...to ride a bicycle. |
| ...să merg la pescuit. | ...to go fishing. |
| Pescuitul este o recreație excelentă. | Fishing is an excellent pastime. |
| Mă interesează mult... | I take a great interest in... |
| ...sporturile de iarnă. | ...winter sports. |
| ...sporturile de vară. | ...summer sports. |
| ...sporturile de sală. | ...indoor games. |
| ...sporturile în aer liber. | ...outdoor games. |
| Ați jucat vreodată baschet? | Have you ever played basketball? |
| (Baschetul) este un joc care nu mă prea interesează. | It's a game I'm not particularly interested in. |
| Apropo, vă interesează boxul? | By the way, do you care for boxing? |
| Nici un pic. Nu-mi place deloc. | Not a bit. I hate it. |
| Știi întâmplător care echipă de hochei a câștigat campionatul mondial? | Do you happen to know which hockey team won the world championship? |
| Pariați/Jucați la cursele de cai? | Do you bet at horse-races? |

| | |
|---|---|
| Nu, niciodată, deşi m-a amuzat să privesc cursele de galop//trap. | No, never, though I've always enjoyed watching gallop//trotting races. |
| Sunteţi membru al vreunei asociaţii sportive? | Are you a member of any sports association? |
| Jucătorii clubului de care aparţineţi sunt amatori sau profesionişti? | Are the players of the club you belong to amateurs or professionals? |
| La recentele Jocuri Olimpice de la Montreal sportivii şi sportivele din România au câştigat mai multe medalii de aur/argint/bronz. | At the recent Olympic Games in Montreal the Romanian sportsmen and sportswomen have won several gold/silver/bronze medals. |
| Ei au obţinut victorii importante asupra/în faţa adversarilor lor. | They won important victories over their opponents. |
| Ce manifestări sportive... | What sporting events... |
| ...au loc azi? | ...are taking place today? |
| ...vor fi la sfârşitul săptămânii | ...will there be over the weekend? |
| Este un meci de rugby între Steaua şi Victoria. | There is a rugby match between Steaua and Victoria. |
| Steaua joacă cu Victoria. | Steaua is playing against/ versus Victoria. |
| Ambele echipe sunt în divizia A. | They both are in the A league. |
| Ambele echipe sunt în formă excelentă. | Both teams are in excellent fettle. |
| Unde este stadionul...? | Where is the... Stadium? |
| La ce oră începe jocul? | What time is the kick-off? |
| Cum pot ajunge la stadion? | How can I reach the stadium? |
| Unde/În ce parte se află locurile noastre? | Whereabouts are our seats? |
| Nu cred că... | I don't think... |
| ...voi reuşi să ajung acolo la timp. | ...I'll manage to get there in time. |
| ...voi mai găsi vreun bilet. | ...I can get a ticket. |
| Se transmite meciul la televiziune/radio? | Do they televise/broadcast the match? |
| Voi vedea meciul la TV. | I'll watch the match over the TV. |
| Taxi, la stadion! Repede/Cu toată viteza! | Taxi, to the stadium! Drive like fury! |
| Vă pasionează fotbalul? | Are you fond of football? |
| Sunt nebun după fotbal. | I am crazy about football. |
| Cu ce echipă simpatizaţi? | What team do you cheer for? |

| | |
|---|---|
| Personal, nu joc fotbal, dar sunt un vechi suporter al fotbalului. | I don't play football myself but I am an old football fan. |
| Cine este antrenorul...? | Who is the coach/trainer of...? |
| Cine este arbitrul meciului? | Who umpires/Who is the umpire of the match? (la box: referee). |
| Arbitrii de tuşă sunt francezi? | Are the linemen Frenchmen. |
| ...are un net avantaj teritorial. | The... have a clear territorial advantage. |
| Gol! Cine l-a marcat? | A goal! Who shot it? |
| Cine este jucătorul cu nr. 7? | Who is player number 7? |
| Este căpitanul (echipei). | He is the skipper. |
| X este un tânăr care promite. | X is a promising young man. |
| Care este scorul? | What is the score? |
| Acum scorul este 1:0. | The score is one (to) nil now. |
| În favoarea cui? | In whose favour? |
| Rezultatul este de 5:3 în favoarea oaspeţilor//gazdelor. | The result is five to three for the guests//the hosts. |
| Jocul continuă. | The play is still on. |
| Cine a câştigat meciul? | Who won the match? |
| Cine este câştigătorul întrecerii? | Who is the winner of the competition? |
| Meciul s-a terminat la egalitate 4:4/patru la patru. | The match ended in a draw 4:4/four to four. |
| A câştigat//pierdut la puncte. | He won//lost on points. |
| Echipa naţională engleză de fotbal... a câştigat campionatul mondial în 1956. | The English national football team...won the World championship in 1956. |
| O victorie greu câştigată. | A hard-earned victory. |
| Întrecerea a atras mulţi spectatori atât din Anglia, cât şi din străinătate. | The competition has attracted many on-lookers from both England and abroad. |
| Fotbalul este foarte popular printre studenţii englezi. | Football is very popular with English students. |
| În Anglia el se numeşte soccer. | In England it is called soccer. |
| In SUA se joacă mai mult rugby şi baseball. | American football and baseball are in much eater favour in the USA. |
| Nu am dispoziţie să ies în oraş astă seară. | I don't feel like going out tonight. |
| Ce-ai zice să facem un joc? | What do you say to a game? |
| Să jucăm! | Let's play! |
| Ce să jucăm? | Play at what? |
| Facem o partidă de table? | Shall we not/Shall we play a game of backgammon? |

| | |
|---|---|
| Nu cunosc acest joc. | I don't know this game. |
| Voi invita pe vecinul meu de apartament la o partidă de domino. | I'll ask in my friend next door for a game of domino. |
| Ce spui de un bridge? | What about a bridge? |
| Bridge-ul este un joc de cărţi foarte antrenant. | Bridge is a very entertaining card game. |
| Am învăţat bridge de-abia acum un an. | I took up bridge only a year ago. |
| Eu la fel, n-am mai jucat de mult. | I too have been out of practice , for long. |
| Îmi poţi explica regulile acestui joc? | Can you explain the rules of this game to me? |
| Joacă corect! Nu joci corect. | Play fair! You don't play the game. |
| De-a ce se joacă copiii? | What games do children play? |
| Copiii se joacă de-a v-aţi ascunselea/de-a capra/bile/ de-a prinselea etc. | Children play at hide-and seek/at leap-frog/at marbles/ at catch me if you can etc. |

---

| | |
|---|---|
| Ce joc/sport îţi place cel mai mult? | Which game/sport do you like best? |
| Îmi place... | I like... |
| ...alpinismul. | ...mountain climbing/ alpinistik. |
| ...ciclismul. | ...cycling. |
| ...înotul. | ...swimming. |
| .. judo/jiu-jitsu. | .. judo/ju-jitsu. |
| ...şahul. | ...chess. |
| ...tirul. | ...shooting. |
| ...vânătoarea. | ...hunting. |
| Ştii să... | Can you... |
| ...călăreşti? | ...ride a horse? |
| ...conduci automobilul? | ...drive a car? |
| ...patinezi? | ...skate? |
| ...schiezi? | ...ski? |
| ...vâsleşti? | ...row a boat? |
| Eşti bun/Te pricepi la... | Are you good at... |
| ...aruncarea suliţei/discului/ ciocanului? | ...throwing the javelin/ discus/hammer? |
| ...biliard? | ...billiards? |
| ...popice? | ...nine-pins? |
| ...săritura cu prăjina? | ...pole jumping? |
| ...tenis de masă/de câmp? | ...table tennis/lawn tennis? |
| ...volei? | ...volleyball? |

| *Cuvinte suplimentare:* | *Additional words:* |
|---|---|
| amical (meci -) | friendly (match) |
| antrenament | training |
| apărare (linie de -) | defence line |
| arc - săgeată | bow - arrow |
| arcul (trage cu -) | archery |
| atletism | athletics |
| automobilism | motoring |
| bară | bar |
| barcă cu pânze/vâsle | sailboat/rowing boat |
| bare paralele | parallel bars |
| bazin de înot | swimming pool |
| bârnă | balance beam |
| bob | bobsleigh |
| boxa jucătorilor penalizați | penalty box |
| boxer | boxer |
| bras (înot) | breast stroke |
| breik; - la box/tenis | break |
| cal (la șah) - (gimnastică) | knight/vaulting horse |
| campion | champion |
| canotaj | rowing |
| capră | swing buck |
| careul de 11 metri | penalty area |
| cască de cauciuc | rubber cap |
| cincisprezece la zero (tenis) | fifteen naught/fifteen love |
| cocoș (box) | bantam-weight |
| coechipier | team-mate |
| colț, corner | corner |
| colțul de sus din dreapta// stânga | top right/left hand corner |
| concurs sportiv | tournament |
| craul (înot) | crawl |
| crichet | cricket |
| croazieră | cruise |
| cros | cross country race |
| crosă (hochei) | stick |
| cupă; finala -ei | cup; - final |
| cursă de bicicletă | cycling race |
| cursă moto | motor race |
| cursă cu obstacole | steeple chase |
| cursă de viteză | sprint |
| echipament | outfit/equipment |
| echipă gazdă//oaspete; - națională | home/visiting team; national team |
| excursie pe jos | hiking |

| | |
|---|---|
| extremă dreapta//stânga | outside right//left |
| faul(t) | foul |
| finală; sfert de -; semifinală | final; quarter final; semi-final |
| figură de şah | chessman |
| fluture (înot) | butterfly |
| fugă | run |
| fundaş dreapta//stânga | right//left back |
| garduri | hurdles |
| gimnastică; sală de - | gymnastics; gym(nasium) |
| golaveraj | goalaverage |
| gong | bell/gong |
| grea (box) | heavy-weight |
| haltere | bar (dumb) bells; (sport) |
| haltere | weight lifting |
| hipism | horse racing |
| hochei (jucător de -) | hockey player |
| iaht; croazieră cu -ul | yacht; yachting |
| inele | swinging rings |
| inter dreapta//stânga | inside right//left |
| înaintare (linia de -) | forward line |
| înaintaş centru | centre forward |
| înotător | swimmer |
| înot pe spate | backstroke |
| locul în echipă | berth |
| lovitură liberă (fotbal) | free kick |
| lovitură cu pumnul (box) | punch |
| lovitură joasă/interzisă | foul blow |
| lovitură de jos în sus (box) | upper-cut |
| lupte (greco-romane) | wrestling |
| maraton | marathon race |
| mănuşi de box | boxing gloves |
| maestru (emerit) al sportului | (honoured) master of sports |
| meci | match |
| mijlocaş centru/dreapta//stânga | centre/right//left half back |
| mijlocic (box) | middle-weight |
| mişcare (şah) | move |
| muscă (box) | fly-weight |
| natație | swimming |
| nautice (sporturi -) | aquatics |
| nebun (şah) | bishop |
| ofsaid (poziție de -) | off side position |
| palatul sporturilor | palace of sports |
| pană (box) | feather-weight |
| paraşutism | parachutism |
| partidă de tenis | set |
| patinaj; - artistic; - viteză | skating; figure -; speed - |

| | |
|---|---|
| patinator | skater |
| patină; - cu rotile | skate; roller skate |
| patinoar | skating rink |
| pedeapsă (lovitură de -) | penalty kick |
| performanță | performance |
| ping pong | table tennis |
| pion | pawn |
| pistă; - cu zgură | track; running track |
| pânză | sail |
| planorism | gliding |
| plasă | net |
| plonjon/săritură în apă | dive |
| poartă; plasa porții | goal; goal net |
| polo; - pe apă | polo; water polo |
| popicărie | bowling alley |
| portar | goal-keeper, "goalie" |
| prăjină; (săritura cu -) | pole; pole-vault(ing) |
| pretendent la titlu | challenger |
| probă sportivă | event |
| puc | puck |
| rachetă | racket, racquet |
| rege - regină (șah) | king - queen |
| remiză | drawn game |
| repriză; de box/fotbal/hochey/ polo/scrimă/tenis | round/half-time/period/bout/ game |
| rezultat final | final score |
| ring (de box) | ring |
| rundă (box) | round |
| sală | hall |
| saltea | mat |
| săritură la schi | ski jumping |
| săniuș | sledging |
| schi; - pe apă | skiing; surf riding |
| scrimă | fencing |
| serviciu (la tenis etc) | service |
| semi-grea (box) | light heavy-weight |
| semi-mijlocie (box) | welter-weight |
| slalom | slalom (race) |
| spaliere | wall bars |
| sportiv; buletin - | sportsman; sports round-up |
| start | start |
| șah (masă de -) | chess-board |
| șah mat | check-mate |
| ștafetă | relay race |
| tabelă de marcaj | scoreboard |
| tenişi, pantofi de tenis | rubbers |

| | |
|---|---|
| teren de joc; teren de tenis | field/sports ground; tennis court |
| teren propriu | home ground |
| titlu (deținătorul -ului) | title-holder |
| trambulină | jumping board |
| tricou | shirt |
| turn (șah) | rook, castle |
| ușoară (box) | light-weight |
| vestiar | dressing/locker room |
| vâslă | oar |
| zonă de apărare//atac | defence//attacking zone |
| avertisment (a da -) | caution/to caution a player |
| a se califica | to qualify |
| a dribla | to dribble |
| a faulta pe cineva | to make a foul against... |
| a fenta | to feint |
| a fluiera | to blow a whistle (on a player) |
| a relua jocul | to resume the game |
| a juca un meci în deplasare//pe teren propriu | to meet a team away/on the home ground |
| a fi numărat până la 10/peste 10 | to be knocked down/out |
| a pasa | to pass |
| a acorda o lovitură de pedeapsă | to award a penalty (kick) |
| a pierde o partidă la... | to lose a game to... |
| a provoca | to challenge |
| a lovi pucul | to shoot the puck |
| a arunca prosopul | to throw in the towel |
| a fi rănit într-un meci | to be injured in a match |
| a bate recordul | to break the record |
| a face remiză | to draw the game |
| a face rocada | to castle |
| scorul; a deschide -; a egala -; a ridica - | to open the score; to even the score; to bring the score to... |
| a servi | to serve |
| a străpunge | to break through |
| a suspenda un jucător | to suspend a player |
| a șuta | to shoot |
| a fi scos de pe teren | to be carried off |

**URĂRI DE BINE - FELICITĂRI - COMPLIMENTE**

**GOOD WISHES - CONGRATULATIONS - COMPLIMENTS**

| | |
|---|---|
| Cele mai bune urări de ziua ta de naştere! | Best wishes on your birthday! |
| La mulţi ani! | Many happy returns (of the day)! |
| Să-ţi trăiască tatăl! - mama! | Long live your father! - mother! |
| Să trăieşti! | Long may you live! |
| Îţi doresc numai bine! | I wish you all the best! |
| Îţi doresc multe succese/tot succesul în... | I wish you every success in... |
| Să ţi se îndeplinească toate dorinţele/Fie ca toate dorinţele tale să se realizeze! | May all your wishes come true! |
| Un an nou fericit! | A Happy New Year! |
| Toate urările de bine pentru noul an! | All good wishes for the New Year! |
| Cele mai bune urări cu ocazia sărbătorilor de iarnă şi a Anului Nou! | Season's Greetings and best wishes for the New Year! |

| | |
|---|---|
| Pentru anul ce vine și cei ce vor urma îți doresc numai fericire! | I wish you happiness throughout the coming year and for many years to come! |
| Fie ca noul an să-ți aducă numai bine fericire și succese în toate proiectele tale! | May the New Year bring everything good to you, happiness and success in all you do! |
| Beau în sănătatea ta! | I drink/I'm drinking to your health! |
| Cu ocazia logodnei/căsătoriei tale îți doresc mulți ani fericiți. | On the occasion of your engagement/wedding I wish you many happy years! |
| Petrecere frumoasă! | Have a good time! |
| Vacanță plăcută! | Happy Holidays! |
| Mulțumesc! Aceleași urări și ție! | Thank you! The same good wishes to you! |
| Felicitări cu ocazia logodnei! | Congratulations on your engagement! |
| Felicitări cordiale cu ocazia căsătoriei tale! | I congratulate you most heartily upon your wedding! |
| Cele mai bune felicitări cu ocazia numirii tale ca... | My best congratulations on (the occasion of) your appointment as... |
| Mă bucur din inimă pentru tine! | I cordially rejoice with you! |
| Mulțumesc! Cât se poate de amabil din partea ta! | Thank you! Most kind on your part! |
| Salutări fratelui tău! | Remember me to your brother! |
| Salutări celor de acasă! | Remember me to your family/ to all at home! |
| Respectuoase salutări soției tale! | Kindest regards to your wife! |
| Transmite respectele mele tatălui tău! | Present my respects to your father! |
| Mulțumesc! Le voi transmite! | Thank you! I will attend to your kind message! |

# Călătorind

# Travelling

## AGENȚII DE VOIAJ/ TURISM

## TRAVEL/TOURIST AGENCIES

*La agenția de bilete C.F. din oraș*

*At the city Railway Booking-Office*

Alo! Biroul de voiaj?

Hello! Is that the booking-office?

Pot reține un loc...

Can I book a reservation/ seat..

...în trenul de 4,15?

...on the 4,15 (four-fifteen) train?

...în expresul de Budapesta?

...on the Budapest express?

(Pentru) ce localitate? Când doriți să plecați?

Where for? When do you want to leave?

Scuzați-mă. Chiar azi, pentru Cluj. Un loc în colț, cu fața la locomotivă, dacă se mai poate.

I beg your pardon. This very day, (up) to Cluj. A corner seat facing the engine, if still available.

Regret, pentru azi toate locurile sunt vândute/reținute.

I am sorry, but we are (all) booked up for today.

Ar fi trebuit să vă rețineți locul cu cel puțin 24 de ore înainte.

You ought to have made the reservation at least 24 (twenty-four) hours in advance.

| | |
|---|---|
| Vă pot oferi un loc într-un compartiment de clasa I pentru duminică dimineață, dacă doriți. | I can let you have a seat in a first-class carriage on Sunday morning, if you wish. |
| De unde îmi pot ridica biletul? | Where can I pick up my ticket (from)? |
| În ziua plecării, de la ghişeul 4 din holul principal al Gării de Nord. | On the day of the departure at window number 4 in the main hall of the North Station. |
| Cât am de plată? | How much will that be? |
| Este o taxă suplimentară de... | There is an extra charge of... |
| ***La biroul de informații*** | ***At the inquiry Office*** |
| Doresc să mă interesez de trenurile care pleacă spre... | I want to find out about the trains to... |
| Este... | There is... |
| ...un tren accelerat la 11,27; vreți să plecați cu trenul acesta? | ...a fast train at 11,27 (eleven twenty-seven); will you go by this train? |
| ...un tren direct de noapte spre... dar care nu opreşte la... | ...a night's through train to... but it does not stop at... |
| ...un tren personal spre... dar opreşte la toate stațiile | ...a slow train to... but it stops at every station. |
| Nu, acela nu-i bun. Nu(-i indicat) pentru distanțe mari. | No, that won't do. Not for long distances. |
| De la care gară pleacă trenul spre...? | What station does the train to... leave from? |
| Trenul acesta are vagon de dormit/restaurant? | Is there a sleeping car (sleeper)/ a dining car on this train? |
| Unde trebuie să schimb trenul? | Where do I have to change trains? |
| Pot întrerupe călătoria la...? | Can I break the journey at...? |
| De câte ori pot întrerupe călătoria? | How often may I break the journey? |
| Cât costă biletul (de călătorie)? | How much is the fare? |
| Cât timp este valabil tichetul? | How long is the ticket available? |
| Poți reține chiar acum două locuri la clasa II-a/o cuşetă în acest tren? | Can I book right now second-class seats/a berth on this train? |
| Copiii până la 10 ani plătesc numai jumătate de bilet, mi se pare; copiii peste 10 ani plătesc bilet întreg. | Children under ten pay only half-rate. I suppose children over ten pay full fare. |

| *La agenția de bilete a societății de transporturi aeriene* | *At the Booking-Office of the Airlines/Airways Company* |
|---|---|
| Societatea noastră deservește linii interne și internaționale. | Our company runs home and international routes. |
| Deserviți o linie aeriană de pasageri București-Constanța? | Do you run a Bucharest to Constanța passenger airline? |
| Există o linie aeriană directă între București și Leningrad? | Is there a direct airline between Bucharest and Leningrad? |
| Nu, va trebui să schimbați avionul la... | No, you'll have to change another plane in... |
| Ce rută are acest avion? | What is the route of that plane? |
| În ce zile și la ce ore pleacă avionul la Londra? | On what days and at what time does the plane leave for London? |
| Pot reține trei bilete la avionul pentru Berlin via Praga? | Can I book tickets on the plane bound for Berlin via Prague? |
| Cât costă un bilet/un bilet dus-întors? | What does a ticket cost?/ a return ticket? |
| Când decolează avionul spre...? | When does the plane for... take off? |
| La ce oră ajungem pe aeroportul Orly? | At what time do we reach Orly Airport? |
| Cât timp durează zborul de la... până la...? | How long does it take to from... to... by air? |
| Aterizăm undeva? Pe ce aeroport va ateriza avionul? | Do we land anywhere? Which airport will the plane land on? |
| Este un zbor fără escală. | This is a non-stop flight. |
| Pot să contramandez sau să amân călătoria? | Can I cancel or postpone my reservation? |
| Da, însă cel mai târziu cu 48 de ore înainte de plecarea programată. | Yes, but not later than 48 (forty-eight) hours before departure time/the scheduled departure. |
| Biletul (nu) este transmisibil. | The ticket is (not) transferable. |
| Trebuie să iau cu mine niște bagaje. | I have some luggage to take with. |
| Fiecare pasager poate lua cu sine, gratuit, bagaje în greutate de (până la) 20 kg. | Each passenger is allowed 20 kilograms of luggage/-baggage free of charge. |
| Cât se plătește pentru bagajele suplimentare? | What is the charge for excess luggage/baggage? |

| | |
|---|---|
| Pentru fiecare kg care depăşeşte limita (admisă) trebuie să plătiţi... | For any kilogram(me) exceeding the limit you have to pay... |
| Îmi puteţi spune care este drumul spre aeroport? | Can you tell me the way to the airport? |
| Autobuzul pentru aeroport pleacă de aici? | Does the bus/coach for the airport leave from here? |
| Cred că sunt în întârziere. | I think I am already late. |
| Unde este cea mai apropiată staţie de taxiuri? | Where is the nearest taxi rank? |

### *La agenţia de bilete a societăţii de transporturi navale* / *At the Booking-Office of the Shipping Company*

| | |
|---|---|
| Aş dori să reţin un bilet de clasa a III-a pentru New York, pe vaporul Wanderer. | I should like to book a third class passage to New York on board the Wanderer. |
| Pentru acest voiaj locurile de pe Wanderer au fost completate. Cu destinaţia... nu mai puteţi obţine bilete până la finele acestei luni. | The Wanderer is full up this voyage. You can't get any passage to... before the end of this month. |
| Vreţi să-mi spuneţi care este vaporul cel mai bun/rapid spre...? | Will you tell me which is the best/the fastest boat to...? |
| Trebuie să fiu la Londra cel mai târziu în 12 ale lunii. | I must be in London not later than the 12th of this month. |
| Vaporul.... | Is the ship... |
| ...are ca destinaţie Marsilia? | ...bound for Marseilles? |
| ...face sigur escală la Neapole în drum spre Londra? | ...sure to call at Naples on her/the way to London? |
| Când ridică ancora (vaporul) Manhattan? | When does the Manhattan weigh anchor? |
| De unde pleacă? | Where does she start from? |
| Cât durează călătoria? | How long does the passage take? |
| Când mă pot îmbarca cu destinaţia...? | When can I embark for...? |
| Pot reţine acum o cuşetă într-o cabină de clasa a II-a? | Can I now secure a berth in a second class cabin? |
| Câte cuşete sunt în această cabină? | How many berths are there in this cabin? |
| Aceasta este o cabină cu două cuşete. | This is a two-berth cabin. |
| Mai este şi altcineva cu mine în cuşetă? | Is there anyone else sharing the cabin with me?/Does anyone share...? |

| | |
|---|---|
| Doresc o cabină numai pentru mine. | I want a cabin to myself. |
| Cam cât revine?/Cât costă? | How much will it be? |
| Doresc să rețin un bilet pe bordul vaporului Star care face o croazieră de-a lungul coastei Mării Negre. | I want to make a reservation on board the steamer Star that cruises along the Black Sea Coast. |
| Când pleacă vaporul? | When is the steamer going to sail? |
| În ce porturi facem escală? | What ports are we going to call at? |
| La ce oră suntem la...? | What time are we at...? |
| Putem coborî pe uscat? | Are we allowed to go ashore? |
| La ce chei este acostat vaporul? | What quay does the boat lie? |

| *Cuvinte suplimentare:* | *Additional words:* |
|---|---|
| ajunul plecării | the eve of the departure |
| asigurarea bagajelor | luggage/baggage insurance |
| bilet întreg; 1/2 bilet | full ticket; half fare |
| bilet pentru weekend | weekend ticket |
| călătorie în circuit; - în interes de serviciu; - de plăcere | round trip; official trip; pleasure trip |
| destinație | destination |
| distanță mică//mare | short//long distance |
| excursie | excursion, trip |
| informație, -ii | information |
| legătură | connection |
| mersul trenurilor | time-table, (broșură) ABC |
| mijloc de transport | means of transport |
| oficiul național de turism | the national tourist office |
| ora plecării//sosirii | time of departure//of arrival |
| rută | route |
| supliment de bilet | supplementary ticket |
| tranzit | transit |
| a amâna | to postpone/put off |
| a anula/a contramanda | to cancel |
| a adăuga un mare//mic comision | to charge a high//low commission |
| a asigura bagajele | to insure the luggage/baggage |
| a informa despre... | to inquire about |
| a intra în vigoare | to come into operation |
| a pleca într-o călătorie | to go on a journey |
| a pleca într-o excursie | to go on a trip |
| a pleca în străinătate | to go abroad |
| a veni să ridice bagajele | to come to fetch the luggage/ baggage |

| **FĂCUTUL BAGAJELOR - PLECAREA** | **PACKING UP - DEPARTURE** |
|---|---|
| Mai înainte de a începe să împachetez, fac o listă. | Before beginning to pack I make a list. |
| Întotdeauna împachetez eu. | I always do the packing myself. |
| Nu-i deloc o treabă uşoară să împachetezi lucrurile cum se cuvine. | Packing things properly is not at all an easy job. |
| La/Pe fundul cufărului/geamantanului pun lucrurile grele. | At the bottom of the trunk/suitcase I place the heavy things. |
| Deasupra pun lucrurile uşoare şi acelea care trebuie să fie la îndemână/uşor de găsit, de ex. săpunul, prosopul etc. | On the top I place the light things and those which must be ready at hand/easy to reach, for instance the soap, the towel etc. |
| Îmbrăcămintea stă cel mai bine într-o valiză dublă/cu două părţi. | Clothes go best in the portmanteau. |
| Lucrurile mai mici au loc suficient în valiză. | The smaller things have enough room in the valise. |
| Ai împachetat tot ceea ce îţi trebuie? | Have you packed everything you need? |

| | |
|---|---|
| Sper că da. | I hope so/I hope I have. |
| Nu găsesc... | I miss... |
| ...undița | ...the fishing rod |
| ...bascul | ...my cap |
| ...adresa lui John din Londra. | ...John's address in London. |
| Am avut-o/L-am avut în mână tot timpul și acum nu o/nu-l găsesc. | I had it in my hand all the time and now I can't find it. |
| Unde este... unde sunt... | Where is... Where are... |
| ...biletul/biletele? | ...the ticket(s)? |
| ...pașaportul? | ...the passport? |
| ...cheia? | ...the key? |
| Nu... | Don't... |
| ...împacheta ghidul turistic; vei avea nevoie de el în călătorie. | ...pack the tourist guide; you'll be wanting it on your journey. |
| ...uita să iei provizii alimentare și termosul. | ...forget to take some provisions and the thermos. |
| Ai mărunțiș/bani schimbați la tine? Îți vor trebui cu siguranță câțiva... | Have you got any change about you? You'll need for certain some... |
| ...pentru hamali/chelneri etc | ...to tip porters/waiters etc. |
| ...pentru a cumpăra un lucru sau altul. | ...to buy some thing or other. |
| Ești gata? Ai terminat cu împachetatul? | Are you ready? Have you finished packing? |
| Da, în sfârșit! Dar privește ce grămadă de bagaje! | Yes, at last! But look what a pile of luggage! |
| Acum... | Now... |
| ...îmbracă-te | ...get dressed |
| ...încuie totul | ...put everything under lock and key. |
| ...închide ferestrele | ...shut the windows |
| ...coboară jaluzelele | ...lower the blinds |
| ...închide robinetele/gazele | ...turn off the taps/the gas |
| ...încuie ușa din dos | ...lock up the back door |
| ...stinge luminile. | ...switch off the lights. |
| Să mergem. Este timpul să plecăm. | Let's go. It's high time we were starting. |
| Doresc să te conduc. | I want to see you off. |
| Dacă nu te grăbești o să pierzi sigur trenul. | If you don't make haste you are likely to miss the train. |

| Chemând un şofer | Hailing a driver |
|---|---|
| Hei! Taxi! | Hey! Taxi! |
| Liber? | (Are you) free? |
| Regret. Sunt ocupat. | Sorry, Sir. I have already been hired/booked. |
| Nu se zăreşte nici un taxi. Şi după toate astea, vremea este îngrozitoare. | No taxi in sight. And this beastly weather after all! |
| Ce ne facem? | What shall we do? |
| Telefonează la staţia de taxiuri şi roagă-l pe dispecer să ne trimită cât mai repede posibil un taxi. | Ring up the taxi rank and ask the dispatcher there to send us a taxi/cab as soon as possible. |
| Iată-l! | There it is! |
| Pune aceste geamantane deasupra, bagajele mai mici le iau înăuntru/le pun pe locul de lângă dumneata. | Put these suitcases on the top, the smaller luggage I'll take inside/I'll put on the seat beside you. |
| Repede, ne grăbim. | Drive quickly, we are in a hurry. |
| Încotro? | Where? |
| (Du-ne) la Gara de Nord/la aeroport/în port. | Take us to the North Railway Station/the airport/the harbour. |
| Cu care tren/vapor/avion plecaţi? | Which train/boat/plane do you go by? |
| Cu cel de 10,30. Grăbeşte-te, te rog, altminteri pierd... | The ten-thirty. Make haste please, or I'll miss the... |
| Am ajuns! | We've made it/There we are! |
| Cât am de plată? | What is the fare? |
| Păstrează restul. | Keep the change. |
| Mulţumesc. Călătorie plăcută. | Thank you. Pleasant journey. |

## CĂLĂTORIND CU TRENUL / TRAVELLING BY TRAIN

### *La gară* / *At the Railway Station*

| | |
|---|---|
| Ascultă hamal... | I say, porter... |
| ...vrei să-mi duci bagajele? | ...will you carry my luggage? |
| ...de pe care peron pleacă trenul spre...? | ...which platform does the train for... go from? |
| Am reținut un loc în colț într-un vagon de (ne)fumători. | I have a corner seat reserve in a smoking/non-smoking carriage. |
| Ce vagon aveți? | Which is your carriage? |
| Vagonul 10, compartimentul 2, locul 9. | Carriage ten, compartment two, seat nine. |
| Este... | It is... |
| ...al zecelea vagon de la coadă/în față. | ...the tenth carriage from the end/in front of the train. |
| Trenul nu a fost tras încă la peron. | The train is not yet in. |
| Trenul tocmai a intrat în stație. | The train has just come into the station. |
| Nu-i timp de pierdut. Trenul dv. urmează să plece peste câteva minute. | No time to waste. Your train is due to start in a few minutes. |
| Haideți/Veniți cu mine. | Come along. |
| Urcați, dacă nu vreți să rămâneți aici. | Jump in, if you don't want to be left behind. |
| Ați întârziat, domnule. Trenul a plecat chiar acum. | You are late, Sir. The train has just left. |

| | |
|---|---|
| Asta-i foarte neplăcut. Socoteam să mai pot prinde trenul de două şi jumătate. | That's very annoying. I counted on being able to catch the half past two train. |
| De, ce să-i faceţi? L-aţi pierdut! | Well, you missed it all right! |
| N-aveţi motiv de îngrijorare. Spre... sunt trenuri din oră în oră. | No need to worry. There are trains running every hour to... |
| Când pleacă spre... trenul următor? | When does the next train to... go? |
| Este... | There is... |
| ...un tren local convenabil la... | ...a convenient local train at... |
| ...un tren la ora... | ...an up-train* at... |
| Există un mers al trenurilor în (holul) clădirea gării? | Is there a time-table in the (hall of the) station building? |
| Unde este... | Where is... |
| ...casa de bilete? | ...the booking-office? |
| ...biroul de informaţii? | ...the inquiry/information office? |
| ...sala de aşteptare? | ...the waiting-room? |
| ...casa de bagaje? | ...the left-luggage office? |
| ...garderoba? | ...the cloak-room? |
| ...biroul de obiecte găsite? | ...the lost-property office? |
| ...bufetul? | ...the refreshment room? |
| ...toaleta? | ...the lavatory/toilet? |
| ...chioşcul de ziare? | ...the news-stall? |
| ...o cabină telefonică? | ...a telephone booth? |
| Caut o cutie de scrisori. | I am looking for a letter-box. |
| Doriţi să predaţi vreunul din bagajele dv. la vagonul de bagaje? | Would you like to have any of your luggage registered? |
| Nu, aş dori să iau totul cu mine. | No, I'd like to take everything with me. |
| Du aceste... în compartimentul meu. | Take these... to my compartment. |
| Este interzis să luaţi în compartiment bagaje atât de multe/mari. | You are not allowed so much/big luggage in the compartment. |
| Cufărul acesta merge la vagonul de bagaje. | This trunk goes with the luggage van. |
| Te poţi ocupa dumneata de predarea lui? | Can you take care of registering it? |
| Eu mă duc să-mi scot/ cumpăr biletul. | I'll go to get my ticket. |

* up-train este trenul care circulă de la o localitate mică spre una mai mare; antonim: down train.

| *La casa de bilete:* | *At the Booking-Office:* |
|---|---|
| Acesta este ghişeul de bilete pentru...? | Is this the window for... trains? |
| (Doresc) două bilete dus (şi întors) clasa a doua, pentru... | (I want) two tickets to... second class, single/return. |
| Cât costă un bilet de clasa întâi pentru... în vagonul de dormit? | How much is a ticket to... in a first-class sleeper? |
| Biletul costă... lei dus şi... lei dus-întors. | The fare is... one way and... return. |
| Cât timp este valabil biletul dus-întors? | How long will the return ticket be valid? |
| Cu acest bilet pot întrerupe călătoria două zile la...? | Am I allowed to interrupt the journey for two days in... on this ticket? |
| Daţi-mi, vă rog, două bilete şi trei jumătăţi, numai dus, pentru... | Let me have two wholes and three halves to... single, please. |
| La ce oră pleacă trenul? | What time does the train leave? |
| La 10,44, de la peronul 5. | At ten forty-four, from platform 5 (five). |
| Trenul cu direcţia... | The train for... |
| ...pleacă la ora 9. | ...is due to start at 9 (nine) o'clock. |
| ...este tras la peronul 13. | ...is waiting at platform 13 (thirteen). |
| Nu la 9,15? | Not at nine-fifteen? |
| Nu, trenul de 9,15 circulă numai duminica/în zilele de lucru. | No, the nine-fifteen train runs only on Sunday/on weekdays. |

| *Din nou cu hamalul:* | *Again with the porter:* |
|---|---|
| Are întârziere trenul? | Is the train late? |
| Ai reuşit să predai (la vagonul de bagaje) cufărul meu? | Did you manage to register my trunk? |
| Iată/Poftiţi recipisa. | Here is the receipt. |
| Aud fluierul. | I hear the whistle. |
| Trenul... | The train... |
| ...intră în staţie. | ...enters the station. |
| ...încetineşte. | ...slows down. |
| Grăbeşte-te şi ocupă două locuri... | Hurry up and get hold of two seats... |
| ...(unul) cu faţa la locomotivă; | ...(one) facing the engine; |
| ...(unul) cu spatele la locomotivă. | ...(one) back to the engine. |

| *În tren:* | *On the train:* |
|---|---|
| Sunt locuri libere? | Any free seats here? |
| Este... | Is... |
| ...ocupat locul acesta? | ...this seat engaged? |
| ...ocupat locul de lângă fereastră? | ...the window seat taken? |
| Sunteți amabil să vă luați geamantanul? Locul acesta este al meu. | Do you mind moving your suitcase? This is my seat. |
| Hamal, pune bagajele mele în plasa de deasupra. | Porter, place my luggage on the rack above the seat. |
| Cât am să-ți dau, hamal? | What's your charge, porter? |
| Ține, pentru dumneata. Coboară, conductorul închide ușa. | Here is something for you. Be off, the guard is closing the door. |
| Vă incomodează pachetul acesta? | Is this parcel in your way? |
| Vreți să mă ajutați să pun cutia aceasta în plasă? | Will you lend me a hand to put this box on the rack? |
| Pot pune coșul acesta sub locul/banca dv.? | May I put this basket under your seat? |
| Scuzați-mă, v-am călcat pe picior? | I am sorry, did I tread on your foot? |
| Am uitat să cumpăr... Vreți să vă uitați la/să păziți bagajele mele în timp ce voi încerca... | I have forgotten to buy... Will you keep an eye on my luggage while I try... |
| ...să cumpăr câteva sandvişuri? | ...to buy some sandwiches? |
| ...să fac rost de apă de băut? | ...to get some fresh water? |
| ...să cumpăr țigări? | ...to get some cigarettes? |
| ...să-mi iau ceva de citit? | ...to get something to read? |
| Poftiți în vagoane. | Take your seats please!/ (amer.) All aboard! |
| (Trenul se pune încet în mișcare.) | (The train pulls out slowly.) |
| Cât pe-aci să-l pierd. | I nearly missed it. |
| Vă supără dacă fumez? | Would my smoking annoy you?/Do you mind if I smoke? |
| Câtuși de puțin, şi eu sunt fumător. | Not in the least, I am a smoker myself. |
| Scuzați-mă, (eu) nu pot suporta mirosul de tutun. | Excuse me, I cannot bear the smell of tobacco. |

| | |
|---|---|
| Aveți ceva împotrivă dacă deschid puțin fereastra? | Would you mind my opening the window a little? |
| Vă supără dacă închid ușa? | Do you mind if I shut the door? |
| Aerul este cam îmbâcsit (este cald/frig) aici. | It's rather stuffy (hot/cold) in here. |
| Trage puțin. Este curent. | It's a bit draughty. |
| Să... | Shall I... |
| ...ridic//cobor fereastra? | ...pull up//pull down the window? |
| ...închid//deschid caloriferul? | ...turn off//turn on the heating? |
| Stai bine? | Are you comfortable? |
| Da, cât se poate de bine. | Yes, quite. |
| Nu-mi place să călătoresc cu spatele la locomotivă. | I don't like travelling with my back to the engine. |
| Vreți să schimbăm locurile? | Will you change seats with me? |
| În general merg cu clasa a II-a. | I generally travel second. |
| Aceste trenuri noi Diesel//electrice fabricate în România sunt de-a dreptul minunate. | These new Diesel//electric trains made in Romania are just wonderful. |
| În prezent, din ce în ce mai multe trenuri din România sunt electrice. | More and more trains are now run by electricity in Romania. |
| Mergem foarte repede. Avem două locomotive? | We are going fast. Have we got two engines? |
| Îmi place... | I like... |
| ...să citesc în timpul călătoriei. | ...to read on the journey. |
| ...să privesc pe fereastră la peisajul/satele etc. din drumul nostru. | ...to look out of the window at the landscape/villages etc. we pass on our way. |
| Nu te apleca în afară/pe fereastră. Este periculos. | Don't lean out of the window. It is dangerous. |
| Închide fereastra; intrăm într-un tunel. | Shut the window; we are entering a tunnel. |
| La ce oră... | What time... |
| ...sosim la/în...? | ...do we arrive at/in...? |
| ...ajungem la Londra? | ...do we reach London? |
| Nu știu exact. Întreabă-l pe conductor, tocmai vine să perforeze biletele. | I don't know for certain. Ask the guard, he is just coming to clip/punch the tickets. |

| | |
|---|---|
| Biletele, vă rog. | Your tickets, please. |
| Vreţi să-mi spuneţi... | Will you tell me..., please |
| ...cum se numeşte satul/ localitatea pe lângă care tocmai am trecut? | ...the name of the village/ place we have just passed? |
| ...unde se află vagonul restaurant? | ...where the dining car is? |
| ...unde facem următoarea oprire? | ...where the next stopping place is? |
| ...cât timp stă trenul aici/acolo? | ...how long the train stops here/there? |
| ...dacă am timp să cobor câteva minute? | ...if I have time to go alight for a few minutes? |
| ...dacă trenul acesta opreşte la.../ toate staţiile? | ...if this train stops at.../at every station? |
| ...dacă mai este o cuşetă liberă în vagonul de dormit? | ...if there is still a free berth in the sleeping carriage? |

| *Cuvinte suplimentare:* | *Additional words:* |
|---|---|
| aglomerat//gol | crowded, packed//empty |
| bagaje de mână | hand luggage |
| bilet de peron | platform ticket |
| colet | package/parcel |
| controlor | C.F. ticket collector |
| coridor | corridor |
| etichetă | label |
| etichetă/carte de vizită atârnată de/la geamantan | tag |
| ieşire | exit |
| intrare | entrance |
| întârziere | delay |
| mecanic de locomotivă | engine driver |
| pod feroviar | junction |
| recipisa de la casa de bagaje | left-luggage ticket |
| recipisă pentru bagaje predate la vagonul de bagaje | luggage receipt |
| reţea de cale ferată | railway network |
| restaurantul gării | station restaurant |
| sac | sack/bag |
| sacoşă | net-(shopping) bag |

| | |
|---|---|
| semnal de alarmă | communication cord |
| semnal de plecare | starting signal |
| stație principală | main station |
| șeful gării | station master |
| tren cu aburi | steam train |
| tren accelerat | fast train |
| tren expres | express train/non-stop train |
| tren de marfă | goods train |
| tren de persoane | passenger train |
| vehicul pe pernă de aer | hovercraft |
| ziar de dimineață | morning paper |
| a da bacșiș cuiva | to tip somebody |
| a bara drumul | to block the way |
| a prezenta biletul | to show one's ticket (for inspection) |
| a căuta... | to look for... |
| a coborî din tren | to get off the train |
| a eticheta bagajele | to label the luggage |
| a fluiera | to (blow the) whistle |
| a intra în compartiment | to get into the compartment |
| a preda bagajele la... | to leave the luggage with... |
| a avea o reducere de... | to have a reduction of... |
| a traversa liniile de pasarelă | to cross the lines by the bridge |
| a trimite pe cineva să ridice bagajele | to send someone to fetch the luggage |
| a se urca în tren | to get on the train |
| a veni să ridice bagajele | to call for the luggage |

## CĂLĂTORIND PE CALEA AERULUI

## TRAVELLING BY AIR

### *La aeroport* / *At the Airport*

| | |
|---|---|
| Hamal, ia geamantanul acesta şi caută să mă întâlneşti la cântar. | Porter, take this suitcase and meet me at the weighing-in desk. |
| Bagajele mele trebuie inspectate, cântărite şi înregistrate. | I must have my luggage inspected, weighed and labelled/tagged. |
| Sunt (trecut) pe lista de călători pentru cursa nr.11. | I am on the passenger list for flight No.11 (eleven). |
| Grăbeşte-te. Avionul este gata să decoleze. | Make haste. The plane is about to take off. |
| Pilotul a şi pornit toate cele patru motoare. | The pilot has already started all four engines. |
| Crainicul invită călătorii să se urce în avion. | The announcer invites the passengers to board the plane. |

### *În avion* / *On the plane*

| | |
|---|---|
| Domnişoară stewardesă... | Miss/Stewardess/Hostess... |
| ...vreţi să-mi arătaţi care este locul meu? | ...will you show me to my seat? |
| ...vreţi să veniţi până la mine şi (să mă ajutaţi) să-mi aranjaţi centura de siguranţă? | ...will you come up to me and (help me) adjust my safety-belt? |
| Avionul începe... | The plane begins.... |
| ...să ruleze pe pista de decolare. | ...to taxi along the runway. |
| ...să prindă viteză. | ...to pick up speed. |
| ...să urce repede. | ...to climb quickly. |
| ...să ia înălţime. | ...to gain height. |

| | |
|---|---|
| Suntem în aer. | We are in the air. |
| Mai pot vedea încă oamenii care au venit să ne conducă. | I can still see the people who have come to see us off. |
| Ei privesc în sus... | They are looking upwards... |
| ...agitând mâinile. | ...waving their hands. |
| ...fluturând batistele. | ...fluttering their handkerchiefs. |
| La ce altitudine zburăm? | What altitude are we flying at? |
| Suntem deja la 2000 metri. | We must be to 2 000 metres already. |
| De ce nu zburăm la înălţime mai mare? | Why are we not up any higher? |
| Ne apropiem de creasta unui lanţ de munţi. | We are approaching the summit of a range of mountains. |
| Iată/Vine însoţitoarea de bord/ stewardesa. Se serveşte gustarea. | There comes the stewardess. Lunch is being served. |
| Arată foarte bine în uniforma ei. | She looks very smart in her uniform. |
| Vă rog, ce mă fac dacă mă simt rău? | I say please, what am I to do if I feel sick? |
| De ce, nu vă simţiţi bine? | Why, don't you feel well? |
| Nu, nu chiar aşa. Sunt doar puţin speriat. Ştiţi, zbor pentru prima dată. | No, not that much. I am just a bit nervous. You know, it's the first time I'm flying. |
| La nevoie găsiţi o pungă de hârtie chiar în faţa scaunului dv. | In case of need, you'll find a paper bag right in front of your seat. |
| Beţi! Sorbiţi doar câteva picături din acest... | Have a drink! Just a few drops of this... |
| Pot fuma aici? | May I smoke in here? |
| Fumatul este interzis numai când... | Smoking is forbidden only while... |
| ...avionul este la sol. | ...the plane is on the ground. |
| ...avionul decolează. | ...the plane is taking off. |
| Priveşte pe fereastră. | Look out of the window. |
| Ceea ce pare ca... | What looks like... |
| ...o farfurie ovală, este stadionul oraşului. | ...an oval plate is the stadium of the city. |
| ...o barcă minusculă, este în realitate un vapor destul de mare. | ...a tiny boat is in reality quite a big steamer. |

| | |
|---|---|
| Este din ce în ce mai greu să distingi lucrurile de sub noi. | It is more and more difficult to distinguish things under us. |
| Intrăm într-un nor. | We are entering a cloud. |
| Zburăm printre nori. | We are flying through clouds. |
| Acum suntem deasupra norilor. | We are now above the clouds. |
| Întreaga priveliște este estompată. | The whole view is blotted out. |
| Norii se destramă. | The clouds are breaking. |
| Sub noi și prin goluri* avem din nou o priveliște minunată. | Below us and through the gaps we again have a wonderful view. |
| Cu ce viteză zburăm? | What speed are we flying at? |
| Am impresia că nu facem nici un pas înainte. | It doesn't seem to be going any pace at all. |
| Mi se pare cam monoton. | It seems a trifle monotonous to me. |
| Acum zburăm cu (o viteză de) peste 1000 km pe oră. | We are now flying a speed of over 1000 km per hour. |
| Eu nu aud zgomotele motoarelor. | I cannot hear the noise of the engines. |
| Cabina este izolată fonic. | This is a soundproof cabin. |
| Nu pot vedea elicele. | I cannot see the propellers. |
| E un turboreactor. | This is a turbojet plane. |
| Începem să coborâm. | We are beginning to descend. |
| Încep să se vadă șoselele, turlele bisericilor, acoperișurile caselor. | The highroads, the steeples of the churches, the roofs of the houses are coming into view. |
| Pilotul... | The pilot... |
| ...virează spre est către... | ...steers eastward towards... |
| ...aduce avionul atât de jos, încât ne mirăm că nu atinge vârful pomilor. | ...brings the plane down so low that we wonder it does not touch the treetops. |
| Avionul aterizează. | The plane is landing. |
| Avionul se rotește deasupra aeroportului. | The plane is circling over the airfield. |
| Pilotul aterizează perfect. | The pilot makes a perfect landing. |
| Se aduce scărița. | The steps are driven up. |
| Călătorii încep să coboare. | The passengers begin to alight. |

* aici: in spațiile libere dintre nori.

| | |
|---|---|
| Ți-a plăcut călătoria cu avionul? | Did you enjoy travelling by air? |
| Ai avut rău de aer? | Have you been airsick? |
| Ai întâlnit vreun gol de aer? | Did you hit any air-pockets? |
| Nu, nici vorbă de așa ceva. | No, nothing of the kind. |
| Doar o dată... | Only once... |
| ...am intrat într-un gol de aer şi avionul a început să se legene nițel. | ...we ran into an air-pocket and the plane began rocking a little. |
| ...avionul a suferit o întârziere din cauza unei furtuni foarte puternice. | ...the plane was delayed on account of a heavy storm. |
| Ai călătorit vreodată cu avionul? | Have you ever travelled by plane? |
| Călătoria pe calea aerului este în ziua de azi tot atât de sigură ca și călătoria cu trenul. | Air travel is nowadays as safe as travelling by train. |
| Costul unui bilet (de avion) este aproape egal cu costul unui bilet de tren de clasa I. | The cost of a ticket is about the same as the first-class railway fare. |

| *Cuvinte suplimentare:* | *Additional words:* |
|---|---|
| aeroplan | airplane |
| antenă | aerial |
| aripă | wing |
| aterizare fără vizibilitate | blind landing |
| aviator | airman, pilot,/flier |
| aviație; - militară | aviation; air force |
| avion cu elice | propeller-driven aircraft |
| avion (mare) de călători | air liner |
| avion cu reacție | jet plane |
| avion de recunoaștere | scouting plane |
| avion sanitar | ambulance plane |
| avion supersonic de pasageri | supersonic passenger plane |
| avion de vânătoare | fighter (plane) |
| balon | balloon |
| bombardament (avion de -) | bomber |
| cabină/cală pentru bagaje | luggage/baggage hold |
| cabină/compartiment pasageri | cabin/compartment |
| carlingă | cockpit |

| | |
|---|---|
| club de aviație | flying club |
| comandant de aeronavă | commander |
| cosmonaut | spaceman |
| curenți de aer | air currents |
| echipaj | crew |
| elice | propeller, airscrew |
| fuselaj | fuselage |
| hangar | airshed, hangar |
| helicopter; aeroport pentru - | helicopter; heliport |
| hidroavion | seaplane |
| inginer de aviație | aviation engineer |
| mecanic de bord | aircraft mechanic |
| oficiul de meteorologie | weather/meteorological office |
| navă spațială | space ship |
| navigație aeriană | aerial navigation |
| parașută | parachute |
| personal terestru | ground staff |
| picaj | dive, nose-dive |
| pilot automat | auto(matic) pilot |
| planor; planorism | glider; gliding |
| rachetă; - cosmică | rocket; space - |
| radar (echipament -) | radar equipment |
| radio-telegraf | wireless operator |
| scaun rabatabil/înclinat | adjustable-heckling chair |
| semnal(e) radio | radio beacon(s) |
| stewardesă/însoțitoare | bord stewardess/(air)hostess |
| tren de aterizare | undercarriage |
| turn de control | control tower |
| vehicul spațial | space vehicle/ship |
| vizibilitate bună/excepțională/redusă | good/exceptional/poor visibility; visibility nil |
| zbor; - fără motor; - fără vizibilitate; - pe orice vreme | flight; motorless -; blind -; all-weather flying |
| zgomot asurzitor | deafening noise |
| a face o aterizare forțată | to make a forced landing |
| a se alimenta | to refuel |
| a avea legături aeriene | to be linked by air lines |
| a deturna/răpi un avion | to hijack |
| a zbura peste/deasupra... | to fly over... |
| a încărca corespondența | to load the mail |

## CĂLĂTORIND CU VAPORUL/PE APĂ — TRAVELLING BY SHIP/WATER

| | |
|---|---|
| Am reţinut o cabină de clasa I pe bordul vaporului "Star". | I have secured a first-class cabin on board the "Star". |
| A fost greu... | It was difficult... |
| ...să reţin un bilet/un loc pe... | ...to book a passage on the... |
| ...să obţin o cabină pentru două persoane. | ...to get a cabin for two. |
| Cabinele de clasa I şi a II-a au fost reţinute anticipat pe o lună. | The first- and second-class cabins were all booked up for a month in advance. |
| Mă întreb cu cine vom sta în cabină. | I wonder, who(m) are we sharing the cabin with. |
| Unde se află vaporul? | Where has the steamer been docked? |
| Când plecăm? | When do we sail? |
| Vaporul se află la cheiul nr. 3. | The steamer lies at quay No. 3. |
| Pasarela... | The gangway... |
| ...coboară. | ...is being lowered. |
| ...este lăsată. | ...is down. |
| Sirena vaporului ne previne că este timpul să ne urcăm pe bord. | The steamer's siren warns us that it is time go on board. |
| O voce anunţă: Poftiţi pe bord! | A voice announces: All aboard! |

### *Pe bordul unui vapor* — *On board a ship*

| | |
|---|---|
| Vaporul ridică ancora. | The ship is weighing anchor. |
| Un mic remorcher îl scoate/trage afară din port. | A small tug is pulling her out of the harbour. |
| Pasagerii de pe bord agită mâinile către prietenii şi rudele de pe chei. | The passengers on board wave to their friends and relatives on the pier below. |
| Oamenii de pe chei strigă sau agită batiste către prietenii lor de pe bord. | The people on the pier shout or wave handkerchiefs to their friends on board. |

| | |
|---|---|
| Cât de repede ne îndepărtăm de țărm! | How quickly the shore is receding from our sight! |
| Curând... | Soon... |
| ...nu se va mai vedea coasta. | ...the coast will be out of sight. |
| ...vom fi în largul mării. | ...we'll be on the high seas. |

---

| | |
|---|---|
| Steward, vrei... | Steward, will you... |
| ...să ne conduci la cabina noastră? | ...show us to our cabin? |
| ...să ne ajuți să ajungem la...? | ...help us (to) find the way to...? |
| Cabinele de clasa I sunt pe puntea principală. | The first-class cabins are on the main deck. |
| Cabinele de clasa a II-a și a III-a sunt pe puntea inferioară. | The second- and third-class cabins are below deck. |
| Putem... | Can we... |
| ...folosi încă o cușetă? | ...make use of one more berth? |
| ...schimba cabinele? | ...change cabins? |
| Întâmplător, o cușetă/o cabină de clasa a II-a este disponibilă. | A berth/a second-class cabin happens to be disengaged. |
| Da, dar va trebui să plătiți un supliment de... | Yes, but you'll have to pay an additional fare of... |
| Poate cineva să-mi aducă jos, în cabina mea, bagajele de pe punte? | Can anyone fetch my luggage from the deck down to our cabin? |
| Doriți să luați toate lucrurile cu dv. în cabină? | Do you want to take every thing with you in the cabin? |
| Da, aș dori să iau în cabină acest... | Yes, I'd rather have this... |
| Nu, acest... poate merge în cală/magazia de bagaje. | No, this... can go into the hold/luggage-room. |
| Apropo, când se servește prânzul? | By the way, what time is lunch being served? |

---

| | |
|---|---|
| Mă aflu pentru prima dată pe bordul unui transatlantic. | This is the first time I am on board of an ocean liner. |
| Acest transatlantic este un adevărat oraș plutitor. | The liner is a real floating town. |

| | |
|---|---|
| Este mai mare și mai frumos decât mi-am închipuit. | She is bigger and more beautiful than I have thought. |
| Are tot confortul modern. | She has every modern convenience. |
| Cabinele sunt frumos mobilate. | The cabins are beautifully furnished. |
| Pe puntea de sus unii oameni joacă tenis, alții dansează. | On the upper deck some people are playing tennis, others are dancing. |
| Să mergem... | Let's go... |
| ...și să privim la ei. | ...and have a look at them. |
| ...pe puntea de promenadă. | ...upon the promenade deck. |
| Este păcat să stai în cabina cu aer închis. | It is a pity to stay in this stuffy cabin. |
| Să deschid fereastra/hubloul? | Shall I open the porthole? |
| Îmi place să privesc la... | I like to watch... |
| ...căpitan dând ordine. | ...the captain giving order. |
| ...marinarii care aleargă încoace și încolo. | ...the seamen running to and fro. |
| Cei mai mulți pasageri... | Most of the passengers... |
| ...sunt afară pe punte. | ...are out on the deck. |
| ...au pornit să exploreze vaporul. | ...have set out to explore the ship. |
| Aș dori să inspectez vaporul. | I'd like to look over the ship. |
| Am putea petrece timpul stând culcați în șezlonguri. | We may spend our time lying in the deck-chairs. |
| Nu crezi că este prea răcoare/vântos să stăm jos? | Don't you think it's too cool/windy to sit down? |
| Soarele luminează strălucitor, iar despre vânt nici vorbă. | The sun is shining brightly and there is no wind to speak of. |
| Sper că vom avea o călătorie liniștită. | I hope we'll have a smooth passage. |
| Nu te rezema de balustradă. | Don't lean against the railing. |
| Mi-a căzut ceva peste bord. | I've dropped something overboard. |
| Ce sunt lucrurile acelea care plutesc pe suprafața apei? | What are those things floating on the surface of the water? |
| Sunt geamandurile. Unele din ele indică direcțiile, altele locurile primejdioase. | They are the buoys. Some of them mark directions, others the dangerous spots. |
| Iată un far. | There is a lighthouse. |
| Ce destinație aveți, dacă îmi permiteți să întreb? | Where are you bound for, if I may ask? |

| | |
|---|---|
| M-am îmbarcat cu destinația Franța. | I have embarked for France. |
| Am navigat de la Lisabona la Gibraltar de-a lungul coastei de vest a Portugaliei; capătul voiajului meu este Tanger. | I have sailed from Lisbon to Gibraltar along the western coast of Portugal; the end of my voyage is Tangiers. |
| Noi facem o croazieră de agrement. | We are taking a pleasure cruise. |
| Traversarea Canalului Mânecii pe vreme frumoasă nu este deloc neplăcută. | The crossing of the English Channel in fine weather is not at all disagreeable. |
| Cât durează traversarea? | How long does the crossing take? |
| Care este ruta cea mai scurtă? | Which is the shortest crossing? |
| Ruta cea mai scurtă este (prin) Dover-Calais. | The shortest crossing is via Dover-Calais. |

---

| | |
|---|---|
| Marea, atât de calmă mai înainte, pare acum furioasă. | The sea, so calm before, looks furious now. |
| Ce valuri îngrozitoare! | What tremendous waves! |
| Vaporul tanghează puternic. | The ship is pitching heavily. |
| Ba se afundă pupa, ba se afundă prora. | Now the stern dips, now the bow dips. |
| Vaporul "luptă" împotriva forțelor naturii. | The ship is struggling against the forces of nature. |
| Marea este agitată. | The sea is rough. |
| Călătoria ar putea fi agitată. | The passage might be rough. |
| Mă simt rău. | I feel unwell. |
| Am rău de mare. | I am seasick. |
| Vă pot da ceva... | I can give you something... |
| ...împotriva răului de mare. | ...against seasickness. |
| ...ca să scăpați de răul de mare. | ...to get rid of your sea-sickness. |
| Vă este frig? | Do you feel cold? |
| Puneți-vă un șal pe spate. | Throw a shawl over your back. |
| Dacă nu vă simțiți bine, să coborâm în cabina dv. | If you don't feel well, let's go down into your cabin. |
| Culcați-vă în cușeta dv. | Lie down on your berth. |
| Mi-e teamă că m-am făcut de râs. | I am afraid I have disgraced myself. |
| Sunt un pasager foarte dificil. | I am such a pour sailor. |
| La ce oră trebuie să fim la...? | What time are we due at...? |
| Vaporul acesta face escală la...? | Dues this ship call at...? |
| Priviți! Începe să se vadă țărmul... | Look! The shore of... is coming into sight. |
| Pregătiți-vă pentru debarcare. | Get ready for the landing. |

| | |
|---|---|
| Vaporul... | The ship... |
| ...intră în port. | ...sails into the harbour. |
| ...aruncă ancora. | ...drops anchor. |
| ...ia și lasă pasageri, încărcături/mărfuri și poștă. | ...picks up and drops passengers, cargoes and mail. |
| Putem debarca? | May we go ashore? |
| Aș dori să merg... | I'd like to go... |
| ...pe țărm/să debarc la... | ...ashore at... |
| ...să vizitez curiozitățile. | ...sightseeing. |

| *Cuvinte suplimentare:* | *Additional words:* |
|---|---|
| adâncimea mării | depth of the sea |
| antenă; - pentru semnale radio | antenna; - of radio-beacons |
| autorități portuare | port authorities |
| babord | larboard |
| bac | ferry (-boat) |
| balenă | whale |
| barcă cu pânze | sailing-boat |
| barcă de salvare | lifeboat |
| barcă cu vâsle | rowing boat |
| cale/rută marină | sea route |
| călător pe mare | voyager |
| călătorie de afaceri; călătorie cu o ambarcațiune cu pânze | business journey; sailing (trip/voyage) |
| cargobot | cargo ship, freighter |
| catarg | mast |
| caz de pericol (în -) | in case of emergency |
| ceață, cețos | fog, foggy |
| cârmă | rudder |
| clopot | bell |
| coastă | coast |
| colac de salvare | life-belt |
| coș (de vapor) | funnel |
| debarcader | landing-stage, wharf |
| delfin | dolphin |
| dig | breakwater |
| doc, docher | dock, docker |
| doc plutitor | floating dock |
| drapel | flag |
| echipaj | crew |
| elice | propeller, screw |
| epavă | wreck (of a ship) |
| feribot | train ferry |
| flotă; - de război | fleet; navy |
| golf | golf, bay |
| hartă maritimă | chart |
| iaht | yacht |

| | |
|---|---|
| insulă | island |
| macara; - turlă | crane; derrick crane |
| marin; peisaj - | marine; seascape |
| marină comercială | merchant marine |
| milă marină | nautical mile (1.853 m) |
| motor Diesel | Diesel engine |
| naval; ofițer - | naval; naval officer |
| naufragiu, naufragiat | shipwreck, shipwrecked |
| ofițer; - secund | mate; first mate |
| pavilion, steag | colours |
| pământ, uscat | land |
| peninsulă | peninsula |
| pescăruș | sea-gull |
| petrolier (vas -) | tanker |
| pilot | pilot |
| pânză | sail |
| plută | raft |
| punte de comandă | captain's bridge |
| rechin | shark |
| registru/jurnal de bord | log-book |
| rezervor | tank |
| sală a mașinilor | engine-room |
| salon | saloon |
| semnale; - cu drapele | beacons; flag signals |
| S.O.S. (salvați sufletele noastre) | SOS (save our souls) |
| strâmtoare | strait(s) |
| submarin | submarine |
| șalupă | motor-boat |
| șantier naval | shipyard |
| șlep | barge |
| tribord | starboard |
| turist | tourist |
| vamă (clădirea) | custom house |
| vas, vapor | vessel |
| vas pescăresc | fishing boat |
| vas de război | man-of-war |
| voiaj pe mare | sea voyage |
| a cârmi | to steer |
| a pleca într-o croazieră | to go on a cruise |
| a debarca | to land |
| a înfrunta o furtună | to weather a storm |
| a încărca//a descărca | to load//to unload |
| a naufragia | to be (ship)wrecked |
| a naviga spre... | to sail for/towards... |
| a ridica scara/pasarela | to raise the gangway |
| a se scufunda | to sink |

| CĂLĂTORIND CU AUTOCARUL | TRAVELLING BY MOTOR-COACH |
|---|---|
| Am pierdut trenul spre... | I've missed the train to... |
| Trebuie să fiu la... până la ora 11. | I must be at/in... by eleven o'clock. |
| Există.../Este... | Is there... |
| ...vreo cursă cu autocarul spre...? | ...any coach service to...? |
| ...vreun autocar care pleacă spre...? | ...any coach bound for...? |
| De unde pleacă? | Where do they leave from? |
| Stația de autocare se află vizavi de Hotel Victoria. | The coach station is opposite Victoria Hotel. |
| Urcați în microbuzul care vă duce la stație. | Step in the minibus that takes you to the station. |
| Mai pot găsi un bilet în autocarul de 8,30 spre...? | Can I still get a ticket on the eight-thirty coach to...? |
| Autocarele noastre pleacă spre... din 2 în 2 ore. | Our coaches run every other hour to... |
| De câte ori pe săptămână? | How many times a week? |
| În ce zile și la ce ore? | In what days and at what time? |
| Cât costă biletul spre...? | What is the fare to...? |
| Este mai ieftin să călătorești cu autocarul decât cu trenul. | It is cheaper to go by coach than by train. |
| Tariful este mai redus cu autocarul. | The fee is smaller by coach. |
| Am (niște) bagaje. | I've got some luggage. |
| Unde pot pune cutia asta? | Where can I put this box? |
| O punem noi pe acoperișul autocarului, sub prelată. | We'll place it on the top/roof of the coach, under the tarpaulin. |
| Care este tariful pentru bagaje? | What's the charge for the luggage? |
| Pentru bagajele călătorilor nu se plătește nimic. | No charge at all for passengers' luggage. |
| Apropo... | By the way... |
| ...merge/pleacă vreunul | ...does any of your |

| | |
|---|---|
| din autocarele dv. spre litoral? | coaches go to the seaside? |
| ...organizați excursii de agrement în străinătate? | ...do you undertake pleasure trips abroad? |

| | |
|---|---|
| Foarte curând vom fi afară din oraș. | Very soon we'll be out of town. |
| Autocarul circulă acum pe un drum frumos de țară umbrit de pomi frunzoși. | The coach now runs on a fine country road shaded by leafy trees. |
| Străbatem una din multele pășuni ale ținutului. | We pass one of the many meadows of the countryside. |
| Autocarul merge mai departe... | The coach goes on... |
| ...de-a lungul unei autostrăzi. | ...along a motor road. |
| ...peste un pod, deasupra unui râu. | ...across a bridge over a river. |
| ...în susul//josul unui deal. | ...up//down a hill. |
| ...printr-un cătun. | ...through a hamlet. |
| ...pe lângă o mănăstire. | ...past an old monastery. |
| ...nu departe de o fermă. | ...not far from a farm. |
| Șoferul conduce cu prudență. | The driver drives carefully. |
| Am intrat pe o serpentină. | We have entered a winding road. |
| Încep să văd zidurile orașului spre care ne îndreptăm. | The walls of the city we are aiming at are coming into sight. |
| Am ajuns la... destinația noastră la ora fixată (după grafic). | We have reached... the place of our destination up to schedule. |
| A fost o călătorie plăcută. | It has been a pleasant journey. |
| Nu mă simt deloc obosit(ă). | I don't feel tired at all. |

## LA VAMĂ - CONTROLUL PAŞAPOARTELOR ŞI BAGAJELOR

## AT THE CUSTOM HOUSE - PASSPORTS AND LUGGAGE CHECKING

| | |
|---|---|
| *Adaus:* Secţia (comisariatul) de poliţie - oficiul de evidenţă a străinilor. | *Appendix:* at the police station - the Aliens Registration Office. |
| Ne apropiem de graniţă. | We are approaching the frontier. |
| Aici se cer/prezintă paşapoartele? | Are the passports asked for here? |
| Aici sunt controlate bagajele? | Is the luggage checked here? |
| Cine controlează... | Who examines... |
| ...paşapoartele? Ofiţerul de grăniceri? | ...the passports? The immigration officer? |
| ...bagajele? Vameşii? | ...the luggage? The customs officials? |
| Pregătiţi paşapoartele pentru control. | Have your passports ready. |
| Paşaportul dv., vă rugăm. | Your passport, please. |
| De unde veniţi? | Where are you coming from? |
| Naţionalitatea dv.? | What nationality are you? |
| Cetăţenia dv.? | What is your citizenship? |
| Vin din România. | I come/I am coming from Romania. |
| Sunt de naţionalitate română. | I am Romanian by nationality. |
| Sunt cetăţean român, dar născut în Austria. | I am a Romanian citizen, but Austrian by birth. |

| | |
|---|---|
| Adresa din țara dv.? | What is your address? |
| Ați mai fost (și înainte) în țara noastră? | Have you ever been to this country before? |
| Până acum... | I've never been... |
| ...nu am fost plecat din țara mea/din... | ...out of my country/of... before. |
| ...nu am mai fost în Anglia. | ...to England before. |
| Când ați fost ultima oară în țara noastră? | When were you last in this country? |
| Prima oară pun piciorul în Anglia. | This is the first time I set foot in England. |
| Am mai venit de mai multe ori în această țară. | I have already come to this country several times before. |
| N-am mai venit în această țară din aprilie 1965. | I have never come to this country since April 1965 (nineteen sixty-five). |
| Apropo... | By the way... |
| ...care este profesia/ocupația dv.? | ...what is your profession/ occupation? |
| ...sunteți căsătorit sau nu? | ...are you single or married? |
| Intenționați să rămâneți un timp aici/în această țară? | Do you intend to make it a long sojourn? |
| Cât (timp) intenționați să rămâneți în...? | How long do you intend to stay in ...? |
| Când intenționați să plecați? | When do you plan to leave? |
| Unde/Încotro plecați? | Where are you going to? |
| Mă aflu numai în tranzit. Destinația mea finală este... | I am only in transit. My final aim is... |
| Am venit în această țară... | I have come to this country... |
| ...pentru afaceri. | ...on business. |
| ...în chestiuni oficiale. | ..on official business/ matters. |
| ...ca turist. | ...as a tourist. |
| Voi petrece doar câteva zile în această țară. | I'll spend just a few days in this country. |
| Am de gând... | I am going... |
| ...să rămân puțin/mai mult în... | ...to make a short/long stay in... |
| ...să fac turul țării. | ...to tour the country. |
| ...să fac o vizită unui prieten la a cărui invitație am venit. | ...to pay a visit to a friend on whose invitation I have come. |

| | |
|---|---|
| Ziua plecării mele nu a fost încă fixată. | The day of my departure has not yet been fixed. |
| Nu am decis încă unde și când (să) plec. | I've not yet made up my mind where and when to go. |
| Pașaportul dv... | Your passport... |
| ...este în regulă. | ...is in regular order. |
| ...n-are viza de intrare/ tranzit. | ...needs the entry/transit visa. |
| ...n-are nevoie de viză dacă intrați în...//dacă sunteți în tranzit prin... | ...needs no visa if you enter...//if you are in transit through... |
| ...este expirat. | ...has expired. |
| Unde... | Where... |
| ...este Ambasada...? | ...is the... Embassy? |
| ...trebuie să mă adresez pentru viză?/ ...prelungirea valabilității lui/ei? | ...must I apply for the visa?/...the extension of its validity? |
| Puteți merge în persoană sau trimite o cerere în acest sens Ministerului de Interne. | You may go in person or send an application to this effect to the Home Office. |
| Aveți valută asupra dv.? | Have you got any foreign currency about you? |
| Doar câțiva dolari și... | Only a few dollars and... |
| Nu am bani în numerar. Am un cec de călătorie. | I have no cash. I have a traveller's cheque. |
| Aș dori să schimb vreo două sute de franci în ... | I'd like to exchange some two hundred francs into... |
| Există vreun ghișeu de schimb aici? | Is there any currency exchange desk here? |

---

| | |
|---|---|
| Acestea sunt toate bagajele dv.? | Is this all your luggage? |
| Mai aveți și alte bagaje în afară de acestea? | Have you got any more luggage besides this? |
| Mai am un cufăr la vagonul de bagaje. | I have also a trunk in the luggage van. |
| Aveți... | Have you... |
| ...ceva de declarat? | ...anything to declare? |
| ...vreun articol supus taxei vamale? | ...any articles subject duty? |
| ...băuturi alcoolice, parfumuri, țigări? | ...any alcoholic drinks, perfumery, cigarettes? |
| Nu știu ceea ce este permis și ce nu să... | I don't know what I am allowed and what not to... |

| | |
|---|---|
| Uitaţi-vă pe lista aceasta. | Run your eye down this list. |
| Parcurgeţi/Citiţi (toată) lista aceasta. Aici sunt trecute articolele impozabile, cele scutite de vamă şi cele interzise. | Read this list through. It mentions the articles liable to duty, duty-free and prohibited. |
| Nu cred să am ceva de declarat. | I don't think I have anything to declare. |
| Am câteva ţigări (de foi) şi o cutie cu tutun. | I have some cigars and a tin of tobacco. |
| Nu aţi depăşit cota care este scutită de taxe vamale. | You have not exceeded the duty-free quota. |
| Ce aveţi în acest geamantan? | What have you got in this suitcase? |
| Să-l deschid? | Shall I open it? |
| Da, vă rog. | Yes, if you please. |
| Doar articole de îmbrăcăminte pentru uz personal şi unele cadouri pentru rudele// prietenii la care voi locui. | Only articles of clothing for personal use and some presents for the relatives//friends, I am going to stay with. |
| Doar rufe şi obiecte personale. | Nothing but linen and personal belongings. |
| Efectele personale sunt scutite de taxe vamale cu condiţia să fie scoase din ţară/ să fie luate cu dv. când plecaţi. | There is no charge on personal effects on condition they are taken out of the country/taken back with you when leaving. |
| Vreţi... | Will you... |
| ...să daţi jos pachetul acela? | ...remove that parcel from the rack? |
| ...să-l dezlegaţi? | ...untie it? |
| Aceste articole... | These articles... |
| ...sunt supuse taxelor vamale. | ...are liable to duty. |
| ...sunt interzise. | ...are prohibited. |
| ...nu pot fi nici introduse, nici scoase (afară) din ţară. | ...may neither be brought into the country nor taken out of it. |
| Se aplică vreo taxă pentru această sticlă de parfum franţuzesc? | Is there any duty on this bottle of French scent? |

| | |
|---|---|
| Aparatul de fotografiat este impozabil? | Is this camera dutiable? |
| Nu pot duce cu mine o armă de vânătoare şi două duzini de cartuşe? | May I not carry with me a hunting gun and two dozen cartridges. |
| Nu am ştiut toate acestea! | I didn't know all this! |
| Trebuie... | I'll have... |
| ...să vă amendez... | ...to fine you. |
| ...să vă confisc aceste... pentru tăinuire premeditată de mărfuri impozabile/ interzise. | ...to confiscate these... for deliberate concealment of dutiable/prohibited goods. |
| Puteţi .. | You may... |
| ...închide bagajele dv. | ...close your luggage. |
| ...trece mai departe. | ...pass on. |
| Inspectorul... | The inspector... |
| ...face un semn cu creta. | ...makes a chalk mark. |
| ...lipeşte o etichetă cu inscripţia "inspecţia vamală" pe fiecare bagaj, ceea ce înseamnă că am terminat cu formalităţile vamale. | ...pastes a stamp with the inscription "customs inspected" on each piece of luggage, which means that we are through with the customs. |
| **(alte formalităţi necesare):** | **(other necessary formalities:)** |
| Am venit... | I have come... |
| ...pentru a fi luat în evidenţă (la poliţie). | ...to register (with the police). |
| ...pentru a solicita prelungirea permisului de şedere în ţară. | ...to apply for the extension of my stay permit. |
| Am venit pentru a anunţa la poliţie... | I have come to report to the police... |
| ...că mi-am schimbat domiciliul. | ...that I have changed my residence. |
| ...că am pierdut paşaportul. | ...that I have lost my passport. |
| V-a fost aprobată prelungirea permisului de şedere în ţară cu condiţia ca.... | The extension of your stay permit was granted on condition that... |
| ...să nu rămâneţi în această ţară mai mult de... | ...you do not stay in this country longer than... |

| | |
|---|---|
| ...să nu ocupaţi nici un serviciu, remunerat sau nu. | ...you do not enter any employment, paid or unpaid. |
| Aveţi o adeverinţă că... | Here is a certificate to say that... |
| ...aţi fost luat în evidenţă. | ...you have been registered. |
| ...aţi anunţat pierderea paşaportului dv. | ...you have notified the loss of your passport. |
| Reveniţi... | Come in again... |
| ...peste o săptămână. | ...in a week. |
| ...să mă încunoştinţaţi dacă aţi găsit paşaportul. | ...and let me know if you have found your passport. |

| | |
|---|---|
| *Cuvinte suplimentare:* | *Additional words:* |
| cetăţean | citizen |
| chestionar | questionnaire |
| comerţ exterior | foreign trade |
| detalii | particulars |
| documente, hârtii | documents, papers |
| domiciliu (cu ultimul - la Bucureşti) | late of Bucharest |
| fragil | fragile |
| legitimaţie | identity card |
| licenţă, permis de export// import | export//import licence |
| ofiţer de poliţie | police officer |
| permis vamal pentru mărfuri | clearance |
| grăniceri | frontier guards/police |
| regulament vamal | customs regulations |
| restricţie | restriction |
| străin de loc/de ţară | stranger/foreigner |
| taxe vamale | customs, custom duties |
| vamale (autorităţi -) | custom(s) authorities |
| viză turistică | tourist visa |
| a completa o declaraţie vamală | to fill in* a custom declaration |
| a exporta în... | to export to... |
| a importa din... | to import from... |
| a prezenta paşaportul | to produce the passport |

* în SUA: to fill out

| O CONVORBIRE ÎNTRE UN TURIST STRĂIN ŞI PRIETENUL SĂU ROMÂN | A TALK BETWEEN A FOREIGN TOURIST AND HIS ROMANIAN FRIEND |
|---|---|
| Am citit şi auzit multe despre România, dar acum vin pentru prima oară în frumoasa dv. ţară. Aş dori să aflu mai multe lucruri despre ea, despre oamenii ei. | I have read and heard much about Romania, but this is the first time I come over to your beautiful country. I should like to know more facts about it, about her people. |
| Sunt gata să vă furnizez orice informaţie în limitele cunoştinţelor mele. | I am ready to supply you with any information with in my knowledge. |
| Îmi puteţi spune doar câteva cuvinte despre Capitala dv.? | Can you tell me just a few words about your capital city? |
| Da, desigur. Bucureştiul se află pe ambele maluri ale râului Dâmboviţa. În prezent are o populaţie de aproape două milioane de locuitori. | Yes, of course. Bucharest stands on both sides of the river Dâmboviţa. At present its population stands at nearly two million inhabitants. |
| După cel de-al doilea război mondial, oraşul a crescut în continuu, ca centru economic, cultural şi socio-politic al ţării. | After World War II (Two) the city has continually risen becoming the economic, cultural and social political centre of the country. |
| Cum vă place Bucureştiul? | How do you like Bucharest? |
| L-am văzut prea puţin. Am sosit de-abia ieri. | Am I haven't seen much of it. I only arrived yesterday. |
| Am văzut multe blocuri (de locuinţe) noi, cartiere întregi reconstruite. | I've seen many new blocks of flats, whole districts being built anew. |
| Aş dori să văd punctele turistice ale oraşului. | I should like to see the sights of the town. |

| | |
|---|---|
| Sunt cu maşina mea. | I drive my own car. |
| Aceasta vă va înlesni să colindaţi prin ţară şi să cunoaşteţi o mare varietate de peisaje. | This will give you the freedom to roam the country and get acquainted with a rich variety of scenery. |
| Mă interesează în mod deosebit... | I'm particularly interested in... |
| Pentru turiştii care au anume preferinţe se pot face aranjamente speciale. | For tourists with individual tastes special arrangements can be made. |
| Ce locuri care merită să fie văzute mă sfătuiţi să vizitez? | What places worth seeing do you advise me to visit? |
| Sunt de văzut nenumărate locuri pitoreşti: monumente ale naturii de o rară frumuseţe, edificii istorice, muzee ş.a.m.d. Sfatul meu este să participaţi la excursiile organizate de agenţiile de turism/voiaj în toată ţara/la munte/pe litoral/în Delta Dunării etc. | There are lots of picturesque places to see: natural monuments of rare beauty, historical edifices, museums and so on. My advice to you is to join the trips organized by the travel/tourist agencies through the country in the mountains, to the seaside/to the Danube Delta etc. |
| Vă mulţumesc foarte mult. Vă voi urma sfatul. | Thank you very much. I'll follow your advice. |

| *Cuvinte suplimentare:* | *Additional words:* |
|---|---|
| Birou înregistrare străini | Aliens Registration Office |
| cabană | chalet, hut |
| canal | channel; (artificial) canal |
| cantonament | training camp |
| casă de odihnă | rest home |
| centru industrial | industrial centre |
| câmpie | plain |
| costul cazării | cost of accommodation |
| croazieră | cruise |
| defileu | defile |
| faună | fauna |
| floră | flora |
| fluviu | river |
| folclor | folklore |
| funicular/teleferic | cable railway/telpher |
| hidrocentrală | hydro(-electric) power station |
| loc(alitate) istoric(ă) | historical place |
| loc de campare | camping site/ground |
| Marea Neagră | the Black Sea |
| mănăstire; - de maici | monastery; nunnery |

| | |
|---|---|
| mijloc de comunicație | means of communication |
| motel | motel |
| pădure seculară | secular forest |
| peisaj | landscape |
| pensiune | boarding house |
| peșteră cave | cavern |
| pârâu | brook, rivulet; stream |
| pod | bridge |
| post de poliție | police station |
| pompă benzină/ulei etc. | filling station |
| port, - maritim | harbour; seaport |
| România | Romania |
| restaurant | restaurant |
| stațiune | resort |
| ...balneară | ...watering place, spa |
| ...de iarnă | ...winter resort |
| ...de munte | ...mountain resort |
| schimbare de domiciliu | change of residence |
| străinătate; în - | foreign countries; in - /abroad |
| șosea | highroad |
| tabără de vară | summer camp |
| târg/expoziție de mostre | fair |
| trecătoare în munți | mountain pass |
| turn | tower |
| uzină | works/plant |
| vale; Valea Prahovei | valley; Prahova Valley |
| vechi - străvechi | old - very old/ancient |
| viaduct | viaduct |
| a anunța (sosirea//plecarea) la poliție | to report to the police (the arrival//departure) |
| a așeza o tabără | to lay out a camp |
| a călători (sens general) | to travel |
| a călători cu//fără o destinație precisă | to journey//to wander |
| a călători în circuit | to tour |
| ...pe apă | ...to voyage |
| ...cu trenul/avionul/mașina | ...to travel by train/plane/car |
| a conduce mașina | to drive the car |
| a face o excursie | to take/make a trip; to go on a trip |
| a merge călare | to ride/to go on horseback |
| a pleca în străinătate; a fi - | to go abroad; to be abroad |
| a pleca pe jos | to set out on foot |
| a pleca să viziteze locuri, localități | to go sightseeing |
| a se stabili la un hotel/han | to put up at a hotel/an inn |

# În oraș

# In town

| | |
|---|---|
| **INFORMARE ASUPRA DRUMULUI - MIJLOACE DE TRANSPORT** | **ASKING ONE'S WAY - MEANS OF TRANSPORT** |
| Nu cunosc deloc acest oraş. | I do not know this town at all. |
| Sunt străin de această localitate. | I am a stranger to/in the place. |
| Mă tem că m-am rătăcit. | I am afraid I have lost my way. |
| Scuzaţi-mă... | Excuse me... |
| ...este acesta drumul spre...? | ...is this the way to...? |
| ...care este drumul cel mai scurt spre...? | ...which is the nearest way to...? |
| ...cum pot ajunge la Gara Victoria? | ...how can I reach Victoria Station? |
| ...unde este Ambasada Română? | ...where is the Romanian Embassy? |
| Sunteţi amabil să-mi arătaţi... | Will you kindly show me... |
| ...drumul spre Piaţa Victoriei? | ...the way to Victoria Circus? |
| ...casa cu nr. 47? | ...house number 47? |
| Îmi puteţi spune...? | Can you tell me...? |
| Habar n-am. Nici eu nu sunt de aici/din localitate. | I have no idea. I am a stranger here myself. |
| N-aţi vrea să întrebaţi poliţistul de acolo? | Would you mind asking the policeman over there? |
| Mergeţi drept înainte. | Go straight on. |
| Mergeţi pe strada aceasta până la capăt. | Follow this street to the end. |
| Mergeţi pe acest drum până ajungeţi la un pod. Traversaţi podul şi veţi ajunge la... | Follow this road till you come to a bridge. Cross the bridge and you'll reach the... |
| Sunteţi pe drumul cel bun/ pe un drum greşit. | You are going on the right/ wrong way. |

| | |
|---|---|
| Dv. mergeți în direcție opusă. | You are going in the opposite direction. |
| Mergeți înapoi și apoi o luați pe a doua stradă la dreapta// stânga. | Go back, then the second street turn to the right// left. |
| Fiți atent când traversați strada. | Look out when crossing the street. |
| Circulația este foarte animată la această oră. | The traffic is very heavy at this hour. |
| Traversați străzile numai pe trecerile pentru pietoni. | Cross the streets only on the zebras. |
| În cât timp pot ajunge la...? | How long will it take me to get to...? |
| Este departe până la...? | It is a long way to...? |
| Vreți să mergeți pe jos? | Will you go on foot/walk? |
| Aveți de mers (vreo) șase km. | It is a six kilometres' walk. |
| Pentru a ajunge acolo aveți de mers un sfert de oră/o jumătate de oră/o oră. | It will take you a quarter of an hour/half an hour/an hour to get there. |
| Ar fi mai bine să... | You had better... |
| ...luați un autobuz/tramvai etc. | ...catch a bus/tram etc. |
| ...luați metroul. | ...take the underground/ tube. |
| ...luați un taxi. | ...hire a taxi. |

---

| | |
|---|---|
| Unde este cea mai apropiată stație de troleibuz/metro? | Where is the nearest trolley-bus-stop/underground station? |
| Ce tramvai ar trebui să iau spre...? | Which tram ought I to take for...? |
| Pot ajunge cu metroul la...? | Can I get to... by tube? |
| Îl puteți lua fie pe 12 fie pe 19. | You can take either the 12 or the 19. |
| Dacă luați metroul, veți ajunge la... în mai puțin de 10 minute. | If you take the tube, you will reach...in less than 10 minutes. |
| Ce număr? De unde, vă rog? | Which number? Where from, please? |
| Oricare autobuz de aici/stația de acolo vă duce la... | Any bus from here/the stop over there takes you to... |

| | |
|---|---|
| Autobuzul acesta circulă de-a lungul bulevardului... | This bus goes along the... boulevard/ avenue. |
| Tramvaiul acesta merge spre centru//periferie. | This tram is going uptown// downtown (În SUA invers). |
| Urcați în acest autobuz, dar va trebui să schimbați cu troleibuzul 9. | Get on this bus, but you will have to change to the trolleybus 91. |
| (Iată) autobuzul 13! Urcați! | Here is a bus number 13! Jump on ! |
| Autobuzul nr. 31 oprește aici? | Does bus number 31 stop here? |
| Aceasta este stație facultativă. Autobuzele opresc numai la cerere. Faceți semn șoferului. | This is a request stop. Buses stop only on request. Hail the driver. |
| Unde trebuie să... | Where must I... |
| ...urc? | ...get up? |
| ...cobor? | ...get off? |
| ...schimb tramvaiul? | ...change trams? |
| Trebuie să... | You'll have to... |
| ...urcați la următoarea stație de autobuz. | ...get on at the next bus-stop. |
| ...schimbați cu nr. 44. | ...change to number 44. |
| ...cereți taxatorului să vă spună să coborâți la... | ...ask the conductor to put you off at... |
| Am același drum/traseu și eu. | I am going the same way/ route myself. |
| Fiți atent unde cobor eu și la stația următoare coborați și dv. | You just watch me and get off one station after me. |

---

| | |
|---|---|
| Taxator, autobuzul acesta merge spre...? | Conductor, does this bus go to...? |
| Autobuzul este aglomerat. | The bus is packed/crowded. |
| Ne urcăm pe platforma din spate și coborâm prin față. | We get on at the rear platform and get off at the front. |
| Taxa, vă rog. | Fares, please. |
| Cât costă un bilet până la...? | How much/What is the fare to...? |
| Vă rog, un bilet până la... | A ticket to..., please. |
| Taxa până la capătul liniei (de autobuz) este... | The fare to the end of the (bus) line is... |
| Taxa la acest troleibuz este... | The fare on this trolleybus is... |

| | |
|---|---|
| Autobuzul acesta n-are taxator? | Does this bus operate without a conductor? |
| Introduceți un penny în caseta de (auto)taxare. | Insert a penny into the pay-box. |
| Rupeți/Detașați un bilet. | Tear off a ticket. |
| Biletul se poate procura și de la automatul din stație. | One can also get the ticket from the slot-machine in the station. |
| Este un loc liber în față. | There is a vacant seat at the front. |
| Ocupă două locuri, te rog. | Bag two seats, will you? |
| Avansați, vă rog. | Move up to the front, please. |
| Sunteți bun să-mi spuneți... | Will you please tell me... |
| ...unde trebuie să cobor pentru...? | ...where to get off for...? |
| ...unde trebuie să schimb pentru...? | ...where to change for...? |
| Este o stație de taxiuri în apropiere? | Is there a taxi rank near here? |
| Este una... | There is one... |
| ...chiar peste drum. | ...just across the street. |
| ...după colț. | ...round the corner. |
| ...la o aruncătură de băț. | ...at a stone's throw. |
| Să chemăm un taxi. | Let's call a taxi. |
| Iată vine unul/un taxi. | Here comes one/a taxi. |
| Alo! Poți să mă duci la...? | Hallo! Can you take me to...? |
| Du-mă la hotelul Bristol. | Drive me to Bristol Hotel. |
| Oprește aici. | Stop here. |
| Lasă-mă la colțul străzii. | Drop me at the corner of the street. |
| Cât este taxa? Cât am de plată? | What's the fare? How much have I to pay? |

| *Cuvinte suplimentare:* | *Additional words:* |
|---|---|
| alee; - pentru vehicule | alley, lane; drive |
| arhitectură | architecture |
| atelier | workshop |
| atelier pentru reparații auto | car repair shop |
| autobuz etajat | double-decker (bus) |
| auto(mobil) | (motor)car |
| baie publică | bathing house |
| bancă; banca națională | bank; national bank |
| bar | bar |
| bazin de înot | swimming pool |
| bibliotecă | library |
| bicicletă - biciclist | bicycle - cyclist |
| birou de obiecte pierdute/ găsite | lost property office |
| biserică | church |
| bloc (de locuințe) | block of flats, apartment house |
| bordura trotuarului | kerb(stone) |
| bulevard | boulevard |
| bursă | stock exchange |
| bust | bust |
| cafenea | café |
| cameră (mobilată) de închiriat | (furnished) room to let |
| capitală | capital city, chief town |
| camion/camionetă | truck/lorry |
| carosabil (partea -) | carriage road, roadway |
| cartier | quarter, district |
| castel | castle |
| catedrală | cathedral |
| călător | passenger |
| centru | centre |
| chei | embarkment, quay |
| cimitir | churchyard, graveyard |
| cinema | cinema, movie theatre |
| circ | circus |
| circulație (agent de -) | traffic policeman |
| clădire | building |
| club | club |
| concert (sală de -) | concert hall |
| cutie de scrisori | letter-box |
| cotitură | turning |
| dig | dam, pier |
| drum ocolit | roundabout way |
| expoziție | exhibition, expo. |
| fabrică | factory, plant |
| farmacie | chemist's |
| fântână; - arteziană | well; fountain |

| | |
|---|---|
| fundătură | blind alley |
| furgonetă | pick-up truck |
| galerie de artă | (fine) arts gallery |
| garaj | garage |
| gară | railway station |
| ghid | guide |
| grădină botanică | botanical gardens |
| grădină zoologică | zoo(logical gardens) |
| iluminatul străzii | street lighting |
| institut - instituţie | institute - institution |
| intrare//ieşire | entrance//exit |
| închisoare | prison |
| încrucişare de drumuri | cross-roads, junction |
| local de dans | dancing (-hall /-bar) |
| lac | lake |
| magazin universal | department store |
| mahala, cartier sărac | slum |
| măturătoare auto | street sweeper |
| microbuz | minibus |
| Ministerul Agriculturii | Ministry of Agriculture |
| Ministerul Apărării | Defense Department |
| Ministerul Comerţului | Ministry/Board of Trade |
| Ministerul Culturii | Ministry/Board of Culture |
| Ministerul de Externe | Foreign Office |
| Ministerul de Finanţe | Exchequer/Ministry of Finance |
| Ministerul de Interne | Home Office |
| Ministerul Învăţământului | Ministry/Board of Education |
| Ministerul Justiţiei | Ministry of Justice |
| Ministerul Prevederilor Sociale | Ministry of Social Affairs |
| Ministerul Sănătăţii Publice | Ministry of Public Health |
| Ministerul Transporturilor şi Comunicaţiilor | Ministry of Transport and Communication |
| monument | monument |
| motocicletă - motociclist | motor cycle - motorcyclist |
| muzeu | museum |
| notariat | notary office |
| opera (clădirea) | opera house |
| oraş de provincie | country town |
| ore de vârf | rush hours |
| palat | palace |
| parc | park |
| parcaj | car parking |
| loc de parcare | parking |
| parcarea interzisă | no parking |
| parlament | Parliament |
| pasaj de nivel | fly-over (bridge) |
| pasaj subteran | underpass |

| | |
|---|---|
| peluză cu flori | lawn |
| pensiune | boarding house |
| periferie | outskirts |
| piață circulară/pătrată/comercială | circus/square/market |
| pieton | pedestrian |
| pod | bridge |
| policlinică | polyclinic |
| poliție; secție de - | police; police station |
| polițist | police officer; constable |
| post de pompieri | fire station |
| post de prim ajutor | first-aid station |
| poștă | post office |
| prăvălie | shop |
| primărie | town hall |
| reclamă luminoasă | neon sign |
| restaurant | restaurant |
| râu, fluviu | river |
| scuter | (motor)scooter |
| semafor | traffic-lights |
| spital | hospital |
| stadion | stadium |
| statuie | statue |
| stradă principală/laterală/ cu sens unic | mainstreet/side-street/one-way street |
| suburbie | suburb |
| supraaglomerat | overcrowded |
| ștrand | swimming pool |
| taxatoare | woman conductor, "clippie" |
| teatru | theatre |
| tramvai (stație de -) | tram(-stop) |
| traseu | route |
| trăsură | cab, coach |
| trecător | passer-by |
| trecere pentru pietoni | pedestrians crossing |
| tribunal | law court |
| trotuar | sidewalk; pavement |
| turn | tower |
| uliță | narrow lane |
| universitate | university |
| uzină electrică | power station |
| varieteu | music hall, variety theatre |
| vilă | villa, cottage |
| vitrină | shop window |
| zgârie-nori | sky scraper |
| a înnopta (undeva) | to put up for the night |
| a lua pasageri | to pick up passengers |

| HOTELUL | THE HOTEL |
| --- | --- |
| Bună dimineața! Aveți vreo cameră liberă? | Good morning! (Have you got) any vacant room? |
| Doresc o cameră cu un pat pentru o noapte//aproximativ o săptămână. | I want a single room for one night//for about a week. |
| Doresc o cameră cu baie. | I want a room with bath. |
| Aș dori... | I should like... |
| ...o cameră cu balcon. | ...a room with a balcony. |
| ...două camere alăturate cu câte un pat și băi separate. | ...two single adjoining rooms with private baths. |
| ...un apartament. | ...a suite. |
| Cât timp intenționați să rămâneți? | How long will you be staying? |
| Rămân numai o noapte//câteva zile. | I shall only stay for one night// for a couple of days. |
| Intenționez să rămân ceva mai mult de o săptămână. | I am going to stay a little more than a week. |
| Ați reținut camera/camerele? | Have you made any reservation? |
| Am reținut telegratic/telefonic/printr-o scrisoare o cameră cu două paturi și una cu un pat. | I have engaged by telegram/ by phone/by a letter one double-bedded room and one single. |
| Am telegrafiat de la... | I cabled from... |

| | |
|---|---|
| Dl. N. N., dacă nu mă înşel? | Mr. N. N., if I am not mistaken? |
| Am reţinut pentru dv. camerele 43 şi 45. | I have kept numbers 43 and 45 for you. |
| Regret mult, dar momentan toate camerele sunt ocupate. | I am very sorry, but we are (absolutely) full up at present. |
| Avem o cameră mică la etajul V. | We have a small room on the fifth floor. |
| În aceste împrejurări, accept orice cameră. | In the circumstances, any room will do for me. |
| Doriţi să vedeţi camera? | Would you care to see the room? |
| Arată domnului/doamnei camera... /numărul 89. | Show the gentleman/lady the room... /number 89. |
| Vă conduc la camera dv. | I'll show you up to your room. |
| Pe aici, vă rog. | Will you come this way, please? |
| Iată ascensorul. Urcăm cu ascensorul. | Here is the lift. We'll go up in the lift. |
| Intraţi, vă rog. | Step in, please. |
| Mergem/Urcăm pe scară; camera dv. este la etajul I. | We'll walk upstairs; your room is on the first floor. |
| (Nu) funcţionează ascensorul? | Does the lift (not) run? |
| Unde dă camera aceasta? | Where does this room look to? |
| Camera aceasta are vedere la stradă//spre interior. | This room looks to the front/to the back. |
| Nu-mi place această cameră. | I don't like this room. |
| Arătaţi-mi... | Show me... |
| ...o altă cameră. | ...another room. |
| ...o cameră mai ieftină. | ...a cheaper room. |
| ...o cameră mai confortabilă. | ...a more comfortable room. |
| ...o cameră la stradă. | ...a room facing the street. |
| ...o cameră cu vedere spre parcul de vizavi. | ...a room overlooking the park opposite. |
| Bun. Iau camera nr. 45 de la etajul doi. | All right! I'll take room number 45 on the second flour. |
| Cât costă pe zi//săptămână etc.? | How much a day//a week etc.? |
| Ce preţ are această...? | What is the price of this...? |
| La cât revine pe zi? | What will be the charge per day? |
| Camera aceasta vă costă... pe zi. | This room is... a day. |
| Serviciul este inclus? | Is service included? |
| Se adaugă 10% pentru serviciu. | We charge 10% (ten percent) service. |

| | |
|---|---|
| Vreo taxă suplimentară? | Are there any extras? |
| La cât se ridică cu totul? | What will it come to all in all? |
| Trebuie să plătesc anticipat sau la plecare? | Am I to pay in advance or when leaving/checking out? |
| Vizitatorii* (aflați) în trecere trebuie să achite nota anticipat. | Transient guests are required to settle their accounts in advance. |
| Vreți/Binevoiți... | Will you kindly... |
| ...să înscrieți în registru/ treceți numele? | ...register/enter your name? |
| ...să completați acest formular/această fișă? | ...fill in this form/card? |
| ...să completați datele personale? | ...fill in your particulars? |
| Numele și prenumele. | Name in full/name and surname. |
| Domiciliul permanent. | Place of permanent residence. |
| Pașaport/buletin de identitate numărul... | Passport/identity card N°... |
| Dați-mi pașaportul dv. | Let me have your passport. |
| Iată pașaportul meu. | Here is my passport. |
| Nu-mi găsesc pașaportul, nu știu/nu-mi amintesc unde l-am pus. | I miss my passport. I don't know remember where I put it. |
| Mă duc în camera mea să caut/scotocesc prin bagaje. | I go up to my room to search my luggage thoroughly. |
| Cheia de la camera dv., domnule. | The key to your room, Sir. |
| Îmi puteți trimite imediat bagajele sus? | Will you send my luggage up directly? |
| Poate cineva să-mi ducă bagajele în camera mea? | Can anyone take my luggage to my room? |

---

| | |
|---|---|
| Această cheie nu este de la camera mea. Mi s-a dat altă cheie. | This is the wrong key. I got the wrong key. |
| Dă fuga jos (pe scări) și adu-mi cheia acestei camere. | Run downstairs and fetch the right one. |
| Aerul este îmbâcsit. | The air is stuffy. |
| Este un curent teribil în camera aceasta. | There is a terrible draught in this room. |
| Deschide//Închide ferestrele/ ușa. | Open//Shut the windows// door. |

* Transient guests = vizitatori (clienți ai unui hotel) care solicită camere pentru intervale foarte scurte. Antonim: residential guests.

| | |
|---|---|
| Lumina este slabă//tare. | The light is weak//strong. |
| Aprinde//Stinge lumina. | Switch on//off the light. |
| Deschide caloriferul, este frig. | Turn the heat on, it is cold. |
| Închide caloriferul, s-a încălzit. | Turn the heat off, it is already warm. |
| Vă mai pot fi de folos cu ceva? | Anything else I can do for you? |
| Pantalonii mei sunt teribil de mototoliți/șifonați. | My trousers are awfully crumpled/creased. |
| Pantofii sunt murdari. | My shoes are dirty. |
| Lenjeria de corp este murdară. | My body linen is dirty. |
| Îmi puteți... | Can I have... |
| ...peria și călca costumul/rochia etc.? | ...my suit/dress brushed and pressed? |
| ...curăța și lustrui pantofii? | ...my shoes cleaned and polished? |
| ...spăla și călca rufele? | ...my linen washed and ironed? |
| Vreți să-mi aduceți... | Will you bring/fetch me... |
| ...puțină apă caldă? | ...some hot water? |
| ...un săpun și un prosop? | ...a cake of soap and a towel? |
| ...ziarele de azi? | ...today's (news) papers? |
| Spuneți-mi, vă rog... | Tell me please... |
| ...unde pot parca mașina? | ...where can I park/shelter my car? |
| ...unde este toaleta pentru domni/doamne? | ...where is the men's/the ladies room?/the lavatory? |
| ...unde se află cea mai apropiată sucursală a Băncii...? | ...where is the nearest branch office of the... Bank? |
| Aș vrea să știu... | I should like to know... |
| ...dacă un (oarecare) domn X a descins la acest hotel. | ...if a Mr X has put up at this hotel. |
| ...dacă pot vorbi cu Bucureștiul de aici/obține de aici o convorbire telefonică cu străinătatea. | ...if I can call Bucharest from here/make a long distance call. |
| ...dacă oferiți clienților dv. plicuri și hârtie (de corespondență) cu antetul hotelului. | ....if you supply your guests with envelopes and paper with the hotel letter-head. |
| ...dacă pot face o baie. | ...if I can have/take a bath. |
| ...dacă există un salon de coafură//frizerie în incinta hotelului. | ...if there is a hair-dresser's//a barber's within the hotel. |

| | |
|---|---|
| ...dacă hotelul are spălătorie. | ...if the hotel runs a laundry service. |
| ...dacă hotelul are restaurant/bufet/bar. | ...if there is a restaurant/a snack-bar/a bar within the hotel. |
| ...dacă mi se poate aduce micul dejun în camera mea. | ...if I can have my breakfast brought up to my room. |
| ...dacă pot prânzi acum. | ...if I can have lunch now. |
| Restaurantul este la parter. | The restaurant is on the ground floor. |
| Meniul fix se servește la ora 1, à la carte puteți mânca la orice oră. | Table d'hôte is at one o'clock but you can eat à la carte at any time. |
| Puteți plăti nota pe loc sau semnați și va fi adăugată la nota de plată a hotelului. | You may pay in cash or sign the bill which will beaded to your hotel bill. |
| Rufele sunt spălate, călcate și înapoiate în trei zile. | The linen is washed, ironed and returned within three days. |
| Baia și toaleta sunt la etajul I. | The bathroom and the lavatory are on the first floor. |
| În holul hotelului găsiți... | In the lobby you find... |
| ...un ghișeu de schimb. | ...a currency exchange desk/ counter. |
| ...un stand de ziare/țigări/dulciuri/suveniruri. | ...a news/cigarettes/ sweets/ souvenirs stall. |
| ...două telefoane, unul pentru interior și unul pentru exterior. | ...two telephones, a house phone and a city phone. |
| ...sala de lectură. | ...the reading room. |
| Văd un panou pe perete. Ce scrie/cuprinde? | I see a notice-board on the wall. What does it read? |
| **Aviz:** | **Notice:** |
| Clienții noștri sunt rugați: | You are kindly requested: |
| - să lase cheia de la cameră la funcționarul de la ghișeu ori de câte ori pleacă în oraș; | - to leave the key to your room with the desk-clerk whenever going out; |
| - să încunoștințeze direcțiunea cu 24 ore înainte de plecare; | - to warn the management 24 hours in advance when leaving/checking out; |

| | |
|---|---|
| - să păstreze liniște desăvârșită în timpul orelor de odihnă | - to keep perfect silence during the rest hours. |
| Dar acele afișe de pe uși? | And those door plates? |
| - Nu trântiți ușa! | - Shut the door gently! |
| - Ștergeți picioarele! | - Scrape your shoes ! |
| (pentru uși) Împingeți/Trageți! | Push/Pull! |
| Atenție la treaptă/scară! | Mind the step! |
| Dacă aveți nevoie de ceva, apăsați butonul din perete: o dată pentru cameristă, de două ori pentru omul de serviciu și de trei ori pentru chelner. | For anything you want press the button on the wall; once for the chamber maid, twice for the boots and three times for the waiter. |
| Aștept vizita unui domn/unei doamne. | I'm expecting a gentleman/a lady visitor. |
| Aștept un telefon. | I'm waiting for a telephone call. |
| Dacă vine cineva în timp ce sunt plecat, îi puteți spune că mă întorc într-o oră// după două săptămâni. | If anyone calls while I am away/out, you may say I'll be back in an hour//in a fortnight. |
| Dacă mă caută... rugați-l să vină sus în camera mea. | If... is looking for me, ask him to come up to my room. |
| A întrebat cineva de mine? | Did anybody inquire after me? |
| Aveți poștă/scrisori pentru mine? | Any mail for me? |
| Până acum nimic./Nici o scrisoare. | No mail for you so far. |
| Aici se află un oarecare domn Robert Page care dorește să vă vadă. | There is a (certain) Mr Robert Page here asking to see you. |
| Să vi-l dau la telefon sau să-l conduc în camera dv.? | Shall I pass him on the phone or show him up to your room? |
| Să vină sus, vă rog. | Let him come up, please. |
| Astăzi plec. | I'm leaving today. |
| Cred că plec poimâine la prânz. | I expect to leave the day after tomorrow at noon. |
| Vreți să expediați toată corespondența mea la această adresă? | Will you, please, forward all my mail to this address? |

| | |
|---|---|
| Ştiţi la ce oră pleacă trenurile spre...? | Do you know when the trains to... depart? |
| Ştiţi când pleacă următorul vapor spre Constanţa? | Do you know when the next liner sails for Constanta? |
| Poate telefonista să mă sune mâine dimineaţă la ora trei? | Can the (telephone) operator call me at three o'clock tomorrow morning? |
| Poate cineva să mă trezească la ora cinci? | Can anyone wake me up at five o'clock? |
| Vă rog, faceţi-mi nota de plată. | Make out the bill, please. |
| Aş dori să o achit acum. | I'd like to settle it now. |
| Ce sunt aceşti 10%? | What are these 10% charged for? |
| Aţi încărcat nota. | You've charged too much. |
| Doresc să vorbesc cu directorul. | I want to see the manager. |
| Cineva să-mi coboare bagajele. | Let someone take down my luggage. |
| Trimiteţi lucrurile acestea la aeroport. | Send these things to the airport. |
| Vreţi să chemaţi un taxi? | Will you get a taxi for me? |

| *Cuvinte suplimentare:* | *Additional words:* |
|---|---|
| apă rece şi caldă | cold and hot (running) water |
| aşternut (de pat) | bed clothes, bedding |
| băiat de serviciu | bell-boy, buttons |
| băiat de lift | lift boy |
| calorifer | radiator |
| cearceaf | bed sheet |
| cetăţean, cetăţeană | citizen |
| comutator | switch, switcher |
| curat | clean |

| | |
|---|---|
| cuvertură de pat | bed spread, coverlet |
| defect/deranjat; spart; rupt | out of order; broken; torn |
| fată de serviciu | maid |
| față de pernă | pillow, case/slip |
| fumoar | smoking room |
| garaj | garage |
| han - hangiu | inn - innkeeper |
| hol | hall, lobby |
| ieșire în caz de incendiu | fire exit |
| listă de rufe pentru spălat | washing-list |
| murdar | dirty |
| naționalitate | nationality |
| născut la... | born in/at... |
| pătură | blanket |
| perdea, draperie | curtain |
| pernă | pillow (de dormit); cushion |
| personalul hotelului | hotel staff |
| plapumă | quilt, counterpane |
| pled | plaid |
| portar de hotel | hall porter |
| robinet | tap |
| sală de biliard | billiards room |
| saltea - somieră | mattress - spring mattress |
| scară de serviciu | back stairs |
| scrumieră | ash-tray |
| semnătură | signature |
| sonerie | bell |
| sfeșnic - lumânare | candlestick - candle |
| țară | country |
| umeraș pentru haine | coat hanger |
| a aerisi camera | to air the room |
| a aprinde//stinge focul | to light//put out the fire |
| a bate la ușă | to knock at/on the door |
| a călători cu trenul/avionul etc. | to travel by train/plane etc. |
| a face ordine în odaie | to tidy up the room |
| a ieși în oraș | to go out |
| a se înapoia | to come back/to return |
| a încuia//descuia ușa | to lock//unlock the door |
| a înnopta (undeva) | to put up for the night |
| a mânca în oraș | to eat out |
| a pleca în oraș: - din oraș | to go out; to go away |
| a ridica//coborî jaluzelele | to raise//lower the blinds |
| a suna (la sonerie) | to ring the bell |
| a urca//coborî cu ascensorul | to go up//down by the lift |
| a veni cu mașina/trenul etc. | to come by car/train etc. |

| PENSIUNEA | THE BOARDING HOUSE |
|---|---|
| Închiriați camere mobilate? | Do you let furnished rooms? |
| Intrați, vă rog. | Please walk/step in. |
| Fiți atent la treaptă/scară. | Mind the step. |
| Luați-o înainte/ Arătați-mi drumul, vă rog. | Lead the way, please. |
| După dv. | After you. |
| Vom avea o cameră liberă săptămâna viitoare, dacă puteți aștepta până atunci. | We shall have a vacant room next week, if you can wait till then. |
| Avem o cameră plăcută, mare și însorită, cu apă caldă și rece. | We have a pleasant room, large and sunny with hot and cold water. |
| Arătați-mi și cealaltă cameră. | Show me the other room, too. |
| Arătați-mi o altă cameră. | Show me another room/Let me see... |
| Camera aceasta este mică, dar pentru mine ajunge. | This room is small, but it will do for me. |
| Camera este simplu mobilată; este curată și confortabilă. | The room is simply furnished; it looks clean and comfortable. |
| Ușa aceasta dă pe balcon. | This door opens out on the balcony. |
| Pe care o preferați? | Now, which do you prefer? |
| Doriți pensiune completă sau numai (cu) micul dejun? | Will you have full board or do you wish only bed and breakfast? |
| Serviți și dejunul? | Do you supply also lunch? |
| Doresc să cinez în oraș. | I want to dine out. |
| Ce preț are această cameră? | What is the price of this room? |
| Cinci lire pe zi. | Five pounds a day. |
| Cât costă camera și micul dejun? | How much is bed and breakfast? |
| Camera și micul dejun vă costă... pe zi. | Bed and breakfast is... a day. |
| Lumina, încălzitul și serviciul sunt incluse (în preț)? | Are light, heating and service included (in the price)? |
| Nu, încălzitul se plătește separat. | No, the fire is to be paid extra. |
| Este mai ieftin să plătesc cu săptămâna/luna? | Is it cheaper to pay by the week/by the month? |
| Cât timp intenționați să rămâneți? | How long do you wish to stay? |

| | |
|---|---|
| Cel puţin... luni. | ...months at least. |
| Dispunem de tarife lunare avantajoase. | We have special monthly rates. |
| Nu uitaţi că plecarea trebuie anunţată cu trei zile înainte. | Don't forget that you will have to give notice three days in advance when leaving. |
| Mă pot muta chiar azi? | Can I move in today? |
| Pot să gătesc? | Am I allowed to cook? |
| Îmi pot spăla rufele? | Am I allowed to wash my linen? |
| Unele rufe trebuie spălate/cârpite. | Some of my linen need washing/mending. |
| Poate cineva să-mi spele şi calce rufele? | Can anyone wash and press my linen? |
| Sunt obosit, aş dori... | I am tired, I should like... |
| ...să fac o baie. | ...to have a bath. |
| ...să mă culc imediat. | ...to go to bed at once. |
| Poate cineva să-mi aducă bagajele de la gară? | Can anyone fetch my luggage from the station? |
| Poftiţi recipisa. | Here is the receipt. |
| Vom trimite după bagaje. | Your luggage will be sent for. |
| Faceţi-vă comod. | Make yourself comfortable/at home. |
| Între timp... | Meanwhile... |
| ...voi face ordine în cameră. | ...I'll tidy up the room. |
| ...voi schimba cearceafurile şi feţele de pernă. | ...I'll change the sheets and the pillow cases. |
| ...voi face patul. | ...I'll make the bed. |
| ...voi pregăti gustarea. | ...I'll prepare the luncheon. |

| *Cuvinte suplimentare:* | *Additional words:* |
|---|---|
| chirie | rent |
| condiţii | terms |
| gazdă (persoană care dă cu chirie) | (m.) landlord; (f.) landlady |
| gazdă (amfitrion/amfitrioană) | host/hostess |
| locatar; colocatar | lodger, tenant; co-tenant |
| masă şi casă (pensiune) | board and lodging |
| persoană care stă în pensiune | boarder |
| proprietarul unei case | the owner of a house |
| a împărţi camera cu... | to share the room with... |

| | |
|---|---|
| **RESTAURANTE ȘI BUFETE - MÂNCĂRURI ȘI BĂUTURI** | **RESTAURANTS AND SNACK BARS - FOOD AND DRINKS** |
| Mi-e foame//sete. | I am hungry//thirsty. |
| Nu am luat încă micul dejun/ masa de prânz/cina. | I have not had breakfast/ lunch/supper yet. |
| Să mâncăm//bem ceva. | Let us eat//drink something. |
| Să luăm o gustare. | Let us have a snack. |
| Aș dori să mănânc ceva ușor. | I should like to eat something light. |
| N-am poftă de mâncare. | I have no appetite. |
| Vreau o înghețată să-mi potolesc setea. | I want an ice-cream to quench my thirst. |
| Unde putem mânca//bea ceva? | Where can we eat//drink something? |
| Prin apropiere trebuie să fie... | Somewhere near here there must be... |
| ...un bufet expres. | ...a snack bar. |
| ...un bar. | ...a bar. |
| ...o braserie. | ...a brasserie. |
| ...o cafenea/ceainărie. | ...a café/a tea-shop. |
| ...un restaurant economic cu autoservire. | ...a cheap self-service restaurant. |
| ...un restaurant dietetic. | ...a diet restaurant. |
| ...un bufet lacto. | ...a milk bar. |
| Cunosc un loc(al) tihnit unde putem mânca bine și ieftin. | I know a cosy place where we can have a cheap and good meal. |

| | |
|---|---|
| La ce oră se servește micul dejun (etc.)? | (At) what time is breakfast (etc.) served? |
| Prânzul se servește la ora 1. | Lunch is served at one (o'clock). |
| Cina nu se servește până la 7. | Dinner is not served till seven (o' clock). |
| Are restaurantul acesta orchestră? | Has this restaurant got an orchestra? |
| Îmi place mult o muzică bună. | I enjoy good music a lot. |
| Ce (fel de) muzică se cântă? | What kind of music do they play? |
| Muzică ușoară/de dans/clasică. | Light music/dance music/ classical music. |
| Găsesc aici ziare sau reviste (străine)? | Do they keep (foreign) papers and magazines here? |
| Acesta este un restaurant de categoria I. | This is a Ist class (a first class) restaurant. |
| Meniurile sunt tipărite în engleză, franceză și germană. | The menus are printed in English, French and German. |
| Costul meselor variază după categorie de la... până la... | The cost of the meals varies according to category from... to... |
| Cum este mai convenabil, à la carte sau meniu fix? | Which is cheaper, à la carte meals or table d'hôte? |
| Băuturile se plătesc separat. | The drinks are to be paid extra. |
| Vinul este ieftin. | Wine is cheap. |
| Băuturile spirtoase, indigene sau din import sunt scumpe. | Spirits, home-produced or foreign are expensive/dear. |
| Apreciez o mâncare bine preparată stropită cu un vin bun. | I enjoy a well-cooked meal washed down by a good wine. |
| Serviți/Se servesc băuturi alcoolice în restaurantul dv.? | Is his restaurant licensed? |
| Caut o masă... | I am looking for a table... |
| ...lângă fereastră. | ...near the window. |
| ...într-un colț. | ...in the corner. |
| ...pentru două/trei etc. persoane. | ...for two/three etc. |
| Aș dori... | I should like (some)... |
| Prefer un sandviș. | I'd prefer a sandwich. |
| Am comandat o pereche de crenvurști. | I have ordered a couple of Hamburgers. |
| Adu-ne, te rog, două halbe de bere (blondă). | Bring us please two mugs of pale ale. |

| | |
|---|---|
| Beau în sănătatea dv.! | I drink to your health! |
| Pâinea este veche. | The bread is stale. |
| Berea este trezită/stătută. | The beer is flat. |
| Vinul este acru. | The wine is sour. |
| Oul este alterat. | The egg is foul. |
| Carnea este alterată. | The meat is tainted. |
| Peştele are un miros urât. | The fish has a bad/foul smell. |
| Supa (etc.) n-are nici un gust. | The soup (etc.) is tasteless. |
| Biftecul este pe gustul meu. | The beefsteak is to my taste. |
| Carnea este tare//fragedă//slabă//grasă//bine friptă//în sânge. | The meat is tough//tender//lean//fan/wall-done//under done. |
| Nu-mi place acest(ă)... | I don't like this... |
| Cât am/avem de plată? | How much is it? |
| Note separate sau total? | Separate bills or a common one? |
| Nota dv., domnilor. | Your bill, gentlemen. |
| Plătiți la casă, la ieșire. | Pay the cashier/at the cash register on your way out. |
| În acest restaurant nu se obişnuieşte să se dea bacşiş chelnerului. | In this restaurant it is not customary to tip the waiter. |
| Bacşişul interzis. | No gratuities. |
| Serviciul este cuprins în notă; 10% din totalul consumației. | The service is included in the bill; ten percent of the overall cost of the meal. |

**Într-un restaurant** / **In a Restaurant**

| | |
|---|---|
| Este ocupată masa aceasta? | Is this table engaged? |
| Ascultă, chelner, mai este vreo masă liberă? | I say, waiter, is there any free table left? |
| Poftiți pe aici, vă rog. Este o masă chiar pe partea stângă. | This way, please. There is one right on the left hand side. |
| E în regulă/E foarte bine. | It is all right/O.K. |
| Mai pune un tacâm la această masă. | Lay one more cover at this table. |
| Voi pune masa imediat. | I shall lay the table directly. |
| Ce putem servi la prânz etc.? | What can we have for lunch etc.? |
| Pot căpăta lista de bucate//meniul//meniul fix? | Can I have the bill of fare//the menu card//the table d'hôte? |
| Azi sortimentul este foarte bogat. Trebuie să citesc lista | The choice is exceptionally large today. I must read |

| | |
|---|---|
| de la început până la sfârșit. | the bill of fare through. |
| Ce ne poți recomanda (dumneata)? | What can you recommend? |
| Alegeți dv. | Have your own choice. |
| Doriți să cinați à la carte sau (vreți) meniu fix? | Do you wish to dine à la carte or will you have the table d'hôte? |
| Serviți și meniu? Dacă da, la ce preț și din ce se compune? | Do you supply also a menu? If yes, at what price and what does it consist of? |
| Azi n-aveți...? Nu-l/nu o văd trecut(ă) în meniu. | Haven't you got any...? I don't see it on the menu. |
| Ce aperitive aveți? | What hors d'oeuvre/entrée have you got? |
| Măsline, brânză, caviar, rasol de pește, chifteluțe. | Olives, cheese, caviar, boiled fish, mincemeat balls. |
| Adu-ne mai întâi niște măsline și două păhărele de țuică. | First bring us some olives and two small glasses of plum brandy. |
| Și după aceea?/Ce doriți apoi? | What to follow? |
| Să vedem! Da! | Let me see! Yes! |
| O dată supă de roșii și de trei ori supă cu tăiței. | Tomato soup for one and noodle soup for three. |
| Rață pe varză. | Roast duck with cabbage. |
| Un antricot frumos și cartofi. | A nice steak with chips. |
| Ca variație, aș dori mai degrabă o friptură de miel cu garnitură de legume. | I would rather have some roast lamb served up with vegetables for a change. |
| Ce garnitură (de legume) preferați? | What do you choose for garnish(ing)? |
| Nu vă plac murăturile, nu-i așa? | You don't like pickles, do you? |
| Ce să comand ca desert? | What shall I order for desert? |
| Orez cu lapte? Tarte cu fructe? Jeleu de căpșuni? | Rice pudding? Fruit tarts? Strawberry jelly? |
| Dați-mi, vă rog, pâinea//apa etc. | Pass me the bread//the water please. |
| Serviți înghețată la meniu? | Is there any ice-cream on the menu? |
| Aveți plăcintă de mere cu cremă de vanilie? | Have you gut apple-pie with custard? |
| Tu ce bei//mănânci? | What's yours? |
| Ce doriți să beți? | What will you have to drink? |
| O sticlă de vin și un sifon. | A bottle of wine and soda. |

| | |
|---|---|
| Altceva, vă rog? | Anything else, please? |
| Nimic, mulţumesc. | Nothing else, thank you. |
| Nota de plată, te rog. | The bill, please. |
| În total 50 de pence. | Fifty pence in all. |
| Păstrează restul (pentru dumneata). | Keep the change (for your self). |

| | |
|---|---|
| **Ceainăria - Cafeneaua** | **The Tea Shop - The Café** |
| O ceaşcă de ceai. | A cup of tea. |
| Un ceai. | Tea for one. |
| Un ceai cu rom. | A tea laced with rum. |
| (Un serviciu de) ceai pentru două persoane şi... | A pot of tea for two and... |
| ...prăjituri cu cremă. | ...pastries with cream between. |
| ...pâine prăjită (unsă cu unt). | ...(buttered) toast. |
| ...două felii de pâine cu unt. | ...two slices of bread and butter. |
| ...câteva chifle. | ...some rolls. |
| ...câteva franzeluţe cu stafide. | ...some currant buns. |
| Ceai englezesc? Ceai rusesc? | English tea*? Russian tea**? |
| Beţi ceaiul cu lapte după moda englezească? | Do you take milk to your tea after the English fashion? |
| Mai puneţi, vă rog, lapte în ceaiul meu. | Add some more milk to my tea, please. |
| Permiteţi-mi să vă torn lapte. | Allow me to pour you some milk. |
| Cum e? Vă place? | How does it taste? Do you like it? |
| Este destul de dulce? Este amar? | Is it sweet enough? Is it bitter? |
| Amestecaţi ceaiul. | Stir the tea. |
| Aduceţi-mi... | Bring me... |
| ...o ceaşcă mare de cacao. | a large cup of cocoa. |
| ...o cafea cu lapte. | ...a cup of white coffee/ coffee and milk. |
| Îmi puteţi servi... | Can I have a cup of... |
| ...un filtru? | ...filter coffee? |
| ...un nescafe? | ...instant coffee? |
| ...o cafea turcească? | ...Turkish coffee? |

* Serviciul cuprinde apă clocotită, lapte cald, infuzie proaspătă de ceai şi două, trei bucăţele de zahăr.

** ... laptele este înlocuit cu o felie de lămâie

| LISTA DE BUCATE | THE BILL OF FARE |
|---|---|
| **Aperitive - gustări** | **Hors d'oeuvres - Snacks** |
| brânză | cheese |
| brânză de Olanda | Dutch cheese |
| caşcaval | pressed cheese |
| chifteluţe | minced-meat balls |
| fileu de peşte prăjit | fried fillet of fish |
| icre de Manciuria | Manchuria hard roe |
| icre negre | caviar(e) |
| măsline | olives |
| pateu de ficat de gâscă | pâté de foie gras |
| pătlăgele roşii congelate, în sos de hrean | iced tomatoes and horseradish sauce |
| peşte cu maioneză | boiled fish with mayonnaise |
| pâine prăjită în unt | canapé |
| pâine prăjită cu anşoa | anchovy on toast meat jelly |
| pârjoale | meat croquettes |
| pârjoale din carne de pasăre | chicken croquettes |
| rulouri de fileu de anşoa | rolled fillet of anchovy |
| scrumbie | herring |
| şvaiţer | Swiss cheese |
| zacuscă de peşte | pickled fish |
| **Mâncăruri calde** | **Hot Dishes** |
| *supe:* | *soups:* |
| borş; - rusesc | borsch; Russian borsch |
| ciorbă | sour/julienne soup |
| ciorbă de cartofi | potato soup |
| ciorbă de fasole | bean soup |
| ciorbă de măruntaie | giblets soup |

| | |
|---|---|
| ciorbă da perişoare | soup with meat balls |
| ciorbă de peşte | fish soup |
| consommé | consommé |
| cremă de legume | cream soup |
| fulgi de ovăz | porridge |
| supă de broască ţestoasă | turtle soup |
| supă de coadă de bou | oxtail soup |
| supă concentrată de carne | broth; gravy soup |
| supă cu fidea | vermicelli soup |
| supă de făină | chicken soup/broth |
| supă cu găluşte | dumpling soup |
| supă de legume | vegetable soup |
| supă de mazăre | pea soup |
| supă de roşii | tomato soup |
| supă cu tăiţei | noodle soup |
| supă de ţelină | celery soup |

| | |
|---|---|
| *mâncăruri din carne şi legume:* | *meat and vegetable dishes:* |
| aripă (de pasăre) | wing (of a fowl) |
| biftec | beefsteak |
| carne rasol | boiled meat |
| ciulama de ciuperci | mushrooms cooked in sauce |
| ciulama de pui | chicken in white sauce |
| cotlet de berbec | mutton chop |
| cotlet de miel | lamb cutlet |
| cotlet de porc | pork cutlet |
| cotlet de viţel | veal cutlet |
| creier pane | dish of breaded brains |
| curcan | turkey |
| ficat | liver |
| friptură | roast meat |
| ghiveci de legume asortate | mixed vegetables |
| gâscă | goose |
| grătar | grill |
| gulaş | goulash stew |
| limbă | tongue |
| macaroane gratinate (la cuptor) | macaroni au gratin |
| mâncare de praz | dish of leeks |
| momiţe de viţel cu ciuperci | sweetbread and mushrooms |
| peşte | fish |
| picior (de pasăre) | leg (of a fowl) |
| piept/garf de porc | brisket |
| pilaf | (pilaff) rice |

| | |
|---|---|
| pilaf de pui | chicken with rice |
| rață | duck |
| sfeclă roșie | beetroot |
| sote de morcovi | tossed carrots |
| sote de rinichi | sauté kidneys |
| spaghete | spaghetti |
| șnițel; - de vițel | schnitzel; scallop of veal |
| tocană (came de vită sau porc) | stew (beef or pork) |
| tocană de pasăre | stewed chicken/fricassee |
| vânat (căprioară etc.) | venison (deer etc.) |
| *pește (mâncăruri calde și reci):* | *fish (hot and cold dishes):* |
| batog afumat | smoked haddock |
| crabi | crabs |
| homar cu orez | lobster with rice/pilaff |
| pește la grătar-/prăjit/rasol | grilled/fried/boiled fish |
| raci | crawfish |
| ton | tunny fish |
| stridii | oysters |
| *fripturi – grătar:* | *roast meat – grills:* |
| antricot | steak, rib |
| cârnați de porc | pork sausages |
| cotlet de purcel | sucking pig chop |
| cotlet de berbec | mutton chop |
| cotlet de vițel | veal cutlet |
| boboc de rață | roast duckling |
| friptură de gâscă/pui etc. | roast goose/chicken etc. |
| friptură de porc/vacă/vițel | roast pork/beef/veal |
| mușchi de vacă/porc etc. | beef/pork etc. sirloin |
| pui la frigare | chicken roasted on the spit |
| vrăbioară | roasted steak |
| **Salate - Garnituri** | **Salads - Garnish(ing)** |
| salată boeuf | cold meat salad |
| salată de andive | endive salad |
| salată de conopidă | cauliflower salad |
| salată verde (cu roșii) | lettuce (and tomato) salad |
| salată orientală | oriental salad |
| salată de vinete | egg-plant salad; salad d'aubergines |
| ardei gras//iute | green//hot pepper |
| bulion de roșii | tomato sauce |

| | |
|---|---|
| cartofi fierți/pai/piure/prăjiți | boiled/chopped/mashed/fried potatoes |
| castraveți acri/murați | pickled cucumbers |
| fasole verde | green beans |
| ghiveci | hotchpotch |
| gogoșari | red peppers |
| legume | vegetables |
| mazăre verde | green peas |
| murături | pickles |
| orez | rice |
| sos sau suc de carne | gravy |
| sosuri și condimente | dressings |
| spanac | spinach |
| suc de roșii | tomato juice |
| varză acră | sauerkraut |
| varză de Bruxelles | Brussels sprouts |
| varză roșie | red cabbage |
| **Ouă** | **Eggs** |
| ou crud | raw egg |
| ou fiert | boiled egg |
| ouă prăjite | scrambled eggs |
| ochiuri; ochiuri românești | fried eggs; poached eggs |
| ou (fiert) moale//tare | soft-boiled//hard boiled egg |
| ou (foarte) proaspăt | new-laid egg |
| omletă | omelette |
| omletă cu șuncă | ham and eggs |
| **Desert** | **Dessert** |
| banane la cuptor | baked bananas |
| biscuiți | biscuits |
| brioșă | muffin |
| budincă | pudding |
| budincă de orez | rice pudding |
| budincă de prune | plum pudding |
| budincă Yorkshire | Yorkshire pudding |
| cafea neagră; moca; turcească | black coffee; Mocha; Turkish coffee |
| clătite cu brânză | cheese pancakes |
| clătite cu dulceață | pancakes |
| compot | stewed fruit |
| doboș | doboz torte |
| dulceață de zmeură etc. | raspberry (etc.) jam |
| franzeluță/pâinișoară cu stafide | currant bun |

| | |
|---|---|
| fructe | fruits |
| gem de portocale | marmalade |
| gogoşi | doughnuts |
| îngheţată | ice-cream |
| jeleu de portocale | orange jelly |
| pandişpan | sponge cake |
| pateu/plăcintă | pie |
| pişcot | sweet biscuit |
| prăjitură | cake |
| tort de ciocolată | chocolate cake |

| **Băuturi** | **Drinks** |
|---|---|
| aperitiv | aperitif |
| băuturi alcoolice | alcoholic/strong drinks |
| băuturi nealcoolice/răcoritoare | soft drinks/cooling |
| bere amară | bitter |
| bere blondă (englezească) | pale ale |
| bere blondă (germană) | lager beer |
| bere neagră (englezească) | stout |
| bere slabă/nealcoolică (englezească) | ginger ale/beer |

| *Cuvinte suplimentare:* | *Additional words:* |
|---|---|
| aperitiv (stimulent) | appetiser |
| ascuţit | sharp |
| berărie | ale-house |
| bucată; bucăţică | piece; bit |
| bucătar; bucătăreasă | cook |
| cald - călduţ | warm - lukewarm |
| lapte | milk jug |
| chelner - chelneriţă; - şef | waiter - waitress; head waiter |
| cârciumă | tavern, pub |
| copt//crud (despre fructe) | ripe//green |
| curat | clean |
| cuţit | knife |
| farfurie întinsă//adâncă | plate//soup plate |
| farfurioară; - pentru desert | saucer; dessert plate |
| faţă de masă | table-cloth |
| fel de mâncare | course, dish |
| fierbinte/în clocot | hot/boiling |
| fript | roasted |
| furculiţă | fork |
| halbă de bere | mug, a pint of beer |

| | |
|---|---|
| han - hangiu | inn - innkeeper |
| lacom | greedy |
| lingură - linguriță | spoon - teaspoon |
| listă de băuturi/vinuri | wine-list |
| local public | public house, pub |
| masă frugală//consistentă | light//square meal |
| mâncare preferată//națională | favourite//national dish |
| murdar | dirty |
| muștar | mustard |
| oțet | vinegar |
| pahar cu... | a glass of... |
| pai de sorbit | drinking straw |
| piper - piperat | pepper - peppery |
| poftă bună! | bon appetite! |
| încă o porție de... | another helping of... |
| bine fript//în sânge | well-done//under-done |
| rece | cold |
| regim/dietă | diet |
| sare - sărat | salt - salty |
| scobitoare | toothpick |
| serviciu de oțet și untdelemn (olivieră) | cruet-stand |
| solniță | salt-cellar |
| sticlă de... | a bottle of... |
| șervet de masă//șervețel de hârtie | napkin//paper serviette |
| tacâm (pentru o persoană/ două etc.) | cover (for one/two etc.) |
| tocit | blunt |
| țap de bere | half a pint/a glass of beer |
| untdelemn | oil |
| zahăr (o bucată de -) | (a lump of) sugar |
| a lua micul dejun | to (take/have) breakfast |
| a lua masa de prânz | to lunch/to have lunch; to dine/to have dinner |
| a lua masa de seară | to dine; to sup/to have supper |
| a găti (mâncăruri) | to cook; to prepare food |
| a mânca în oraș | to eat out |
| a bea vinul fără sifon | to drink the wine neat |
| a alege | to choose |
| a ține regim | to keep to diet |
| a tăia | to cut |
| a plăti consumația | to pay/to foot the bill |

| VIZITAREA ORAŞULUI | GOING SIGHTSEEING |
|---|---|
| E prima dată când pun piciorul în acest oraş. | This is the first time I set foot in this town. |
| Oraşul s-a schimbat foarte mult de le ultima mea vizită în... | The town has changed very much since my last visit in... |
| Zilele acestea am fost ocupat cu vizitarea... | These days I have been busy going about seeing... |
| Aş dori să particip la un tur al oraşului. | I'd like to join a tour of the town. |
| Mi s-a spus că... | I have been told that... |
| Am auzit că... | I have heard that... |
| ...numărul locuiturilor se ridică la... | ...the number of the inhabitants/the population amount to... |
| ...unele clădiri au 10 şi chiar 15 etaje. | ...some of the buildings have 10 and even 15 storeys. |
| ...în Anglia vehiculele circulă pe stânga. | ...the traffic in England keeps left. |
| Ce credeţi că ar trebui să văd mai întâi? | What do you think I ought to see first? |
| Vă sfătuiesc să vizitaţi... | I advise you to go and see... |
| ...grădina zoologică. | ...the Zoo (Zoological Gardens). |
| ...turnul (Londrei). | ...the Tower (of London). |
| ...bursa de acţiuni. | ...the Stock Exchange. |
| Aş dori să văd... | I'd like to see... |
| ...obiectivele turistice/ curiozităţile Londrei. | ...the sights of London. |
| ...oraşul şi suburbiile sale. | ...the town and its outskirts. |
| ...noile cartiere. | ...the new districts. |
| ...clădirile parlamentului. | ...the Houses of Parliament. |
| ...un supermagazin cu autoservire. | ...a self-service super-market. |
| ..."Colţul poeţilor" din Westminster Abbey. | ...Poets' Corner in Westminster Abbey. |
| ...un poliţist dirijând circulaţia în inima oraşului în orele de vârf/aglomeraţie. | ...a policeman directing the traffic in the heart of the city during the rush hours. |
| Aş dori să ştiu... | I'd like to know... |
| Ce clădire este aceea de pe dreapta// stânga? | What building is that on the right/left? |

| | |
|---|---|
| Ce monument este acela din mijlocul pieței? | What monument is that in the middle of the square? |
| Ce spectacole sunt astă seară în oraș? | What shows are there in the city tonight? |
| Unde este intrarea în//ieșirea din acest parc? | Where is the entrance//exit to this park? |
| Unde este portul? | Where is the harbour? |
| Când se deschide muzeul? | When does the museum open? |
| La Londra există magazine în care se intră cu mașina? | Are there any drive-in department stores in London? |
| Cine este primarul Londrei? | Who is the Lord Mayor of London? |
| Am fost impresionat de... | I have been impressed by... |
| ...frumusețca zonei verzi care înconjoară orașul. | ...the beauty of the green belt surrounding the town. |
| ...farmecul căsuțelor de cărămidă (aparentă) cu grădini. | ...the loveliness of the little brickhouses with gardens. |
| ...excepționalele antichități expuse la British Museum. | ...the rare antiquities exhibited at the British Museum. |
| ...figurile de ceară ale unor oameni celebri din expoziția dnei Tussaud. | ...the figures of celebrated persons in Madame Tussaud's waxworks. |

| | |
|---|---|
| *Cuvinte suplimentare:* | *Additional words:* |
| Vezi "Informare asupra drumului". | See "Asking one's way". |

## VIZITÂND MUZEE, EXPOZIŢII BIBLIOTECI PUBLICE

## VISITING MUSEUMS, EXHIBITIONS, PUBLIC LIBRARIES

| | |
|---|---|
| Aş dori să vizitez Muzeul Courtauld etc. | I should like to visit the Courtauld etc. Museum. |
| Muzeul e deschis duminica? | Is the museum open on Sunday? |
| În zilele lucrătoare, ca şi duminicile, este deschis de la 9 dim. până la 5 după-amiază. | On weekdays, as well as on Sundays, it is open from 9 a.m. to 5 p.m. |
| Luni este închis. | On Mondays it is closed. |
| Cât costă intrarea? | How much is the admission (fee)? |
| Se plăteşte vreo taxă la intrare? | Is there any entrance charge? |
| Ce se expune la muzeul de arte frumoase? | What does the Museum of Fine Arts display? |
| Galeria Naţională are o frumoasă colecţie de tablouri în ulei. | The National Gallery contains a large collection of oil-paintings. |
| Aici sunt de văzut cele mai frumoase opere ale maeştrilor italieni, spanioli, olandezi etc. | Here are to be seen the finest works of the Italian, Spanish Dutch etc. masters. |

| | |
|---|---|
| Este vreun ghid care să ne conducă? | Is there any guide to take us around? |
| Vino, priveşte la această *Vânătoare de urşi.* | Come, look at this *Bear hunt.* |
| Este o pictură de Paul Potter, un artist olandez. | It is painting by Paul Potter, a Dutch artist. |
| Îi place acest peisaj//această marină? | Do you like this landscape// this seascape? |
| Ce portret este acela de pe peretele de acolo? | What portrait is that on the wall over there? |
| E o capodoperă a lui Tizian. | It is one of Tizian's masterpieces. |
| Ce spui de această compoziţie? | What do you think about this genre painting? |
| Ştii cumva cum este intitulat? | Do you happen to know how the artist entitled it? |
| E un Rembrandt veritabil. | It's a genuine Rembrandt. |
| E o copie după *Maja* de Goya. | It's a reproduction/replica of Goya's *Maja*. |
| E minunată! | Isn't it marvellous? |
| N-am mai văzut niciodată ceva atât de frumos! | Never (before) have I seen anything so beautiful! |
| Într-adevăr fermecător! | Charrning, really! |
| Groaznic! | It is awful! |
| E de prost gust! | It is in dreadful taste! |
| (N-are) nici un merit artistic! | No artistic merit! |

---

| | |
|---|---|
| Ai fost la Târgul Internaţional? | Have you been at the International Trade Fair? |
| Ai văzut expoziţia de maşini şi utilaj agricole? | Have you seen the Exhibition of Agricultural Machinery and Equipment? |
| Care sunt impresiile tale? | What are your impressions? |
| Expoziţia mi-a produs/lăsat o puternică impresie/m-a impresionat profund. | The exhibition has produced a great impression upon me. |
| Am văzut-o deja, dar merită s-o vezi şi a doua oară. | I have seen it already but it pays to see it twice. |
| Ce se expune? | What do they exhibit? |
| Iată o broşură care descrie exponatele. | Here is a booklet describing the exhibits. |

| | |
|---|---|
| Realizările tehnicii de azi sunt pur și simplu minunate. | The present-day achievements in engineering are simply wonderful. |
| Doresc să vizitez toate secțiunile principale. | I want to visit all the main departments. |
| Sunt nerăbdător/dornic să cunosc ultimele și cele mai importante inovații din industria noastră/lor. | I am anxious to know the latest and most important innovations of our//their industry. |
| Mă interesează în mod deosebit... | I am particularly interested in... |
| Știi dacă sunt expuse și... | Do you know if there are any... exhibited/on show? |

---

| | |
|---|---|
| Este vreo bibliotecă publică prin apropiere? | Is there any public library around here? |
| Îmi place foarte mult să citesc/ Mă pasionează mult cititul. | I am very fond of reading. |
| Să intrăm în biblioteca municipală. | Let's enter the City Library. |
| Unde este secția de împrumut? | Where is the lending department? |
| Unde este sala de lectură? | Where is the reading room? |
| Aș dori să împrumut niște cărți. | I would like to borrow some books. |
| Pot vorbi cu bibliotecarul șef? | Can I see the head librarian? |
| Sunteți abonat la această bibliotecă? | Are you a subscriber to this library? |
| Aveți legitimație de cititor? | Have you a reader's ticket? |
| Vreți să completați acest formular? | Will you fill in this form? |
| Cât trebuie să plătesc? | What have I to pay? |
| Cărțile se împrumută gratuit. | You can take out books free of charge. |
| Dv. țineți... | Do you keep... |
| ...romane de autori francezi? | ...novels by French authors? |
| ...lucrări de electronică? | ...works on electronics? |
| ...ziare și reviste (străine)? | ...(foreign) newspapers and magazines? |
| Aveți din întâmplare... | Have you gut by chance... |
| ...un dicționar italian-român? | ...an Italian-Romanian dictionary? |

| | |
|---|---|
| ...ultima ediție a poemelor lui Shelley? | ...the latest edition of Shelley's poems? |
| ...Enciclopedia Britanică? | ...Encyclopaedia Britannica? |
| Cercetați cataloagele noastre de cărți. | Take a look at our catalogues of books. |
| Unde este fișierul? | Where is the book-file? |
| Vreți să mă ajutați să găsesc titlul pe care îl caut? | Will you help me (to) find the title I am looking for? |
| Îmi permiteți să mă uit la cărțile de pe rafturi? | May I have a look at the books on the shelves? |
| Îmi puteți recomanda o carte ușoară? | Can you recommend to me some light reading? |
| Merită să citesc acest...? N-am auzit niciodată de acest autor. | Is this... worth reading? I've never heard of this author. |
| Îmi puteți da *Bătrânul și marea?* | Can I have *The Old Man and the Sea*? |
| Regret, dar este dată cu împrumut. | I am sorry, but it is out on loan. |
| Când va fi înapoiat? | When will it be returned? |
| Mi-o puteți păstra? | Can you keep it for me? |
| Cât timp pot să o țin? | How long may I keep it? |
| O mai pot ține o săptămână? | May I keep it for another week? |

| *Cuvinte suplimentare:* | *Additional words:* |
|---|---|
| acuarelă | water-colour |
| antic | ancient |
| artă contemporană/populară; obiect de artă | contemporary/folk art; object of art |
| artizan | artisan |
| autoportret | portrait of the artist/self-portrait |
| basorelief | bas-relief |
| bust | bust |
| capodoperă | masterpiece |
| caricatură | caricature |
| ceramică | ceramics |
| clasic | classic(al) |
| critic de artă | art critic |

| | |
|---|---|
| critică | criticism/critique |
| culoare | colour |
| cunoscător | connoisseur |
| desen | drawing |
| figură de porțelan | porcelain figure |
| galerie de artă/națională/ tablouri | art/national/picture gallery |
| grafician | black-and-white artist |
| gravură | engraving |
| miniatură | miniature |
| model | model |
| muzeul de istorie/de științe naturale | historical/natural science museum |
| natural (fidel cu originalul) | lifelike |
| natură (după -); - moartă | from life; still life |
| nud | nude |
| ramă | frame |
| reproducere | replica, copy |
| schiță | sketch |
| sculptor | sculptor |
| sculptură | sculpture |
| statuie | statue |
| talent | talent, gift |
| talentat | talented, gifted |
| tapiserie | tapestry |
| umbră (nuanță) | shade |
| n desena | to draw |
| A înfățișa, a reprezenta | to depict, to represent |
| a picta | to paint |
| a schița | to sketch |

| | |
|---|---|
| comerț - exterior | trade; foreign trade |
| fabricat în România | made in Rumania |
| fabrică | factory, plant |
| industrie | industry |
| industrializare | industrialisation |
| marca fabricii | trade mark |
| marfă, mărfuri | goods, merchandise |
| mașini-unelte | machine tools |
| mostră | sample |
| motor; - Diesel | motor; Diesel engine |

| | |
|---|---|
| producţie | production/output |
| produs; - agricol | product; produce |
| utilaj | equipment |
| a achiziţiona/cumpăra | to purchase |
| a comanda (mărfuri) | to order |
| a exporta | to export |
| a importa | to import |
| a face comerţ; - cu... | to carry on trade/to deal in... |
| a reprezenta o firmă | to represent a firm |
| a vinde | to sell |

| | |
|---|---|
| autograf | autograph |
| beletristică | fiction |
| Biblie | Bible |
| bibliotecă de împrumut | lending library |
| comedie | comedy |
| dulap de cărţi | bookcase |
| editor | publisher |
| ediţie | edition |
| exemplar | copy |
| ghişeu | counter/desk |
| lectură | lecture/reading |
| sală de lectură | reading room |
| manuscris | manuscript |
| nuvelă | story work |
| piesă; - istorică | play; historical play |
| roman | novel |
| romancier | novelist |
| tehnică; lucrări de - | technique; technical works |
| tragedie | tragedy |
| volum | volume |
| a arunca o privire la... | to take a glance at... |
| a căuta un cuvânt în dicţionar | to look up a word in the dictionary |
| a citi tot - până la capăt | to read through; to read to the end |
| a edita | to publish |
| a fi epuizat | to be out of print |
| a înapoia (o carte etc.) | to bring back, to return |
| a tipări | to print |

**DIVERTISMENTE: TEATRU, CINEMA ETC. LA CONCERT - DANS**

**ENTERTAINMENTS THEATRE, CINEMA ETC. GOING TO A CONCERT - DANCING**

| | |
|---|---|
| Ai vreun program astă seară? | Have you got any plans for tonight? |
| Ce program ai astă seară? | What are you doing tonight? |
| Dacă nu ai altceva mai bun de făcut, (hai) să ... | If you haven't got anything better to do, let's... |
| ...aranjăm ceva. | ...make an arrangement. |
| ...mergem să vedem pe celebrul comic X într-una din piesele sale hazlii. | ...go and see the celebrated comedian X in one of his funny plays. |
| ...vedem un teatru de păpuși. | ...attend a puppet-show. |
| Ce ai zice să mergem la... | What about going to... |
| ...un varieteu/cabaret? | ...a music-hall? |
| ...un teatru de varietăți? | ...a variety theatre? |
| ...la circ? | ...the circus? |
| Ce îți place (cel) mai mult? Opera, opereta, un film polițist? | Which do you like best? The Opera, a musical comedy, a thriller? |

| | |
|---|---|
| N-am chef să ies astă seară. | I don't feel like going out tonight. |
| Îmi pare foarte rău, realmente, dar am aranjat deja alt program. | I am very sorry, indeed, but I have a previous engagement. |
| N-am ureche muzicală. | I have no ear for music. |
| Astfel de spectacole nu m-au atras niciodată. | Such shows never appealed to me. |
| Nu (prea) sunt mare dansator. | I am not much of a dancer. |
| Oare nu e deja prea târziu? | But isn't it too late already. |
| Aş fi încântat să ies astă seară. | I'd be delighted to go out tonight. |
| Am fost foarte indispus(ă) în ultima vreme. | I've felt very upset lately. |
| Mă duc des la cinema/teatru etc. | I am a regular cinema goer/theatre goer etc. |
| Mi-ar plăcea să mă duc la un spectacol în aer liber. | I'd like to go to an open-air performance/ show. |
| Nu mă duc niciodată de una singură. | I never go on my own. |
| Cunoşti un loc(al) bun unde se poate... | Do you know a decent place where one can... |
| ...sta de vorbă. | ...chat? |
| ...asculta muzică bună? | ...listen to good music? |
| ...dansa? | ...dance? |
| Ce se joacă la Teatrul de Dramă? | What is being played at the Drama Theatre? |
| Se joacă/dă *"Hamlet"*. | *Hamlet* is on show. |
| L-am văzut de nenumărate ori. | I've seen it over and over again. |
| Am auzit piesa la radio. | I've heard the play over the radio. |
| La teatrul... se joacă *"Profesiunea doamnei Warren"* într-o nouă versiune. | At the... Theatre they play a new version of *Mrs Warren's Profession.* |
| Face/Merită să vedem piesa asta? | Is this play/Is worth seeing? |
| Ce se cântă/joacă la Operă? | What is on at the Opera House.? |
| *"Nunta lui Figaro"*. | (It's) *The Marriage of Figaro.* |
| Cine este în distribuţie? | Who is/are in the cast? |
| Ce se joacă la "Scala"? | What is on at the "Scala"? |

| | |
|---|---|
| *"Pygmalion"*, cu o actriță nouă în rolul principal. | *Pygmalion* is on with a new actress in the leading part. |
| Filmul acesta rulează de două luni. | This film has been running for two months now. |
| Este sincronizat/dublat în limba română. | It is dubbed in Romanian. |
| Filmul acesta a fost rulat săptămâna trecută. | This film was released last week. |
| Am văzut acest film la televizor. | I've seen this film on the TV. |
| N-au schimbat programul? | Haven't they changed the program(me)? |
| Să vedem atunci... cu... în rolul principal. | Let's see then... starring... |
| Unde rulează filmul acesta? | Where is this picture on? |
| Sunt mort după concerte. | I am very keen on concerts. |
| Cân(ta)ți la vreun instrument? | Do you play some instrument? |
| Cânt la vioară/pian etc. | I play the violin/piano etc. |
| Mergi des la concerte? | Do you often go to concerts? |
| Nu pierd nici un concert de violoncel. | I never miss a cello concert. |
| La Ateneu se cântă... | At the Athenaeum they play... |
| ...*Simfonia a III-a de* Beethoven. | ...Beethoven's *Third Symphony*. |
| ..*Rapsodia Română* de Enescu. | ...the *Romanian Rhapsody* by Enescu. |
| ...un concert de muzică de cameră. | ...a chamber music concert. |
| ...lieduri de Schubert. | ...lieders by Schubert. |
| Ce mai cuprinde programul? | What else does the program(me) include? |
| (El) mai cuprinde... | It also includes... |
| ...uvertura la opera "*Nevestele vesele din Windsor*" de Otto Nicolai. | ...the overture to *The Merry Wifes of Windsor* by Otto Nicolai. |
| ...fragmente din opera "*Didona și Enea" de* Henry Purcell. | ...excerpts from the opera *Dido and Eneas by* Henry Purcell. |
| ...este compozitorul meu preferat. | ...is my favourite composer. |
| Cine este dirijorul? | Who is the conductor? |

| | |
|---|---|
| Cine este solistul concertului? | Who is the soloist of the concert? |
| La ce oră începe...? | What time does the... begin? |
| Cam cât durează? | How long is it likely to last? |
| Să luăm bilete pentru reprezentația/concertul de la ora 6,30? | Shall we take tickets for the six-thirty performance/ concert? |
| Cine face rost de bilete? | Who's going to get the tickets? |
| Voi telefona la casa de bilete să mi se rezerve două bilete. | I'll phone the box-office and have two tickets reserved. |
| Este (aproape) imposibil să obții bilete... | It's (almost) impossible to get tickets... |
| ...în seara spectacolului. | ...on the night of the performance. |
| ...la Teatrul Național. | ...to the National Theatre. |
| ...la această oră târzie. | ...at this late hour. |
| Poate că va trebui să stau la coadă. | I may have to queue up. |
| Te voi... | I'll... |
| ...lua (de acasă) la ora 6. | ...pick you up at six o'clock. |
| ...aștepta la ora 7 fix în fața (ușii) teatrului. | ...be waiting for you before the theatre door at seven o'clock sharp. |
| ...întâlni la intrarea în cinematograf. | ...meet you at the entrance of the cinema. |
| Te rog, nu întârzia. | Don't be late, please. |
| Voi încerca să vin la timp. | I'll try to come in time. |
| Nu uita să aduci binoclul. | Be sure to bring the opera glasses. |

| **La casa de bilete:** | **At the Box-Office:** |
|---|---|
| (Mai) aveți bilete pentru primul spectacol//matineu? | Have you got any tickets (left) for the first show//for this afternoon's performance? |
| Regret, domnule/doamnă, s-au vândut toate anticipat. | Sorry, Sir/Madam, all sold out in advance. |
| Nu mai aveți locuri la galerie sau în loji? | Haven't you got seats in the gallery or in boxes? |
| Mi-au rămas bilele numai pentru matineu, la stal. | I have left only matinee tickets in the stalls. |

| | |
|---|---|
| Luni nu se joacă (este relache). | We run no performance on Monday. |
| Cât costă intrarea? | How much is the admission? |
| Depinde de locurile pe care le luați. | It depends on the seats you take. |
| Prețurile variază de la... la... | The prices range from... to... |
| Este vreo diferență de preț la biletele de intrare pentru matineu? | Is there any difference in the price of admission at a matinee performance? |
| Locurile acestea sunt prea aproape//departe de ecran/scenă/podium. | These seats are to close//to far from the screen/the stage/the podium. |
| Mă tem că nu noi vedea și auzi nimic din acest loc (din fund). | I'm afraid I'll neither see nor hear anything in this (back) seat. |
| Indiferent unde stați, vedeți și auziți la fel de bine. | No matter where you sit, you see and hear equally well. |
| (V-)au fost lăsate două bilete pe numele meu? | Have two tickets been left in my name? |
| Am solicitat bilete pentru spectacolul de la ora 8,15.. | I ordered tickets for the eight fifteen show |
| Unde pot rezerva bilete ? | Where can I book tickets in advance? |
| Când începe rezervarea biletelor? | When does advance-booking start? |
| (Către un trecător): N-aveți un bilet în plus? | (To a passer-by): Have you got an extra ticket? |

---

| | |
|---|---|
| Am întârziat. | We are late. |
| Reprezentația a început. | The performance has begun. |
| Ușile sunt închise și nu se deschid până în pauză. | The doors are shut and won't open before the interval. |
| Am pierdut primele două numere din program. | We have missed the first two numbers on the programme. |
| Să lăsam pălăriile la garderobă. | Let's leave our hats with the cloakroom. |
| (Către plasator/e): Pe unde mergem spre balcon I/ balcon II ? | (To the usher/ette: ) Which way to the dress circle/the upper circle? |
| Vreți să ne spuneți unde sunt locurile noastre? | Will you show us to our seats? |
| Rândul 8, locurile 15 și 17. | Row 8, seats 15 and 17. |
| Doriți program? | Programme, please? |
| Fă-te comod ! | Make yourself comfortable! |

| | |
|---|---|
| Se sting luminile. | The lights are going dim. |
| Se ridică cortina. Mai întâi este... | The curtain is going up. First there is... |
| De cine este regizată piesa? | Who is the play produced/directed by? |
| Cine este regizorul acestui film? | Who is the director of this film? |
| Cine este dirijorul corului? | Who is the choir (chorus) conductor? |
| Să mă uit în program cine joacă. | Let me look up the characters in the programme. |
| Piesa este realizată după un roman de... | The play is based on a novel by... |
| Ecranizarea este de... | The screen-play is by... |
| Acțiunea are loc în... | The action takes place in... |
| N.N. joacă rolul lui... | NN. plays the part of... |
| Aria... este cântată de... | The aria of... is sung by... |
| El/Ea este... | He/She is... |
| ...un interpret/cântăreț de prim ordin. | ...a first rate performer/singer. |
| ...unul din cei mai mari muzicieni în viață. | ...one of the greatest living musicians. |
| Orchestra este admirabil dirijată. | The orchestra is admirably conducted. |
| Acest(ă) artist(ă) este la prima apariție pe scenă. | This artist makes his//her first appearance on the stage. |
| Un actor//actriță foarte înzestrat(ă)/talentat(ă). | A very gifted/talented actor//actress. |
| N-are trac defel. | No stage fright at all. |
| N-am auzit//văzut niciodată... | I have never heard//seen... |
| ...pe cineva să joace//cânte cu mai multă delicatețe și sensibilitate. | ..anyone playing//singing with more delicacy and feeling. |
| ...acest rol mai bine interpretat. | ...this part better performed. |
| ...ceva mai minunat. | ...anything more wonderful. |
| Excelent regizat și jucat. | Excellently directed and acted. |
| Acest colectiv teatral este renumit în toată lumea. | This theatrical company is famous the world over. |
| Am fost fermecat de interpretarea lui//ei. | I was carried away by his//her acting. |
| Mi-a plăcut fiecare parte a concertului. | I enjoyed every bit of the concert. |
| După părerea mea, jocul// | In my opinion, the acting// |

| | |
|---|---|
| interpretarea//dirijatul a fost foarte slab(ă). | performing//conducting was very poor. |
| Această operetă ține afișul de mult timp. | This musical comedy has had a long run. |
| Aceasta este a 100-a reprezentație a piesei. | This is the 100th performance of the play. |
| Cel mai mult mi-a plăcut scena... | I liked the... scene best. |
| Am urmărit jocul lui//ei cu interes crescând. | I watched his//her acting with greater and greater interest. |
| Se lasă cortina. | The curtain is falling. |
| S-au aprins luminile. | The lights are on. |
| Spectatorii (în picioare) izbucnesc în aplauze. | The audience (standing) breaks into applause. |
| Abia se aud aplauze. | There is hardly any applause. |
| Avem o pauză de aproximativ un sfert de oră. | We are having an interval of about a quarter of an hour. |
| Să... | Let's... |
| ...ne îndreptăm spre foaier și să fumăm o țigară. | ...make for the foyer and smoke a cigarette. |
| ...mergem la bufet și să bem ceva. | ...go to the refreshment room and have a drink. |
| ...privim în jurul nostru. | ...take a look around. |
| Auzi! Gongul! | Listen! There goes the gong! |

---

| | |
|---|---|
| Te-ai distrat bine la...? | Did you have a good time at the...? |
| M-am distrat foarte bine. | Yes, I had a very good time. |
| Mi-a plăcut spectacolul. | I enjoyed the performance. |
| A fost într-adevăr amuzant. | It was fun, I am sure. |
| Acum, să dansăm! | Now, let's dance ! |
| Dansăm? | Shall we dance? |
| Îmi place mult să dansez. | I love dancing. |
| Îmi acordați (plăcerea) acestui dans? | May I have the pleasure of this dance? |
| N-am mai dansat de ani de zile. | I haven't danced for years. |
| Dansați foarte bine, vă asigur. | You dance very well, I assure you. |
| Îmi place să dansez tango//vals. | I like tangoing//waltzing. |
| Sunt obosit(ă). Să mergem. | I am tired. Let's go. |
| Îmi permiteți... | May I |
| ...să vă conduc la autobuz? | ...see you to the bus? |
| ...să vă conduc acasă? | ...see/escort you home? |
| Mulțumesc ! | Thank you ! |

| Cuvinte suplimentare: | Additional words: |
|---|---|
| abonament pentru stagiune | season ticket |
| acompaniament | accompaniment |
| act | act |
| actor//actriță în reprezentație | guest star |
| alto | alto |
| amator | amateur |
| aranjament | arrangement |
| auditoriu | audience, listeners |
| autor | author |
| bal | ball |
| balerin - balerină | ballet dancer |
| balet; teatru de operă și - | ballet; ballet and opera theatre |
| bas | bass |
| bilet gratuit | free/complimentary ticket |
| canto | singing |
| cinemascop | cinemascope |
| cânt(ec) | song |
| coadă, rând la ghișeu etc. | queue |
| concert | concert; (piesă pentru soliști și orchestră) concerto |
| sală de concert | concert hall |
| corist(ă) | chorus girl |
| costum (de epocă etc.) | (period) costume |
| culise | wings/side scenes |
| dansator - dansatoare | dancer |
| decor | scenery, decor |
| dialog | dialogue |
| dramă, tragedie | drama, tragedy |
| duet | duet |
| ecran lat | wide-screen |
| estradă (spectacol de -) | variety show |
| filme: | pictures/films: |
| numai pentru adulți | A (for adults only) |
| de groază | H (horror films) |
| pentru tineret și adulți | U (universal film, for everyone) |
| de actualități | newsreel |
| în culori | (techni)colour film |
| de desene animale | (animated) cartoons |
| documentar - de călătorii | document film; travelogue |
| mut//sonor | silent film//sound film |
| panoramic | panorama-film |
| artistic, de lung metraj | feature film |
| de scurt metraj | short (film) |
| operator de film etc. | cameraman |

| | |
|---|---|
| ieşire în caz de pericol | emergency exit |
| intrare | entrance |
| insucces/cădere | failure |
| joc (de scenă) natural | life-like acting |
| libret | libretto |
| machiaj | make-up |
| melodie | tune |
| monolog | monologue |
| muzică de dans/populară | dance/folk music |
| operetă | musical comedy, operetta |
| pantomimă | pantomime |
| premieră | first night/premiere |
| profesionist | professional |
| program pentru copii | children s programme |
| proiecţii luminoase | lantern-slides |
| public | audience(s) |
| rampă (lumini) | footlights/limelights |
| recreaţie, distracţie | pastime |
| reflector | spotlight |
| regie | (artistică) direction; (tehnică) stage management |
| reluare | revival |
| repertoriu | repertoire |
| repetiţie (teatru etc.) | rehearsal |
| teatru de revistă | revue |
| sală plină | full house |
| scenariu | scenario. script; screen play |
| scenă turnantă | revolving stage |
| soprană | soprano |
| spectator | spectator (pl. şi audience) |
| stagiune | theatrical season |
| stea (teatru, cinema) | star |
| studio (teatru, cinema) | studio |
| subiectul, intriga | plot |
| succes | success; (mare) hit |
| tenor | tenor |
| tragedie | tragedy |
| turneu | tour |
| voce bărbătească//femeiască | male//female voice |
| a acompania | to accompany |
| a aplauda | to applaud |
| a bisa | to encore |
| a cânta după ureche | to play by the ear |
| a fredona o melodie | to hum a tune |
| a-şi asigura un loc | to secure a seat |

## MAGAZINE ȘI CUMPĂRĂTURI MAGAZINUL UNIVERSAL - ATELIERE - UNITĂȚI DE DESERVIRE (SERVICE)

## SHOPS AND SHOPPING THE DEPARTMENT STORE - WORKSHOPS - SERVICE ESTABLISHMENTS

**Generalități:** / **General:**

| | |
|---|---|
| Trebuie să mă duc la... | I must go to... |
| ...băcănie. | ...the grocer's. |
| ...brutărie. | ...the baker's. |
| ...farmacie. | ...the chemist's. |
| ...piață. | ...market. |
| În drum spre casă trec pe la... | On my way home I'll call at... |
| ...ceasornicar. | ...the watchmaker's. |
| ...cizmar. | ...the shoemaker's. |
| ...croitor. | ...the tailor's. |
| ...lenjereasă. | ...the seamstress'. |

---

**Vânzătorul/vânzătoarea:** / **Shop assistant:**

| | |
|---|---|
| Ce doriți? | What can I do for you? |
| Vă servește cineva? | Is anyone attending to you? |
| Sunteți servit? | Are you being served? |
| Vă servesc imediat. | I'll attend to you in a moment. |
| Acesta este un magazin (universal) cu autoservire. | This is a self-service (department) store. |

| | |
|---|---|
| Mărfurile sunt expuse pentru vânzare. | The goods are put up for sale. |
| Dv. alegeți mărfurile de care aveți nevoie și plătiți la casă la ieșire. | You choose the goods you want and pay at the cash-register on your way out. |
| Aici totul se vinde gata cântărit și preambalat. | Everything here is sold ready weighed and ready-packed. |
| Vinurile, uleiurile vegetale și laptele se vând în sticle înfundate. | Wines, vegetable oils and milk are sold ready-bottled. |
| Este un cântar//un metru special pentru a controla diferitele cumpărături. | There are special scales//a metre to check the various purchases. |
| Puteți face comenzi prin telefon sau (venind) personal. | You can place your orders by phone or (calling) in person. |
| Taxa pentru livrările la domiciliu este destul de moderată. | The charge for home delivery is quite reasonable. |
| Voi avea grijă ca mărfurile să fie livrate cu primul transport. | I'll see that the goods are brought by our first delivery. |
| Veți găsi mărfurile comandate ambalate și în așteptarea dv. | You'll find the ordered goods wrapped up and waiting for you. |
| Nota dv. de plată se ridică la... | Your bill comes/amounts to... |
| **Clientul:** | **Customer:** |
| La ce oră se deschide//închide magazinul? | At what time does the shop open//close? |
| Doresc să cumpăr... | I want to buy... |
| Pot găsi aici...? | Can I get here...? |
| Unde pot găsi...? | Where can I find...? |
| Unde este... | Where is... |
| ...raionul de galanterie? | ...the hosiery department? |
| ...raionul de pescărie? | ...the fish counter? |
| ...raionul/expoziția de aparate de radio și televiziune? | ...the radio and TV show room? |
| ...ascensorul? | ...the lift? |
| La ce etaj este raionul de jucării? | On which floor is the toy department? |
| Doresc să merg la raionul de articole de sport, pe unde, vă rog? | I want to go to the sports department, which way, please? |

| | |
|---|---|
| Arătaţi-mi, vă rog... | Show me. please... |
| Acest... este numai pentru decor; nu este de vânzare. | This... is only for show; it's not for sale. |
| Ce preţ are acest(ă)...? | What is the price of this...? |
| Cât costă kilogramul//metrul etc.? | How much the kilogram//the metre etc.? |
| Nu este cam scump? | Isn't it rather dear? |
| S-au majorat iar preţurile? | Have prices gone up again? |
| Nu face/Nu merită... | It is not worth... |
| Arătaţi-mi altceva. | Show me something different. |
| Vreţi... | Will you... |
| ...să-mi daţi...? | ...give me...? |
| ...să-mi cântăriţi...? | ...weigh for me...? |
| ...să ambalaţi aceste mărfuri/lucruri? | ...wrap up these things? |
| ...să faceţi bonul? | ...make out the bill? |
| Unde este... | Where is... |
| ...casa? | ...the cash-register? |
| ...ambalajul? | ...the packing-counter? |
| Puteţi trimite aceste... la adresa mea? | Can you send these... to my address? |
| Trebuie să plătesc în numerar? | Need I pay in cash? |
| Aş dori să plătesc cu un cec. | I should like to pay by cheque. |
| Puteţi să-mi schimbaţi bancnota aceasta? | Have you change for/Can you change this banknote? |
| N-am mărunţiş la mine. | I have no(small) change about me. |
| Unde este biroul de reclamaţii? | Where is the complaints department? |
| Apropo... | By the way... |
| ...vorbeşte cineva engleza aici? | ...is there anyone who speaks English here? |
| ...pot schimba acest(ă)...? | ...can I (ex)change this...? |
| ...vindeţi şi în rate? | ...do you sell also by instal(l)ments/hire and purchase? |

| | |
|---|---|
| *Cuvinte suplimentare:* | *Additional words:* |
| acont | earnest money/deposit |
| aprovizionat (bine -) | well-stocked |
| bucată | piece |
| bunuri de larg consum | consumer goods/commodities |
| calitate; de cea mai bună - | quality; best quality |
| cantitate | quantity |

| | |
|---|---|
| casier - casieriță | cashier |
| cărucior/coș pentru transportat cumpărăturile | trolley/basket |
| lipsă la cântar | short-weight |
| coadă/rând | queue |
| conservat | tinned; canned |
| etichetă cu prețul | price tag |
| fabricat în România | made in Romania |
| gram | gram(me) |
| greutate brută - neto | gross weight; net weight |
| ieftin; chilipir | cheap; a bargain |
| inferior//superior | inferior//superior |
| kilogram | kilogram(me) |
| listă de cumpărături | shopping list |
| magazin în care se intră cu mașina | drive-in department store |
| pachet | packet, parcel |
| plata în rate | hire-purchase |
| măsură/mărime | size |
| neambalat | unwrapped |
| negustor | shopkeeper |
| prețuri fixe | fixed/firm prices |
| produs românesc | Romanian product |
| pungă (de hârtie/plastic) | bag (paper/plastic bag) |
| raion (șef de - ) | shopwalker |
| sacoșă | net bag, shopping bag |
| scump, costisitor | dear/expensive |
| solduri | sales |
| sortiment | assortment |
| supermagazin | supermarket |
| vărsat (pentru lichide) | loose... |
| vitrină | (shop)window |
| vânzare (de -) | (on) sale |
| vânzătoare | shop assistant, salesgirl, saleswoman |
| vânzător | shop assistant, salesman |
| a da un acont | to leave a deposit |
| a fi în căutarea... | to be on the look out for... |
| a fi expus | to be on display |
| a merge sus//jos pe scări | to walk upstairs//downstairs |
| a sta la coadă/rând | to queue up |
| a (se) tocmi | to bargain |
| a se urca cu ascensorul | to go up by lift |
| a vinde la bucată/la cântar | to sell by the piece/by the weight |

## I- Magazinul alimentar

## I- The Food Store

| | |
|---|---|
| **Raionul de băcănie și delicatese** | **Groceries and Delicatessen Counter** |
| Da, vă rog? | Yes, please? |
| Aveți... | Have you got... |
| ...conserve de roșii//ananas? | ...tinned tomatoes//pine-apples? |
| ...untură pentru gătit? | ...cooking fat? |
| ... cafea boabe proaspăt prăjită? | freshly roasted coffee beans? |
| ...margarină//unt? | ...margarine//butter? |
| Ouăle acestea sunt proaspete? | Are these eggs fresh? |
| Ce gemuri ați primit? | What sorts of jams have you got in? |
| Cât costă... | How much... |
| ...această bucată de...? | ...this piece of...? |
| ...un funt/pfund* /o livră de slănină? | ...a pound of bacon? |
| Dați-mi, vă rog... | Give me, please... |
| ... un pfund de zahăr cubic. | ...a pound of lump sugar. |
| ... un pachețel de ceai chinezesc. | ...a small packet of China tea. |
| ... 1/2 pfund de făină de cea mai bună calitate. | ...half a pound of the best flour. |
| ... o pintă** de ulei de măsline. | ...a pint of olive oil. |
| Altceva doamnă? | Anything else, Madam? |
| Nu, mulțumesc, asta-i tot. | No, thanks, that's all/that'll do. |
| Cât am de plătit? | What have I to pay? |

* pound = 453,39 g; se precurterază lb
** pint = cca 0,570 l.

| *Cuvinte suplimentare:* | *Additional words:* |
| --- | --- |
| alimente | foodstuffs |
| băcan - băcănie | grocer - grocer's |
| biscuit | biscuit |
| un borcan de... | a jar of... |
| brânză | cheese |
| bulion | tomato sauce |
| cacao | cocoa |
| cafea măcinată | ground coffee |
| compot | stewed/preserved fruit |
| conserve | tinned/canned food |
| o cutie de...; - tablă (cositorită) | a box of...; a tin of... |
| drojdie de bere | beer yeast |
| fidea | vermicelli |
| fulgi de ovăz/porumb | oat/corn flakes |
| gem de caise/căpşuni | apricot/strawberry jam |
| gem de prune/zmeură | plum/raspberry jam |
| ghiveci | vegetable hotchpotch |
| griş | semolina |
| lapte conservat; - praf/pudră | tinned milk; powder milk |
| lămâie | lemon |
| lumânare | candle |
| macaroane | macaroni |
| marmeladă | marmalade |
| măsline | olives |
| mezeluri | salami and sausages |
| miere | honey |
| mirodenii, condimente | spices |
| muştar | mustard |
| orez | rice |
| oţet | vinegar |
| un pachet de... | a pack of... |
| pastă de tomate | tomato puree |
| paste făinoase | (flour/Italian) paste |
| piper | pepper |
| praf de copt | baking powder |
| proaspăt//vechi | fresh//stale |
| sare | salt |
| scorţişoară | cinnamon |
| spaghete | spaghetti |
| spirt | spirits, alcohol |
| o sticlă de... | a bottle of... |
| tăiţei | noodles |
| ulei/untdelemn vărsat | loose vegetable oil |
| vanilie | vanilla |
| zahăr tos | castor sugar |

| Raionul de băuturi | The Wine Counter |
|---|---|
| Aveţi... | Have you got any... |
| ...vin alb//roşu? | ...white//red wine? |
| ...vin de desert? | ...sweet wine? |
| ...vin de masă? | ...table wine? |
| ...vin sec? | ...dry wine? |
| ...vin spumos? | ...sparkling wine? |
| Daţi-mi o sticlă de... | Give me a bottle of... |
| ...coniac | ...cognac/brandy |
| ...lichior | ...liqueur |
| ...ţuică | ...plum brandy |
| ...vermut | ...vermouth |
| Ce vin mă sfătuiţi să cumpăr? | What wine do you advise me to buy? |
| Nu-mi place vinul acesta. | I don't like this wine. |
| Este prea slab//tare. | It is too mild//strong. |
| Aveţi vinuri româneşti? | Have you Romanian wines? |
| Cât costă o sticlă de...? | How much is a bottle of...? |
| Aveţi/ţineţi apă minerală? | Do you keep mineral water? |
| *Cuvinte suplimentare:* | *Additional words:* |
| băuturi; - alcoolice; - nealcoolice | drinks; alcoholic drinks; soft drinks |
| cidru | cider |
| cocteil | cocktail |
| gin | gin |
| limonadă | lemonade |
| punci | punch |
| rachiu | brandy |
| rom | rum |
| sifon | soda(-water) |
| băuturi tari | spirits; strong drinks |
| suc de fructe; - de lămâie; - de portocale | fruit juice; lemon squash; orange squash |
| şampanie | champagne |
| vin roşu (de Bordeaux) | claret |
| vin de Porto | port |
| vin de Rin | hock |
| vin de Xeres | sherry |
| vinuri superioare | fine vintage wines |
| vişinată | cherry brandy |
| votcă | vodka |
| whisky | whisky |
| a se apuca de băutură | to take to drinking |

| La brutărie - Raionul de produse de panificaţie | At the Baker's - The Bakery Counter |
|---|---|
| Aş dori o pâine albă. | I'd like a loaf of white bread. |
| Două pâini negre, vă rog. | Two loaves of brown bread, please. |
| Avei pâine integrală? | Have you got whole-meal bread? |
| Pâinea aceasta este cam veche. | This bread is rather stale. |
| N-aveţi pâine proaspătă? | Haven't you got newly-baked bread? |
| Îmi pare rău, s-a vândut toată. | I'm afraid it's sold out. |
| Momentan mai avem numai... | For the moment we have only... |
| Pâinea se vinde cu ... lei kg. | Bread is sold at ... lei a kilogram. |

| *Cuvinte suplimentare:* | *Additional words:* |
|---|---|
| beţişoare (grisine) | sticks |
| chiflă | roll |
| coajă (pâine) | crust |
| corn | crescent, croissant |
| covrig | cracknel, ring |
| crochete | breadsticks |
| fărâmitură (de pâine) | crumb |
| franzeluţă | bun |
| pesmet | rusk |
| pâine (de) graham | graham bread |
| pâine de secară | rye bread |
| o felie de pâine | a slice of bread |
| pâinişoară cu lapte; - stafide | fancy bread; currant bun |
| prăjitură de patiserie | pastry |
| turtă dulce | gingerbread |

| Raionul de carne şi păsări | Meats and Fowl Counter |
| --- | --- |
| Treci pe la măcelărie şi vezi cum se vinde carnea de viţel. | Call at the butcher's and see how veal sells. |
| Doresc... | I want... |
| ... o bucată de carne de vită, cam de un kg. | ...a joint of beef about two pounds. |
| ...un muşchi de porc pentru friptură. | ...a ready-to-fry pork sirloin. |
| Aveţi... | Have you got any... |
| ...carne tocată? | ...minced meat? |
| ...semipreparate de carne? | ...semi-prepared meat? |
| ...conserve de carne? | ...tinned meat? |
| Vrei să-mi cântăriţi 1 1/2 kg de carne de berbec? | Will you weigh for me one kilogram and a half of mutton? |
| Nu-mi place carnea congelată. | I don't like frozen meat. |
| Bucata aceea e prea grasă. Aş dori ceva slab. | That piece is too fat. I'd like something lean. |
| Asta e bună/îmi place. | That one will do. |
| Nu văd păsări expuse. | I don't see any poultry on display. |
| Azi sortimentul nu e prea bogat. | The choice is not too wide today. |
| Vreţi să-mi arătaţi nişte pui? | Will you show me some chickens? |
| Cântăriţi o jumătate de gâscă. Cât costă//cântăreşte? | Put on the scales half a goose. How much does it cost//weigh? |

| *Cuvinte suplimentare:* | *Additional words:* |
| --- | --- |
| carne de berbec/batal | mutton |
| carne de viţel | veal |
| costiţă de berbec; - porc | mutton chop; pork chop |
| fleică | rib of beef |
| găină//cocoş | hen//cock |
| inimă | heart |
| măcelar - măcelărie | butcher - butcher's (shop) |
| pulpă de miel//berbec | leg/joint of lamb//mutton |
| raţă | duck |
| rinichi | kidney(s) |
| ruladă (came de vacă) | rolled beef |
| seu | tallow |
| untură de porc | lard |

| **Raionul de dulciuri (cofetărie)** | **The Confectionery Counter** |
| --- | --- |
| Aveţi... | Have you got... |
| ciocolată cu lapte//simplă// cu alune//cu stafide// amăruie? | ...milk//plain//hazel-nuts// raisins//bitter chocolate? |
| ...îngheţată? | ...ice-cream? |
| ...o cutie cu bomboane fine de ciocolată? | ...a box of tine chocolates? |
| Cât costă acest//această... | How much this... |
| ...baton de ciocolată? | ...bar of chocolate? |
| ...pachet de gumă de mestecat? | ...packet of chewing-gum? |
| Îmi puteţi servi... | Can I have... |
| ...o ceaşcă mare de cacao? | ...a large cup of cocoa? |
| ...două prăjituri cu cremă? | ...two cream pastries? |
| ...1/4 kg de biscuiţi de ... lei? | ...a quarter of a kilogram of biscuits at ... lei? |
| Ce (fel de) pateuri avei azi? | What sorts of pies have you got today? |
| Un pahar cu apă, vă rog, şi nota de plată. | A glass of water, if you please, and the bill. |

| *Cuvinte suplimentare:* | *Additional words:* |
|---|---|
| bomboane | sweets |
| caramele; - cu cremă | caramels; toffee |
| dropsuri | drops, candies |
| o ceașcă de cafea cu lapte | a cup of white coffee/coffee and milk |
| o ceașcă de ceai | a cup of tea |
| chec | (plum) cake |
| citronadă | lemonade |
| cofetar - cofetărie | confectioner - confectioner's |
| cozonac | pound cake |
| cremșnit | pastry with cream in-between |
| dulceață | jam |
| dulciuri | sweets, sweetmeats |
| éclair | éclair |
| foi de plăcintă | puff paste, flour paste |
| frișcă | whipped cream, sweet cream |
| fursecuri | mixed fancy biscuits |
| glazele | candied fruit |
| gogoși | doughnuts |
| înghețată de căpșuni//fistic//vanilie//ciocolată//asortată | strawbetry//pistachio//vanilla //chocolate//combined ice-cream |
| jeleu | jelly |
| nuga | nougat |
| parfeu | parfait |
| patiserie - patiser | pastry shop - pastry-cook |
| oranjadă | orangeade |
| pateu cu brânză//carne/mere | cheese//(minced)meat//apple pie |
| pișcot | sweet biscuit |
| prăjitură; - de patiserie | cake; pastry |
| pricomigdală | macaroon |
| rahat | Turkish delight |
| savarină | savarin, baba steeped in rum syrup |
| suc de fructe | fruit juice |
| șarlotă | charlotte |
| tartă cu cremă//cu fructe | cream//fruit tart |
| tort (de ciocolată) | (chocolate) cake |
| turtă dulce | gingerbread |

| **Raionul de (produse) lactate** | **The Dairy Counter** |
|---|---|
| Am venit să plătesc (nota de plată) pentru lapte. | I called round to pay the bill for the milk. |
| Aveți... | Have you got... |
| ...unt//margarină proaspătă? | ...fresh butter//margarine? |
| ...lapte bătut? | ...butter milk? |
| ...ouă de o zi? | ...new-laid eggs? |
| Tocmai am primit... | We have just received... |
| ...brânză grasă. | ...cream-cheese. |
| ...unt de gătit. | ...cooking butter. |
| Dați-mi... | Give me... |
| ...o sticlă cu lapte pasteurizat//condensat. | ...a bottle of sterilized// condensed milk. |
| Cântăriți-mi, vă rog, un sfert de brânză de vaci. | Weigh for me 1/2 lb./pound of cottage cheese, please. |

| *Cuvinte suplimentare:* | *Additional words:* |
|---|---|
| brânză Camembert | Camembert cheese |
| brânză de oaie | ewe's milk cheese |
| brânză Olanda | Dutch cheese |
| brânză telemea | white/Greek cheese |
| caşcaval | pressed cheese, Romanian gruyère |
| iaurt | yog(h)urt |
| lactate (magazin cu -) | dairy shop |
| lapte acru | sour milk |
| lapte îmbuteliat | bottled milk |
| lapte praf | powder milk |
| parmezan | Parmesan cheese |
| rocfort | Roquefort (cheese) |
| smântână | sour cream |
| şvaițer | Swiss cheese |

| Raionul de legume şi fructe | The Vegetables and Fruit Counter |
| --- | --- |
| Pentru masa de azi am nevoie de... | For today's dinner I need... |
| ...nişte (pătlăgele) roşii. | ...some tomatoes. |
| ...cam 2 kg de cartofi. | ...about two kilograms of potatoes. |
| Treci pe la zarzavagiu// fructar şi vezi... | Call at the greengrocer's// fruiterer's and see... |
| ...dacă au grepuri//mandarine. | ...if there are any grapefruit/tangerines on display. |
| Magazinul de alături este bine aprovizionat cu legume//fructe proaspete. | The shop next door keeps a wide assortment of fresh vegetables//fruit. |
| Aveţi... | Have you got any... |
| ...trufandale(legume//fructe)? | ...early vegetables//fruit? |
| ...castraveţi//salată verde//ciuperci de seră? | ...cucumbers//green salad// mushrooms? |
| ...legume//fructe congelate? | ...frozen vegetables//fruit? |
| Aş dori să cumpăr... | I'd like to buy... |
| ...doar două sau trei banane. | ...just two or three bananas. |
| ...un kg de portocale. | ...one kilogram of oranges. |
| Ce spuneţi de aceste...? | What about these...? |
| Nu, nu acelea. Sunt prea mici//prea mari. | No, not those. They are too small//too big. |
| Nu, nu par (a fi) proaspete. | No, they don't look fresh. |
| Aceste.... arată/par veştede. | These... look withered. |
| ...se vând la cântar sau la bucată? | Are the... sold by the pound or by the piece? |

| *Cuvinte suplimentare:* | *Additional words:* |
|---|---|
| alună | hazel-nut |
| ananas | pineapple |
| arahide | peanuts |
| ardei gras//iute | green//hot pepper |
| caise | apricots |
| castraveți murați//de seră | pickled cucumbers//hothouse |
| căpşuni | strawberries |
| ceapă | onion |
| cireşe | cherries |
| conopidă | cauliflower |
| curmale | dates |
| dovleac | pumpkin |
| dovlecel | vegetable marrow |
| fasole boabe | haricot beans |
| fragi | wild strawberries |
| fructe conservate//deshidratate | tinned//dry fruit |
| gutuie | quince |
| indigene (fructe -) | home-grown fruit |
| lămâie | lemon |
| leuștean | lovage |
| mazăre | peas |
| mărar | dill |
| măr | apple |
| morcov | carrot |
| murături | pickles |
| mure | blackberries |
| nuci | (wal)nuts |
| pătrunjel | parsley |
| pepene galben//verde | melon//water melon |
| pară | pear |
| piață | market(-place) |
| piersică | peach |
| porumb | maize |
| praz | leek |
| ridiche: - de lună/timpurie | radish; early radish |
| smochină | fig |
| spanac | spinach |
| sparanghel | asparagus |
| stafidă | currant/raisin |
| struguri; ciorchine de - | grapes; a bunch of grapes |
| țelină | celery |
| usturoi | garlic |
| varză; - murată | cabbage; sauerkraut |
| vișină | sour cherry |
| (pătlăgică) vânătă | egg plant |
| zmeură | raspberries |

| Raionul de mezeluri | The Ham-and-Sausage Counter |
|---|---|
| Vă rog, aş vrea să văd bucata aceea de slănină. | Show me that piece of bacon, please. |
| Vreţi să-mi tăiaţi//cântăriţi | Will you cut//weigh for me... |
| ...vreo zece felii de costiţă? | ...some ten rashers of bacon? |
| Împănată cu grăsime/grasă? | Streaky? |
| Nu, cât mai slabă posibil. | No, as lean as possible. |
| ...1/4 kg de salam? | ...1/4 kilogram of salami? |
| Tăiaţi-l subţire, vă rog. | Cut it thin, please. |
| Cât costă cutia de carne pentru aperitiv? | How much is the tin of luncheon meat? |
| Atât de scump? Sunt importate? | Is it as dear as that? Are they imported? |
| Daţi-mi atunci o cutie de... | Then give me a tin of... |
| ...pateu de came de porc. | ...pork pie. |
| ...pateu de ficat. | ...liver paste. |
| Cât face cu totul? | How much is it all? |

| *Cuvinte suplimentare:* | *Additional words:* |
|---|---|
| afumat | smoked |
| afumături | smoked meats |
| caltaboş | black pudding |
| carne de vită (conserve) | corned beef |
| cârnat | sausage |
| conserve de carne | tinned meat |
| crenvurşti | frankfurters |
| felie; tăiat felii | slice; sliced |
| ghiuden | dry mutton sausage |
| lebăr | liver sausage |
| muşchi file | smoked fillet |
| pastramă | smoke-dried salt meat, pastrami |
| ruladă de carne | rolled meat |
| şuncă; - fiartă | ham; cooked ham |
| untură de gâscă/de porc | goose dripping/lard |

| **Raionul de pescărie** | **The Fish Counter** |
|---|---|
| Ce specialiăţi de peşte aveţi? | What fish delicatessen have you got? |
| Avei peşte proaspăt? | Do you sell//carry fresh fish? |
| Ce conserve de peşte aveţi? | What tinned fish have you got? |
| Avem un sortiment bogat de... | We keep a wide assortment of... |
| ...peşte afumat//peşte congelat. | ...smoked fish//frozen fish. |
| ...delicatese de peşte. | ...fish delicacies. |
| ...icre. | ...roe. |
| Daţi-mi... | Give me... |
| ...un borcănaş de icre negre. | ...a small jar of caviar. |
| ...1/2 kg heringi de ... lei kilogramul. | ...1/2 kilogram of herrings at ... lei. |
| ...două duzini de stridii. | ...two dozen oysters. |
| ...zece raci. | ... ten crayfish. |

| *Cuvinte suplimentare:* | *Additional words:* |
|---|---|
| crap | carp |
| file de peşte (hamsi) | (rolled) fillet of anchovies |
| heringi (salată de -) | herrings salad |
| melci | snails |
| morun | great sturgeon |
| nisetru | sturgeon |
| pastă de anşoa | anchovy paste |
| păstrăv(i) | trout |
| pescărie (magazin) | fishmonger's |
| peşte sărat//uscat | salt//dried fish |
| sardele (în ulei) | sardines (in oil) |
| scrumbie; - afumată | mackerel/herring; red herring |
| somn | sheat fish |
| somon | salmon |
| şalău | pike perch, zander |
| ştiucă | pike |
| zacuscă | pickled fish |

## II- Într-un magazin universal / II- In a Department Store

| | |
|---|---|
| Articole de menaj | Household goods. |
| Articole de bărbaţi, femei şi copii | Men's, women's and children's articles |
| Bunuri de consum. | Consumer commodities/ goods. |
| Am de cumpărat mai multe lucruri. | I have several things to buy. |
| Atunci să mergem la un magazin universal. | Let's go to a department store then. |
| Să intrăm la magazinul universal "Victoria". | Let's drop in at the "Victoria" department store. |
| Te scuteşte de multe drumuri. | It saves you many calls. |
| Există aici... | Is there here... |
| ...un raion de mănuşi? | ...a glove counter? |
| ...un raion de umbrele? | ...an umbrella counter? |
| Raionul de tricotaje este la parter//etajul I etc. | The knitted goods counter/ department* is on the ground floor//on the first floor etc. |

### Raionul de artizanat / The Handicraft Department

| | |
|---|---|
| Caut... | I am looking for... |
| Pot găsi aici... | Can I get here...? |
| amintire | keepsake |
| artă decorativă | arts and crafts |
| artă populară | folk-art |
| batic | batik print, printed (head) kerchief |
| bluză | blouse |
| brăţară | bracelet |
| breloc | trinket |
| broderie | embroidery |
| cadou | present |
| ceramic | ceramics |
| costum naţional/popular/ţărănesc | national/folk/Peasant costume |
| covor | carpet, rug |
| dantelă | lace |
| desen | design |
| figurină; - din porţelan | figurine, statuette; fairing |
| fustă lucrată de mână | hand-woven skirt |
| gravură (în acvaforte) | engraving |
| îmbrăcăminte (veştmânt, strai) | garment |

---
* counter = raion de proporţii reduse, tejghea.
department = raion, secţie - putând ocupa chiar un etaj.

| | |
|---|---|
| lemn (sculptură în -) | wood-carving |
| lucrat de mână | hand-made, hand-carved |
| miniatură | miniature |
| olărie (smălțuită) | (glazed) pottery |
| (de) piele | leather |
| păpușă | doll |
| pictat de mână | hand-painted |
| pictură (în ulei) | (oil) painting |
| ramă de lemn | wooden frame |
| împletitură de răchită | wicker(-work) |
| rustic, țărănesc | rustic |
| serviciu | set |
| suvenir | souvenir |
| țesut de casă | homespun |
| vase de lut | earthenware |
| váză | vase |
| veritabil | genuine |

**La bijutier - Raionul de cadouri** / **At the Jeweller's - The Gifts Counter**

| | |
|---|---|
| Aș dori să cumpăr un cadou de ziua cuiva... | I should like to buy something for a birthday present. |
| Ce îi dorește inima? | What does her heart desire? |
| Ce îi pot dărui unei prietene de ziua căsătoriei ei? | What can I present a friend with on her wedding day. |
| Un cadou care să nu depășească ... lei. | A gift not over ... lei. |
| Avem lucruri drăguțe pentru toate gusturile și pungile. | We have nice things to suit all tastes and purses. |
| Îi puteți dărui un inel cu diamant. | You can present her with a diamond ring. |
| Acesta este un inel foarte drăguț cu un rubin montat în platină. | This one is a very pretty ring with a ruby set m platinum. |
| Iată aici un păianjen de argint care servește drept broșă. | Here is a silver spider to wear as a brooch. |
| Oh, nu, nu-mi pot permite atât de mult. | Oh, no, I can't afford that much. |
| Arătați-mi ceasul acela de aur. | Let me see that gold wrist watch. |
| Pot să privesc mai îndeaproape... | May I have a closer look at... |
| Este briliantul acesta veritabil? | Is this brilliant genuine? |
| Cât costă acești cercei? | What do these ear-rings cost? |
| M-am hotărât la acest(ă)... | I decided on this... |
| Apropo, montați pietre prețioase? | By the way, do you mount precious stones? |

| *Cuvinte suplimentare:* | *Additional words:* |
|---|---|
| ametist | amethyst |
| bibelouri | nick-nacks |
| breloc | trinket |
| brăţară | bracelet |
| buton de manşetă//guler | cuff link//collar stud |
| carat (aur de 18 -) | 18 carat gold |
| colier (de perle) | (pearl) necklace |
| cupă | goblet |
| double | double |
| imitaţie | imitation/costume jewellery |
| lanţ | chain |
| medalion | locket, medallion |
| podoabă | adornment |
| safir | sapphire |
| smarald | emerald |
| solitar | solitaire |
| (casetă dc) tacâmuri | (case of) cutlery/knives, forks and spoons |
| verighetă | wedding ring |

| **La raionul de confecţii pentru domni** | **At The Gentlemen's Ready-Made Clothes Department** |
|---|---|
| Prefer îmbrăcămintea (gata) confecţionată celei de comandă. | I prefer ready-to-wear clothes to those made to order. |
| Doresc un costum (de haine). | I want a suit of clothes. |
| Aveţi ceva de gata care să mi se potrivească? | Have you got anything ready made that will fit me? |
| Aş dori să probez acest costum la un rând//la două rânduri. | I should like to try on this single//double breasted suit. |
| Costumul acesta este cu sau fără vestă? | Is this a 3-piece or a 2-piece suit? |
| Vreau să probez... | I want to try on... |
| ...o haină gri şi un pantalon în dungi. | ...a grey coat and a pair of striped trousers. |
| ...un costum de stradă. | ...a business suit. |
| ...o pereche de pantaloni care să se asorteze la haină. | ...a pair of trousers that will go with my coat. |
| ...o vestă care să se asorteze la acest costum. | ...a waistcoat that will go with this suit. |

| | |
|---|---|
| Costumul acesta vi se potriveşte (bine) şi arătaţi foarte elegant. | This suit fits you all right and you look well dressed in it. |
| Acest(ă)... se poartă bine şi îşi păstrează forma. | This... wears well and keeps its shape. |
| Îmi place culoarea, dar stofa este prea subţire//groasă. | I like the colour, but the cloth is too thin//thick. |
| Mânecile sunt prea lungi// scurte. | The sleeves are too long// short. |
| Pantalonii sunt prea strâmţi// largi. | The trousers are too tight// loose. |
| Haina face cute între umeri. | The coat sits in wrinkles between the shoulders. |
| Umărul acesta "cade". | This shoulder is sloping. |
| Putem face uşor aceste modificări, gratuit. | We can easily make these alterations free of charge. |

| | |
|---|---|
| **La raionul de confecţii pentru doamne** | **At the Ladies Ready-Made Clothes Department** |
| Îmi arătaţi o rochie simplă de bumbac//lână//mătase? | Can you show me a plain cotton//wool//silk dress? |
| Aveţi o bluză care să se asorteze la fusta aceasta? | Have you got a blouse to match this skirt? |
| Pot găsi aici o rochie de seară elegantă? | Can I find here a fashionable evening dress? |
| Aş vrea să probez jacheta pe care o expuneţi în vitrină. | I would like to try on the jacket you show in the window. |

| | |
|---|---|
| Arătaţi-mi, vă rog, un capot. | Show me a dressing-gown, please. |
| N-aveţi acelaşi model într-o nuanţă mai deschisă// închisă? | Haven't you got the same pattern but a lighter// darker shade? |
| Asta-i tot ce-mi puteţi arăta? | Is this all you have to show? |
| Nu-mi place croiala lui/ei. | I don't like the cut of it. |
| Rochia este elegantă, dar pantofii nu se asortează. | The dress is quite smart, but the shoes do not match. |
| Eu port de obicei rochii maro închis//albastru deschis. | I usually wear dark brown// light blue dresses. |
| La modă sunt fustele scurte. | The fashion is to wear short skirts. |
| În acest sezon nu se mai poartă/sunt demodate fustele lungi. | Long skirts are out of fashion this season. |
| Aceasta este ultima modă de la Paris. | This is the latest fashion in Paris. |
| Aş dori/Mi-ar plăcea să port... | I should like to wear... |
| ...ceva mai elegant. | ...something more stylish. |
| ...ceva mai puţin excentric//decoltat//scurt. | ...something less exaggerated//low-necked//short. |
| ...un taior bine croit. | ...a well-cut tailor-made suit/costume. |
| Nu este cam scump(ă) acest(ă)...? | Isn't this... rather dear? |
| Hainele ieftine nu se poartă bine. | Cheap clothes do not wear well. |
| Merită banii. | It is worth the money it costs. |
| Vă sfătuiesc sincer să achiziţionaţi acest(ă)... atâta timp cât se mai găseşte. | I honestly advise you to get hold of this... as long as it is still on sale. |

**La raionul de confecţii pentru copii** / **At the Children's Ready Made Clothes Department**

| | |
|---|---|
| Doresc o rochie de vară pentru o fetiţă de şase ani. | I want a summer frock for a little girl of six. |
| ...o pereche de pantaloni scurţi/bufanţi pentru un băiat de 10 ani. | ...a pair of knickers for a boy of ten. |
| ...ceva rezistent. | ...something lasting. |
| Avem o colecţie frumoasă de... | We have a fine collection of... |

| | |
|---|---|
| Copilul arată drăguț și elegant în acest(ă)... | The child looks sweet and smart in this... |
| Să-i(o) împachetez? | Shall I wrap it up? |
| Nu, mulțumesc, rămâne îmbrăcat(ă) cu el/ea. | No, thank you, he/she will wear it now. |

| *Cuvinte suplimentare:* | *Additional words:* |
|---|---|
| blană; haină de - | fur; fur coat |
| cabină de probă | fitting-room |
| căptușeală - căptușit | lining - lined |
| confecții (magazin de -) | outfitter's/ready-made clothes shop |
| frac | tails/full evening dress |
| gust (cu -) | in good taste |
| impermeabil | (de cauciuc) mac(intosh); (de plastic) plastic raincoat |
| îmblănit | for-lined |
| îmbrăcat luxos//bine//prost//sărăcăcios | richly dressed//well-dressed//badly dressed//poorly dressed |
| jerseu | jumper |
| loden | shag overcoat |
| manșetă (la haină) | cuff; (la pantaloni) turn up |
| manșon | muff |
| mantou | cloak |
| mânecă; fără - | sleeve; sleeveless |
| palton | winter coat, great coat |
| model | fashion parade/show |
| pardesiu | overcoat |
| raglan | raglan |
| rochie pentru după amiază//seară | tea-gown, cocktail dress//evening gown |
| sacou | sack coat, sports jacket |
| smoching | dinner jacket |
| ținută/îmbrăcăminte de ceremonie//obișnuită | formal//informal dress |
| a îmbrăca//a dezbrăca | to put on/to take off |

| | |
|---|---|
| **La raionul de galanterie - Marochinărie -** | **At the Hosiery Department (Morocco) Leather Goods** |
| Aveţi şosete supraelastice? | Have you got any stretches? |
| Ce măsură? | What size? |
| Numărul 10. | Size ten. |
| Un număr mai mic//mare. | One size smaller//larger. |
| Lipseşte. | It is out of stock. |
| O pereche de... | A pair of... |
| ...ciorapi (de nailon) care să se asorteze la rochie. | ...(nylon) stockings to match this dress. |
| ...ciorapi fără dungă/ cusătură, cu întărituri la călcâi şi la vârf. | ...seamless stockings with reinforced heel and toe. |
| Vreau să mă asigur că n-are fire duse. | I'll make sure there is no ladder. |
| Aş dori să văd nişte cămăşi. | I'd like to see some shirts. |
| Pot să mu uit la acest combinezon? | May I look at this chemise/ slip? |
| Ce număr purtaţi la guler? | What size collar do you wear? |
| (Nu) este măsura mea. | It is (not) my size. |
| Se spală bine? | Does it wash well? |
| Nu intră la spălat? | Does it not shrink? |
| (Gulerul etc.) îşi păstrează forma? | Does the (collar etc.) keep its shape? |
| Aceste cămăşi nu se calcă; se spală uşor şi nu trebuie călcate. | These are drip-dry shirts; easy to wash and need no ironing. |
| Arătaţi-mi o pijama, vă rog. | Let me see a pyjama suit, please. |
| Nu-mi place acest albastru. | I don't like this blue shade. |
| N-aveţi cumva... | Haven't you got anything... |
| ...în alb etc.? | ...in white etc.? |
| ...mai deschis//mai închis? | ...lighter//darker? |
| Caut o cravată, dar doresc una cu un desen elegant. | I am looking for a tie but I want one with an elegant design. |

| | |
|---|---|
| Cravata asta nu se asortează cu cămaşa mea. | This tie won't go with my shirt. |
| Aceste cravate se poartă bine şi sunt practic neşifonabile. | These ties wear well and are practically uncreasable. |
| Aveţi panglică roşie de doi centimetri lăţime? | Have you got a red ribbon an inch wide? |
| Doresc/Am nevoie de... | I want... |
| ...o pereche de mănuşi din piele de căprioară// îmblănite. | ...a pair of kid-gloves//a pair of for-lined gloves. |
| ...o poşetă de piele//(material) plastic. | ...a leather//plastic handbag. |
| ...un cordon de piele | ...a leather girdle. |
| ...o curea//o curea de ceas. | ...a belt, a strap//a watch strap. |
| Cât costă...? | How much is//are the... |

| *Cuvinte suplimentare:* | *Additional words:* |
|---|---|
| basma | head-kerchief |
| batistă | handkerchief, hanky |
| bluză | blouse |
| bretele | braces (de) bumbac cotton |
| buton (de guler) | stud; (de manşetă) cuff link(s) |
| cămaşă de noapte | night gown; nighty |
| chiloţi | drawers, slips, panties. (de baie) bathing trunks/slips |
| ciorapi trei sferturi | knee-length stockings |
| corset | corset |
| costum de baie | bathing costume, swimsuit |
| eşarfă | scarf |
| flanelă | flannel |
| fular | muffler |
| furou | slip, chemise |
| geamantan | suitcase |
| guler detaşabil//scrobit | detachable//stiff collar |
| indispensabili lungi//scurţi | drawers, underwear//pants, small clothes |
| jachetă de lână | jersey |
| jartiere | garters, suspenders |
| jupon | petticoat |
| lână; de - | wool; woollen |
| maiou | (under)vest |
| (de) mătase | silk |
| papion | butterfly bow; bow tie |

| | |
|---|---|
| (de) piele | leather |
| portjartier | suspender belt |
| portmoneu | purse |
| portofel | wallet/note case |
| prosop | towel |
| pulover; - cu deschidere în V | pull-over V-neck pull-over |
| rufărie de corp (bărbați//femei) | (men's//women's)underwear |
| servietă | briefcase, portfolio |
| sutien | brassiere/bust-bodice |
| sveter, tricou | sweater |
| tricotaje | knitted goods/knitwear |
| tricou | T-shirt |
| umbrelă de ploaie//de soare | umbrella//parasol |
| valiză | valise/suitcase |
| a intra la spălat | to shrink in the water |
| a proba | to try on |
| a remaia | to mend ladders in a stocking |

| **La raionul de încălțăminte** | **At the Footwear Department** |
|---|---|
| Doresc... | I want... |
| ...o pereche de pantofi de stradă. | ...a pair of walking shoes. |
| ...o pereche de ghete rezistente maro, pentru excursii, nr. 42-43. | ...a strong pair of hiking boots, brown ones, size nine. |
| Vreau ceva de purtat și în zilele ploioase. | I'll have something to wear on my feet on wet days. |
| Avei pantofi de lac//pentru dans? | Have you got any patent leather shoes//pumps? |
| Avei ceva din piele de șarpe? | Have you got anything in snakeskin? |
| Prefer pantofi cu tocurile înalte//joase. | I prefer high//tow-heeledshoes. |
| Vrei să probați perechea aceasta? | Will you try this pair on? |
| Vă vin (bine)? | Do they fit well? |
| O măsură (un pic) mai mare, vă rog. | Next size please. |
| Nu-mi intră piciorul. | I can't get my foot in. |
| Aceștia... | These ones ... |
| ...sunt din perechi diferite. | ...are not a pair. |
| ...sunt prea mici//mari//strâmți//largi. | ...are too small// big//tight// wide. |

| | |
|---|---|
| Vârfurile sunt prea ascuțite. | The toes are too pointed. |
| Mă jenează la degete. | They pinch my toes. |
| Tocurile sunt prea înalte//joase. | The heels are too high//low. |
| Îmi puteți arăta acest pantof un număr mai mic//mai mare și într-altă culoare? | Can you show me this shoe one size smaller//bigger and in a different colour? |
| Nu-mi place acest model. | I don't like this style. |
| Cu tocuri înalte arătați mai elegantă. Glezna (a)pare mai zveltă. | These high-heeled shoes make you look smarter. They make the ankles look slender. |
| Ce spuneți de perechea asta? Vă place? Vă jenează undeva? | How about this pair? Like it? Pinch anywhere? |
| Le puteți întinde puțin? Mă supără aici... | Can you stretch them a bit? They pinch me here... |
| Se face într-o clipă. | It can be done in no time. |
| Pantofii aceștia sunt lucrați manual? | Are these shoes hand-made? |
| Iau perechea aceasta. | I'll take this pair. |
| Rămân (încălțat) cu ei. | I'll keep them on. |

| *Cuvinte suplimentare:* | *Additional words:* |
|---|---|
| bocanci (cu cuie//de alpinist) | (hobnailed//mountaineering) boots |
| (piele de) box | boxcalf |
| cizme | knee-high boots |
| crep | crepe rubber |
| galoși | galoshes |
| ghete (îmblănite//de schi) | (for-lined//ski) boots |
| încălțăminte (magazin de -) | shoe (shop) |
| pantofi cu talpă de cauciuc | rubber-soled shoes |
| papuci | slippers |
| sandale (decupate) | (open-toe) sandals |
| șevro | kid |
| șoșoni (cu fermoar) | (zipped)overshoes/snow-boots |
| șoșoni de damă | high overshoes |
| tenișii | rubbers |
| cremă de ghete | shoe polish |
| limbă de pantofi | shoe horn |
| lustragiu | shoeblack |
| perie da ghete | shoe brush |
| șireturi (maro//negre) | (brown//black) laces |
| a lega șireturile la pantofi etc. | to lace up one's shoes etc. |

**Raionul de instrumente muzicale. Magazin de articole muzicale.** | **Musical Instruments Department. The Music Shop**

| | |
|---|---|
| Pot găsi aici un/o... de calitate? | Can I find here a reliable...? |
| ...acordeon | ...accordion |
| ...muzicuță/armonică de gură | ...mouth organ |
| ...chitară | ...guitar |
| ...cimpoi | ...big-pipe |
| ...clarinet | ...clarinet |
| ...contrabas | ...contrabass, double bass |
| ...corn | ...horn |
| ...fagot | ...bassoon |
| ...flaut | ...flute |
| ...fluier | ...pipe, whistle |
| ...gong | ...gong, tamtam |
| ...harpă | ...harp |
| ...mandolină | ...mandolin |
| ...nai | ...pan-pipe(s) |
| ...oboi | ...oboe |
| ...orgă electronică | ...electric organ |
| ...pian; - cu coadă | ...piano: grand piano |
| ...saxofon | ...saxophone |
| ...talgere | ...cymbals |
| ...tobă | ...drum |
| ...trianglu | ...triangle |
| ...trombon | ...trombone |
| ...trompetă | ...trumpet |
| ...tubă | ...tuba |
| ...țambal | ...dulcimer, cembalo |

| | |
|---|---|
| ...țiteră | ...zither |
| ...vioară | ...violin, fiddle |
| ...violă | ...viola |
| ...violoncel | ...(violon) cello |
| ...xilofon | ...xylophone |
| Sunt mare amator de... | I am a great lover of... |
| ...muzică de cameră. | ...chamber music. |
| ...muzică clasică. | ...classical music. |
| ...muzică contemporană. | ...contemporary music. |
| ...muzică corală. | ...choral music. |
| ...muzică de dans. | ...dance music. |
| ...muzică instrumentală. | ...instrumental music. |
| ...muzică de operă. | ...operatic music. |
| ...muzică populară. | ...folk music. |
| ...muzică simfonică. | ...symphonic music. |
| ...șlagăre. | ...hit/pop songs. |
| ...muzică ușoară. | ...light music. |
| ...muzică vocală. | ...vocal music. |
| Ați primit discuri noi? | Have you got any new recordings? |
| Mă pasionează muzica de jaz. | I am particularly interested in jazz music. |
| Caut... | I am looking for... |
| ...ace de picup. | ...record player needles. |
| ...un arcuș. | ...a fiddle bow. |
| ...o antenă (pentru interior// pentru televizor). | ...(an indoor//a TV) aerial. |
| ...o carte//culegere de cântece. | ...a songbook. |
| ...un difuzor. | ...a loudspeaker. |
| ...un disc microsion (stereo). | ...a micro-groove (stereo) record.î |
| ...o lampă (de radio//TV) | ...a valve. |
| ...un magnetofon cu 4 piste. | ...a four-track tape-recorder. |
| ...o bandă de magnetofon. | ...a recording tape. |
| ...un microfon. | ...a microphone. |
| ...note muzicale. | ...music sheets. |
| ...partitură... | ...score... |
| ...un picup/gramofon. | ...a record-player. |
| ...un radio portabil tranzistori). | ...(cu ...a portable (transistor) radio. |
| ...un televizor. | ...a TV set. |

**La raionul de jucării. Magazinul de jucării.**

**At the Toy Counter. The Toy Shop**

| | |
|---|---|
| Vindeți/Țineți... | Do you sell... |
| ...jucării mecanice? | ...mechanical toys? |
| ...mingi de fotbal? | ...footballs? |
| ...patine cu rotile? | ...roller skates? |
| Caut un/o... | I am looking for a/an... |
| ...aeromodel. | ...model aeroplane. |
| ...automobil electric; teleghidat. | ...electric car; remote control car. |
| ...balansoar. | ...see-saw. |
| ...balon. | ...(toy) balloon. |
| ...bile. | ...marbles. |
| ...carte cu poze. | ...picture book. |
| ...carusel. | ...roundabout. |
| ...căluț (balansoar). | ...rocking horse. |
| ...cărucior pentru păpușă. | ...doll's pram. |
| ...cerc (de joc). | ...hoop. |
| ...coardă de sărit. | ...skipping rope. |
| ...găleată. | ...bucket, pail. |
| ...iepure. | ...rabbit, bunny. |
| ...leagăn. | ...swing. |
| ...lopățică. | ...spade. |
| ...mașină cu aburi. | ...steam engine. |
| ...minge. | ...ball. |
| ...mobilier (miniatură). | ...miniature furniture. |
| ...nisip (forme de-; sită de -). | ...sand moulds; sand strainer. |
| ...patine. | ...skates |
| ...păpușă; casă de păpuși. | ...doll; doll's house. |
| ...roabă. | ...wheelbarrow. |
| ...sabie. | ...(toy) sword. |
| ...teatru de păpuși. | ...puppet theatre. |

| | |
|---|---|
| ...tobă; animale care bat toba. | ...drum; drumming animals. |
| ...tren mecanic. | ...clockwork train. |
| ...trompetă. | ...trumpet. |
| ...trotinetă. | ...scooter. |
| ...ursuleț. | ...teddy bear. |
| ...vapor. | ...ship. |
| ...zmeu. | ...kite. |
| a înălța un zmeu | to fly a kite |

| | |
|---|---|
| **La raionul de librărie - Difuzarea presei** | **At the Books Department - The News-agent** |
| Pot găsi aici nuvelele lui Somerset Maughan? | Can I find here Somerset Maughan's short stories. |
| Aveți operele complete ale lui Shakespeare? | Have you got Shakespeare's complete works? |
| Sunt curios să știu dacă aveți piesele lui Shaw (traduse) în românește. | I wonder if you got Shaw's plays in a Romanian translation. |
| Îmi trebuie... | I need... |
| ...un ghid care descrie curiozitățile Londrei. | ...a guidebook that describes the sights of London. |
| ...un dicționar român-englez de buzunar/ușor de folosit. | ...a(n easy-to-use) pocket size Romanian-English dictionary. |
| Îmi puteți recomanda... | Can you recommend to me... |
| ...o carte bună pentru copii? | ...some good book for children? |
| ...o lectură ușoară pentru tineret? | ...some light reading for juveniles? |
| Aveți din întâmplare o carte intitulată..? | Have you got by any chance a book called...? |
| Aceasta este ultima ediție? | Is this the latest edition? |
| Am împrumutat harta aceasta de la bibliotecă, dar aș dori să am un exemplar al meu. | I (have) borrowed this map from the library, but I want to have a copy of my own. |
| Pot găsi aici una la fel? | Can I get one like this here? |
| Acest(ă)... n-mi servește (pentru ce vreau eu). | This... will not answer my purpose. |
| Este foarte interesantă/ pasionantă; o veți citi pe nerăsuflate. | It is very interesting/exciting; you'll read it in one sitting. |
| Despre ce e vorba în carte? | What does the book deal with? |

| | |
|---|---|
| Tratează despre... | It deals with... |
| Ce spun criticii despre această lucrare? | What are the critics saying about this work? |
| Îmi puteţi procura un dicţionar care să cuprindă în exclusivitate termeni muzicali? | Can you supply me with a dictionary exclusively concerned with musical terms? |
| Este... | It is... |
| ...epuizat(ă). | ...out of print. |
| ...sub tipar. | ...in the print/in press. |
| Nu mai este în depozit. | It is out of stock. |
| Să vi-l/o comandăm? | Shall I order it for you? |
| Când se poate găsi? | When will it be available? |
| Unde (credeţi că) este cel mai probabil de găsit? | Where is the likeliest place to get it? |
| Acest... este prea scump. | This... is too expensive. |
| Nu-l aveţi într-o ediţie mai ieftină? | Haven't you got it in a cheaper edition? |
| Aveţi şi o secţie de anticariat? | Have you got also a second-hand books department? |
| Vindeţi ziare/reviste etc. străine? | Do you sell foreign newspapers/magazines and the like? |
| Nu, dar puteţi găsi aceste publicaţii la chioşcul de ziare, chiar după colţ. | No, but you can find these publications just round the corner at the news stall. |

| **La chioşcul de ziare** | **At the News Stall** |
|---|---|
| Ce... aţi primit recent? | What... have you received lately? |
| Ce... | What... |
| ...ziare//săptămânale aveţi? | ...dailies//weeklies do you have? |
| ...ziare (şi reviste) străine ţineţi? | ...foreign newspapers (and magazines) do you keep? |
| Mai aveţi numărul din săptămâna aceasta al "Magazinului"? | Have you still got this week's issue of the "Magazine"? |
| Nu mai aveţi un exemplar din (ziarul) "Opinion" de ieri? | Have you perhaps been left a copy of yesterday's "Opinion"? |
| Îmi pare rău, dar le-am vândut. | Sorry, I'm sold out of them. |
| Aş dori să mă abonez la un ziar de duminică//să reînnoiesc abonamentul. | I'd like to take out a subscription for a Sunday paper// to renew my subscription. |
| Intenţionez să mă abonez la"Timpul". | I am going to subscribe to "The Time". |

| | |
|---|---|
| Cât costă abonamentul trimestrial//anual la...? | How much are the quarterly// yearly subscription rates for the...? |
| Pot face abonament lunar? | Can I take out a monthly subscription? |
| Pot insera un anunț în ziarul local? | Can I insert an advertisement in the local paper? |

---

| | |
|---|---|
| Care sunt ultimele știri? | What is the latest news? |
| Ce e toată larma asta? | What's all the fuss about? |
| N-ai citit editorialele din ziarele de după-amiază? | Haven't you read the editorials in today's evening papers? |
| Aici n-am mai primit nici un ziar de trei zile. | We have not had any papers here for three days. |
| M-am uitat doar la titluri. | I only had a glance at the headlines. |
| La ce ziare sunteți abonat? | What newspapers do you take in? |
| Nu sunteți abonat la...? | Don't you take in...? |
| Acest cotidian se vinde într-un milion de exemplare. | This daily sells a million copies. |
| Această revistă apare bilunar. | This review comes out fortnightly. |
| Se vorbește mult despre... | There is much talk about... |
| Este un articol interesant despre... | There is an interesting article on... |
| Este discursul ținut de... | There is the speech delivered by the... |
| Se spune că... | They say that... |
| Se scrie în ziar că... | It is said in the paper that... |
| Veștile sunt bune. | The news is good. |

| *Cuvinte suplimentare:* | *Additional words:* |
|---|---|
| atlas | atlas |
| autor | author |
| basm | fairy tale |
| beletristică | fiction/belles letters |
| bibliografie | bibliography |
| broșată (ediție -) | paper back (edition) |
| broșură | booklet |
| capitol | chapter |
| carte cu poze. - de bucate; - de succes; - de ficțiune; - de istorie, geografie etc. | picture book; cookery book; best seller; fiction book; a book on history, on geography etc. |

| | |
|---|---|
| - cartonată; - legată în piele//pânză | hard-cover book; a book bound in leather//in cloth. |
| capodoperă | masterwork |
| catalog | catalogue |
| copertă | cover |
| comedie | comedy |
| cuprins | (table of) contents |
| dicționar cu index | thumb-index dictionary |
| documentar (material -) | reference book |
| dramă | drama |
| editor - editură | publisher publishing house |
| enciclopedie | encyclopaedia |
| fabulă | fable |
| hartă turistică | road map |
| ilustrație (de pe copertă) | (cover) picture |
| legător de cărți | bookbinder |
| legendă | legend |
| lexicon | lexicon |
| librar - librărie | bookseller - bookseller's |
| listă de cărți | list of books |
| literatură | literature |
| manual | textbook, manual |
| nuvelă | short story, novelette |
| operă (literară etc.) | work; (spectacol) opera |
| pagină - foaie | age - leaf |
| pamflet | lampoon |
| poem - poet - poezie | poem - poet - poesy/poem |
| poveste - povestire | tale - story |
| prefață | preface |
| revistă ilustrată | picture magazine |
| roman polițist/detectiv//istoric// moravuri// senzațional | detective story//historical novel// novel of manners// thriller |
| schiță | sketch |
| scriitor | writer |
| stand | stall, stand |
| subiect(al unei cărți) | subject (matter) |
| științifico-fantastic (lit.) | science fiction |
| tipograf - tipografie | printer - printing house |
| tragedie | tragedy |
| umoristică (poveste -) | humorous story, funny bits |
| vers | verse |
| vânzător de ziare | news-boy |
| volum; într-un singur - | volume; in one volume |
| a apărea (d. o carte etc.) | to come out |
| a publica/scoate o nouă ediție | to bring out a new edition |
| a traduce din... în.... | to translate from... into... |

| | |
|---|---|
| **La raionul de stofe şi textile** | **At the Drapery and Textiles Department** |
| Aş dori să cumpăr... | I should like to buy... |
| ...o stofă pentru o rochie. | ...some cloth for a dress. |
| ...nişte gabardină pentru un costum. | ...some gabardine for a suit. |
| Aţi ales stofa? | Have you chosen your cloth? |
| Încă nu. N-am văzut nici un material care să-mi placă. | Not yet. I haven't seen any material to take my fancy. |
| Doriţi ceva uni sau cu desen? | Would you like something plain or patterned? |
| Arătaţi-mi, vă rog... | Show me please... |
| ...un tweed simplu, nu prea gros, fără desen. | ...a plain tweed, medium thick, without any pattern at all. |
| ...materiale în dungi//cu picăţele//în carouri, din fibre sintetice. | ...some striped// spotted// checked synthetic fibre materials. |
| Ce părere aveţi despre acest...? | What do you think of this...? |
| Este tot ce aveţi mai bun? | Is this the best you have? |
| Vreau.../Îmi trebuie... | I need... |
| ...o calitate mai bună. | ...a better quality. |
| ...ceva modern. | ...something fashionable. |
| ...un/o... mai ieftin(ă). | ...a cheaper... |
| N-aş avea nimic împotrivă să plătesc ceva mai mult, dacă ar fi... | I wouldn't mind paying little more, if only it were... |
| Stofa aceasta este... | Is this cloth... |
| ...ţesută în/(de) casă? | ...homespun? |
| ...de o lăţime sau dublu lată? | ...single or double width? |
| Se poartă bine? | Does it wear well? |
| Intră la apă? | Does it shrink? |
| Este... | It is... |
| ...de calitate excelentă şi are un desen elegant. | ...of an excellent quality and smart design. |
| ...practic neşifonabilă. | ...practically uncreasable. |
| ...garantată că nici nu se întinde, nici nu se strânge. | ...guaranteed neither to run nor shrink. |
| Nu se decolorează. | The colours are (guaranteed) fast. |
| O pot vedea la lumina zilei? | May I see it by daylight? |
| Cât costă metrul. | How much is a meter. |
| Vreţi să-mi tăiaţi trei metri? | Will you cut off for me three meters? |

| *Cuvinte suplimentare:* | *Additional words:* |
|---|---|
| aspru/brut (d. materiale ) | coarse |
| buret | burette |
| calitate superioară//inferioară | superior//inferior quality |
| catifea | velvet |
| cașmir | cashmere |
| cearceaf | sheet |
| creton | cretonne |
| damasc | damask |
| față de masă//de pernă//de plapumă | table cloth//pillow case// blanket cover |
| impermeabil (material -) | waterproof (material) |
| imprimeuri | prints |
| lână pură (material din -) | all-wool (cloth) |
| mătase naturală/pură//artificială | pure silk//artificial silk; rayon |
| metraje | yard goods |
| moale (d. materiale) | soft |
| neșifonabil | crease-proof, uncreasable |
| neted, lins | smooth |
| nailon | nylon |
| olandă | Holland |
| perdele | curtains |
| pânză albită//nealbită | bleached//unbleached linen |
| pânzeturi | linen fabrics |
| poplin | poplin |
| postav | cloth |
| satin | satin |
| serj | serge |
| stambă | calico |
| magazin de stofe | draper's |
| șervet | napkin |
| șifon | chiffon |
| taftă | taffeta |
| terilen (cu lână) | terylene (and wool) |
| țesătură de bumbac | cotton tissue |
| voal | voile |
| zefir | zephyr |

| **Magazinul cu articole de menaj** | **Household Goods Store** |
|---|---|
| Faianță - Sticlărie - Fierărie | Crockery - Glassware - Hardware |
| Aparate electrice - Mobile | Electrical Appliances - Furniture |
| Acesta este un magazin universal cu șapte etaje unde se pot cumpăra mii | This is a seven-storey department store where one can buy several thousand |

| | |
|---|---|
| de articole de menaj. | items of household goods. |
| Primul etaj este în întregime ocupat cu raionul de sticlărie. | The first floor is entirely taken up by the crockery goods department. |
| La etajul doi se pot găsi... | On the second floor one can find... |

| *Cuvinte suplimentare:* | *Additional words:* |
|---|---|
| abajur | lamp shade |
| aragaz; - butelie pt. - | gas cooker; gas cylinder |
| ascuţitor de cuțite | knife sharpener |
| borcan | glass jar |
| briceag | penknife |
| cană; - mare | cup; jug |
| capac | cover/lid |
| castron pentru supă | soup tureen |
| ceainic | tea-kettle |
| cheie//deschizător pentru cutii de conserve | tin-opener |
| ciocan | hammer |
| cleşte; - pt. sobă - pt. Zahăr | pliers; fire tongs; sugar tongs |
| coş de hârtii; - pt. Pâine | waste-paper basket; bread basket |
| cratiță | pan |
| cristal | crystal |
| cui | nail |
| cupă, pocal | goblet |
| cuptor | oven |
| cuțit | knife |
| farfurie întinsă; - pt. supă; - pt. ceaşcă; - pt. desert | (dinner) plate; soup dish; saucer; desert plate |
| făraş pt. praf; - pt. sobă | dust shovel; fire shovel |
| fier de ondulat părul | curling iron/tongs |
| fitil | wick |
| frânghie; - pt. rufe | rope; clothes line |
| furculiță | fork |
| găleată; - pt. resturi de menaj | pail; rubbish pail |
| ibric pt. cafea | coffee pot |
| lacăt | padlock |
| lampă cu petrol | kerosene lamp |
| lighean | basin |
| lingură - linguriță | spoon - teaspoon |
| maşină de cusut; - masă (pliantă) | sewing machine; collapsible |
| maşină de gătit; - cu gaze | kitchen range; gas stove |
| maşină de spălat rufe | linen-washing machine |
| maşină de spălat vase | dish-washing machine |
| maşină de tocat carne | meat chopper, meat mincer |

| | |
|---|---|
| mătură | broom |
| oală | pot |
| pahar; - fără picior | glass; tumbler |
| perie de haine; - de ghete | clothes brush; shoe brush |
| pipernită | pepper-box |
| pâlnie | funnel |
| portelan(uri) | China(ware), porcelain |
| primus (lampă pt. gătit) | primus stove |
| răcitor de gheață | icebox |
| răzătoare | grater |
| râșniță de cafea | coffee mill |
| sacoșă | net bag, shopping bag |
| scrumieră | ash-tray |
| serviciu de ceai | tea set |
| serviciu de masă | dinner set |
| serviciu de oțet și untdelemn | cruet-stand |
| sfoară | string |
| sită - strecurătoare | sieve - strainer |
| sârmă | wire |
| sobă; - electrică | stove; electric stove |
| solniță | salt-cellar |
| sfeșnic | candlestick |
| ștergător de picioare | doormat cutlery |
| tacâmuri | cutlery |
| tavă | tray |
| terină (supieră/sosieră) | tureen |
| termos | thermos flask/bottle |
| tigaie | frying pan |
| tirbușon | corkscrew |
| umeraș | (coat)hanger |
| untieră | butter-dish |
| vază (flori) | vase |
| zaharniță | sugar-basin |

| | |
|---|---|
| aspirator de praf | vacuum cleaner |
| baterie | battery |
| bec | bulb, light bulb |
| casetofon | cassette recorder |
| contor electric; - de gaze | electric meter; gas meter |
| difuzor | loudspeaker |
| fier de călcat | flat (pressing) iron |
| frigider | refrigerator; fridge |
| lampă de birou; - de perete; de radio; - de plafon; - pe picior (ornament) | desk lamp; wall lamp; valve; ceiling light; floor lamp |
| lanternă | torch, lantern |

| | |
|---|---|
| magnetofon | tape recorder |
| patefon (electric) | record-player |
| priză | wall-plug |
| radiator electric | electric fire |
| radio | radio, wireless set |
| reşou; - pt. prăjit pâine | electric hot plate; electric toaster |
| schimbător automat de discuri | record automatic changer |
| sonerie (electrică) | (electric) bell |
| şnur, fir electric | cord |
| ştecher | plug |
| tranzistor | transistor |
| uscător de păr | hair dryer |
| veioză | bed lamp, night light |
| ventilator | electric fan |

---

| | |
|---|---|
| bibliotecă (dulap) | bookcase |
| birou | writing desk |
| bufet | sideboard, cupboard |
| canapea | couch, settee |
| comodă | chest of drawers |
| covor | carpet |
| cuier (cârlig); - mare | peg; hall-stand |
| etajeră | shelf |
| fotoliu | armchair |
| garderob | wardrobe |
| lavoar | washing stand |
| masă; - de toaletă | table; dressing table |
| noptieră | night stand |
| oglindă | mirror, looking glass |
| pat; - dublu | bed; double bed |
| perdea | curtain |
| preş | rug |
| scaun; - tapisat | chair; upholstered chair |
| scrin | chest of drawers |
| şezlong | lounge chair |
| tablou | picture, painting |
| taburet | stool |
| vitrină | glass case |
| o mobilă | a piece of furniture |

**La raionul de mercerie** — **At the Haberdushery/ (Amer.) Notions Counter**

| | |
|---|---|
| ac de cusut//cu gămălie//de siguranţă//de păr | needle//pin//safety-pin// hairpin |
| andrea | knitting needle |

| | |
|---|---|
| ață de cusut//de brodat//pt. cârpit | thread//embroidery thread//darning thread |
| bumbac | cotton |
| cataramă | buckle |
| cârlig și încheietoare/moș și babă | hook and eye |
| copcă | claps, press stud |
| croșetă | crochet |
| dantelă | lace |
| degetar | thimble |
| elastic | elastic |
| fermoar | zip(per), zip fastener |
| fir, tort | yarn |
| foarfece | scissors |
| ibrișin | thrown silk |
| lână; de - | wool; woollen |
| nasture | button |
| panglică | ribbon |
| papiotă | spool of sewing silk |
| scul | hank |
| șiret de pantofi | shoe-lace |
| a băga ața în ac | to thread the needle |

**La modistă** — **At the Milliner's**

| | |
|---|---|
| Vreți să-mi arătați... | Will you show me... |
| ...câteva pălării? | ...some hats? |
| ...ceea ce aveți mai bun în magazin? | ...the best you have in stock? |
| ...o pălărie elegantă care să se asorteze la taior? | ... a smart hat to go with this tailor-made costume? |
| Ce v-ar plăcea? | What would you like? |
| Aș dori ceva foarte simplu. | I'd like something very plain. |
| Acesta este un model pe care tocmai l-am primit de la ... | This is a model we have just received from... |
| Vreți să probați pălăria aceasta? Este ultima modă. | Will you try this hat on? It is the latest fashion. |
| Vă rog, priviți-vă în oglindă. | Look in the mirror, please. |
| Cu pălăria aceasta arătați... | With this hat on you look... |
| ...foarte elegantă. | ...very smart. |
| ...cu zece ani mai tânără. | ...ten years younger. |
| Nu credeți că... | Don't you think... |
| ...borul este prea mic//mare? | ...the brim is too small//broad? |
| ...calota este prea înaltă//joasă? | ...the crown is too high//low? |

...este prea extravagantă? — ...it is too showy?

| | |
|---|---|
| ...este prea extravagantă? | ...it is too showy? |
| Cum vă place asta? | How do you like this one? |
| Nu vă supărați, dar nu mă pot decide chiar acum. | Please forgive me, but I can't make up my mind just now. |

| | |
|---|---|
| *Cuvinte suplimentare:* | *Additional words:* |
| pălărie de fetru | felt hat |
| pălărie de pai | straw hat |
| pălărie de panama | Panama hat |
| garnituri | trimming(s) |
| pană | plume |
| panglică | hatband, ribbon |
| voal | veil |

## La pălărier — At the Hatter's

| | |
|---|---|
| Am văzut în vitrină o pălărie de fetru gri. Pot să o probez? | I have seen a gray(ish) felt hat in the (shop)window. May I try it on? |
| Desigur! Vă stă foarte bine. | Of course! It fits you very well. |
| Este puțin cam strâmtă. Mă jenează. | It is a little too tight. It hurts me. |
| Poftiți alta, de aceeași calitate și culoare, ceva mai mare. | Here is another one of the same quality and colour, a trifle larger. |
| Aceasta e bună. Are același preț? | This will do. It is same price? |
| Foarte bine. O cumpăr. | All right. I'll take it. |
| Vreți (doar) să-mi arătați o pălărie de Panama//pai? | Will you just show me a Panama//straw hat? |
| Îmi place. Ați putea să mi-o puneți deoparte până mâine? | I like it. Could you put it aside for me until tomorrow? |
| Nu am bani suficienți asupra mea să o achit, dar pot lăsa un acont. | I haven't got enough money about me to pay it but I can leave a deposit. |

| | |
|---|---|
| *Cuvinte suplimentare:* | *Additional words:* |
| basc(ă) | peakless cap |
| capul (cu - gol) | bare-headed |
| căciulă | fur cap |
| clac | opera hat |
| joben | top hat |
| melon | bowler |
| șapcă | cap |

| La papetărie | At the Stationer's |
|---|---|
| Doresc... | I want... |
| ...o jumătate top de hârtie pentru scrisori și 100 plicuri. | ...a half a quire letter paper and a hundred envelopes. |
| ...rezerve albastre//roșii etc. pentru pix/stilou cu pastă și o cutie mică cu mine moi//tari pentru un creion mecanic, vă rog. | ...some blue//red etc. refills for this ball-point pen and a small box of (graphite) leads for a retractable pencil, soft//hard ones, please. |
| ...o sticlă de tuș. | ...a bottle of China ink. |
| Vreți să-mi arătați... | Will you show me... |
| ...un set de (cărți poștale) vederi din oraș? | ...a set of postcard views of the city? |
| ...un creion cu patru culori? | ...a four-colour pencil? |
| ...o hartă a...? | ...a map of...? |
| Vindeți/Țineți... | Do you sell... |
| ...mașini de scris (portabile)? | ...(portable) typewriters? |
| ...rigle de calcul? | ...slide rules? |
| ...truse pentru desen (tehnic)? | ...cases of drawing instruments? |

| *Cuvinte suplimentare:* | *Additional words:* |
|---|---|
| acuarele (cutie de -) | (box of) water-colours |
| agendă | diary/agenda |
| ascuțitoare pt. creion | pencil sharpener |
| atlas (geografic) | atlas |
| bloc notes liniat//neliniat//cu pătrățele | lined//unlined//square-lined writing pad |
| burete | sponge |

| | |
|---|---|
| caiet de aritmetică//de desen// de muzică | exercise//summing//drawing// / music book |
| calendar de buzunar//cu foi detaşabile//de perete | pocket//tear-off//sheet calendar |
| carnet | note book |
| carte poştală (ilustrată) | (picture) post card |
| carte de vizită | visiting card |
| carton | cardboard |
| călimară | inkpot, inkstand |
| cerneală | ink |
| coală de hârtie | sheet of paper |
| compas | (pair of) compasses |
| creion automat/mecanic | propelling pencil |
| creion colorat | coloured pencil |
| cretă | chalk |
| etichetă | label |
| etui pt. toc şi creion | pen and pencil case |
| felicitare | greeting card |
| ghiozdan | satchel |
| glob | globe |
| gumă (radieră) | India rubber, eraser |
| gumă arabică | gum arabic |
| hartă | map |
| hârtie pt. ambalaj//indigo//pt. maşină de scris | packing//carbon//typing paper |
| linie | ruler |
| maculator | rough notebook |
| mapă cu hârtie și plicuri | writing case |
| panglică pt. maşină de scris | typewriter tape |
| (tub cu) pastă de lipit | (tube of) glue |
| penar | pencil case |
| peniță | nib, pen |
| pensulă | paint brush |
| pergament | parchment paper |
| pioneze | thumb tacks |
| rechizite | writing materials |
| servietă | portfolio, briefcase |
| stilou | fountain pen |
| sugativă | blotting paper |
| toc | penholder |
| top de hârtie | ream |
| a umple stiloul cu cerneală | to fill up the fountain pen |

| La raionul de parfumerie și cosmetică | At the Perfumery and Cosmetics Department |
|---|---|
| Îmi puteți recomanda o loțiune eficace pentru păr? | Can you recommend me a reliable hair-restorer? |
| Ați primit rujuri (de buze) franțuzești? | Have you received any French lipsticks? |
| Aș dori să cumpăr un aparat de ras electric. | I should like to buy an electric razor. |
| Dați-mi, vă rog... | Give me, please... |
| ...niște ace de păr. | ...some hairpins. |
| ...o agrafă pentru păr. | ...a hair-clip. |
| ...un aparat de ras. | ...a safety razor. |
| ...un săpun. | ...a cake/bar of soap. |
| ...o sticlă de apă de colonie. | ...a bottle of eau de Cologne. |
| ...o sticlă de apă de gură. | ...a bottle of mouth water. |
| ...o sticlă de parfum. | ...a small bottle of perfume. |
| ...niște bigudiuri. | ...some hair curlers. |
| ...un tub de briantină. | ...a tube of brilliantine. |
| ...un brici. | ...a razor. |
| ...un burete. | ...a sponge |
| ...un creion de sprâncene. | ...an eyebrow pencil. |
| ...o cremă de față. | ...some face cream/skin cream. |
| ...o cremă de ras. | ...some shaving cream. |
| ...un depilator. | ...a depilator. |
| ...un dizolvant (lac de unghii). | ...a nail varnish remover. |
| ...un fard. | ...a make-up. |
| ...un fileu de păr. | ...a hair-net. |
| ...un fixativ (de păr). | ...a hair spray. |
| ...niște foarfeci de unghii. | ...some nail scissors, a nailclipper. |
| ...niște glicerină. | ...some glycerine. |
| ...un lac de unghi. | ...some nail varnish. |
| ...două lame de ras. | ...two razor blades. |
| ...o oglindă; - de ras. | ...a looking lass, a mirror; a shaving mirror. |
| ...o pastă de dinți. | ...a tooth paste. |
| ...o pensetă. | ...(a pair of) tweezers. |
| ...o pensulă de ras. | ...a shaving brush. |
| ...o perie de dinți. | ...a tooth brush. |
| ...o perie de păr. | ...a hair brush. |
| ...o perie de unghii. | ...a nail brush. |
| ...o piatră acră//ponce. | ...an alum//a pumice stone. |
| ...o pilă de unghii. | ...a nail file. |
| ...o cutie de pudră. | ...a box of face powder, a powder box. |

| | |
|---|---|
| ...un pulverizator de parfum//de pudră. | ...a scent//powder spray. |
| ...un ruj de buze; culoarea... | ...a lipstick; the shade... |
| ...un săpun de ras//de toaletă. | ...a shaving//toilet soap. |
| ...un şampon. | ...a shampoo. |
| ...o trusă de bărbierit (ras). | ...a shaving set. |
| ...nişte ulei de păr. | ...some hair-oil. |
| ...un pachet de vată. | ...a pocket of cotton wool. |

| **La raionul de articole de sport** | **At the Sports Articles Department** |
|---|---|
| alică (vânătoare) | shot/pellet |
| anvelopă (auto-moto) | tyre |
| aparat cu oxigen pt. scufundători | oxygen diving apparatus |
| armă de vânătoare | shooting gun |
| automobil (de curse) | (racing) car |
| barcă pliantă//pneumatică//cu motor//cu vâsle | folding boat//rubber dinghy//motor-boat//rowing boat |
| bicicletă | bicycle bike |
| bidon pt. apă | water flask, canteen |
| biliard; bilă de - | billiards; billiard ball, cue-ball |
| bob | bobsleigh |
| bocanc (de schi) | (ski) boot |
| busolă | compass |
| caiac | canoe |
| cameră (auto-moto) | tube |
| cartuş | cartridge |
| cascheţă de baie (cauciuc) | rubber (bathing) cap |
| chiloţi de baie | bathing trunks, shorts |
| ciocan | hammer |
| ciorapi; - trei sferturi | stockings; knee-length stockings |
| cort | tent |
| costum de baie | bathing-costume |
| costum de gimnastică (sport) | gym-tights, trainings |
| crosă hockei; - de golf | hockey stick; golf club |
| disc | discus |
| floretă | florett |
| frânghie pt. urcat (gimnastică) | climbing rope |
| halat de baie | bathing wrap |
| haltere mici//mari | dumb-bells//barbells |

| | |
|---|---|
| hamac | hammock |
| hanorac | anorak |
| hăţuri | reins |
| inele (gimnastică) | swinging rings |
| labe de cauciuc pt. scufundători | flippers |
| lampă (sobiţă) de gătit cu gaze//spirt | gas cooking stove (gas cooker)// spirit cooking stove |
| masă de biliard//de ping-pong | billiard table//table-tennis table |
| mască pt. scufundători | diving mask |
| mănuşi de box//de scrimă | boxing//fencing glove |
| minge | ball |
| minge de baschet | basketball |
| minge de fotbal | football |
| minge de ping-pong | table-tennis ball |
| minge de rugby | rugby ball |
| minge de tenis | tennis ball |
| minge de volei | volleyball |
| motocicletă; - cu ataş | motorcycle; - with side-car |
| paralele | parallel bars |
| patine; - cu rotile | skates; roller skates |
| pernă de aer | air cushion |
| pistol | pistol |
| popice; popicărie | ninepins; bowling alley |
| prăjină (pt. sărituri) | pole |
| puc | puck |
| rachetă | racket |
| rucsac | rucksack |
| sabie (scrimă) | sabre |
| saltea cu aer | air mattress |
| sanie | sledge |
| scară de şa | stirrup |
| schi; beţe pentru - | ski; ski sticks |
| scuter | scooter |
| suliţă | javelin |
| şa | saddle |
| şah; tablă de - | chess; chessboard |
| tac (biliard) | cue |
| tandem | tandem |
| tenişi (pantofi) | rubbers |
| termos | thermos flask |
| tricicletă | tricycle |
| tricou sport fără guler | T-shirt |
| trusă camping | camping case |
| undiţă; cârlig de -; aţă (sfoară) pt. undiţă | fishing-rod; fish-hook; fishing-line |
| vâslă | oar |

| **La debitul de tutun** | **At the Tobacconist's** |
| --- | --- |
| Este vreun debit de tutun prin apropiere? | Is there a tobacconist's near here? |
| Este... | There is... |
| ...unul chiar după colț. | ...one just round the corner. |
| ...un automat la colțul străzii de la care puteți procura diferite țigări și chibrituri. | ...a slot-mashine at the corner of the street from which you can get various cigarettes and matches. |
| Aveți țigări cu filtru? | Have you got any filter-tip cigarettes? |
| Ce fel de țigări cu filtru aveți? | What "filters" have you got? |
| Dați-mi... | Give me... |
| ...un pachet de țigări egiptene de cea mai bun calitate. | ...a packet of best Egyptian cigarettes. |
| ...o țigară de foi /havană. | ...a (Havana) cigar. |
| Ce preț au aceste țigări Virginia? | How much these Virginia cigarettes? |
| Ce marcă/fel de țigări v-ar plăcea? | Which brand/What kind would you like? |
| Tari//Moi//Nu prea tari? | Strong//Mild//Medium? |
| Pot să vă sugerez aceste țigări? Nu sunt scumpe și sunt de calitate bună. | May I suggest (to you) these cigarettes? They are not expensive and of a good quality. |
| Aș dori să încerc mai întâi câteva din fiecare și apoi să mă decid. | I'd like to try first some of each and then decide. |
| Cât costă acest tutun de pipă turcesc? | How much this Turkish pipe tobacco? |
| Se vinde în cutii (metalice) etanșe. | We sell it in air-tight tins. |
| Ce preț are o brichetă (cu gaze) bună? | What is the price of a reliable (gas) lighter? |
| (Le) vindem la prețuri diferite. | We have got them in various prices. |

| | |
|---|---|
| Găsesc la dv... | Can I find here... |
| ...pietre pentru brichetă? | ...lighter flints? |
| ...un ţigaret? | ...a cigarette holder? |
| ...o tabacheră? | ...a cigarette case? |
| ...o pipă? ...a pipe? | |
| Apropo, ţineţi/vindeţi... | By the way, do you keep... |
| ...mărci (timbre)? | ...stamps? |
| ...ziare şi reviste? | ...newspapers and magazines? |

---

| | |
|---|---|
| (Mi-)am uitat acasă ţigările şi chibriturile. | I have forgotten my cigarettes and matches at home. |
| Daţi-mi, vă rog, o ţigară. | Will you oblige me with a cigarette? |
| Îmi daţi un "foc"/un chibrit? | Will you give me a light/ a match? |

| *Cuvinte suplimentare:* | *Additional words:* |
|---|---|
| amestec de tutunuri | blend |
| aromă (miros) de tutun | flavour |
| butelie-injector gaze | fuel injector |
| cărţi de joc | playing cards |
| (o cutie de) chibrituri | (a box of) matches |
| fitil | wick |
| foiţă pt. ţigări | cigarette paper |
| fumător de pipă | pipe-smoker |
| pungă de tutun | tobacco-pouch |
| scrumieră | ash-tray |
| ţigară fără filtru | cigarette without tip |
| a aprinde o ţigară | to light a cigarette |
| a fuma | to smoke |
| a vătăma/afecta gâtul | to hurt the throat |

## La florărie / At the Florist's

| | |
|---|---|
| Ce flori sunt acestea? | What flowers are these? |
| Cum se numesc florile acestea? | What are these flowers called? |
| Cât costă un buchet de liliac? | How much a bunch of lilac? |
| Puteţi trimite aceşti trandafiri la adresa aceasta? | Can I have these roses sent to this address? |
| Nu aceştia. Aceştia sunt ofiliţi. Aceia roşii şi albi. | Not these. These are drooped. The red and white ones. |

| *Cuvinte suplimentare:* | *Additional words:* |
|---|---|
| buchet de flori | nosegay, bouquet |
| coroană de flori | crown of flowers |
| floare... | flower... |
| ...de câmp | ...wild flower |
| ...de colț | ...edelweiss; lion's foot |
| ...de pom | ...blossom |
| ...a soarelui | ...sun-flower |
| (miros de) flori//strat de - | ...fragrance//flower bed |
| ghirlandă | wreath |
| iarbă | grass |

| | |
|---|---|
| begonie | begonia |
| bujor | peony |
| busuioc | sweet basil |
| camelie | camellia |
| ciubotica cucului | primrose |
| crin | lily |
| crizantemă | chrysanthemum |
| dalie | dahlia |
| garoafă | carnation |
| ghiocel | snowdrop |
| gladiolă | gladiolus |
| gura leului | snapdragon |
| mac | poppy |
| margaretă | daisy |
| mărgăritar | lily of the valley |
| mușcată | stork's bill |
| narcisă; - galbenă | narcissus; daffodil |
| nufăr | water lily |
| nu-mă-uita | forget-me-not |
| ochiul boului | aster |
| pansea | pansy |
| petunie | petunia |
| violetă | violet |
| zorea | morning glory |

| **La agenția Loto** | **At the Lottery Agency** |
|---|---|
| Doresc să cumpăr un bilet de loterie. | I want to buy a ticket in the lottery. |
| Ce numere luați? | What numbers will you take? |
| În ce zi este tragerea? | On what day will it be drawn? |
| S-a tras loteria? | Is the lottery drawn? |
| Ce numere au ieșit? | Which numbers have come out? |
| Am câștigat la loterie. | I have won in the lottery. |

Sunt norocos. — I am lucky.

Regret, aveți un loz necâștigător. — Sorry, you have drawn a blank.

Ghinion. Mai mult noroc data viitoare. — Bad luck. Better luck next time.

Șansele nu sunt prea mari. — The chances are not too great.

Voi încerca. Știți, cine nu riscă, nu câștigă. — I'll take a chance. You know, nothing venture, nothing gain.

*Cuvinte suplimentare:* — *Additional words:*

bilet de loterie — lottery ticket
lozul cel mare — the first prize
premiu — prize
a juca la loterie — to put in the lottery
a trage/scoate numerele — to draw numbers

## III- Întreprinderi de prestații — III- Service Establishments

## Ateliere — Workshops

### La ceasornicărie — At the Watchmaker's

Nu înțeleg ce este cu ceasul meu. Ba/ori merge înainte, ba/ori rămâne în urmă. — I don't know what is the matter with my watch. It is either fast or slow.

Mi-a căzut ceasul și de atunci nu mai merge. — I dropped my watch and it has stopped ever since.

Cred că e rupt arcul. — I think the spring is broken.

Ceasul meu o ia înainte// rămâne în urmă cu 10 minute pe zi. — My watch gains//loses ten minutes a day.

Vreți să-l curățați, să-l ungeți și să-l reglați? — Will you clean, oil and adjust it?

Puteți... — Can you...

...monta un geam nou? — ...put in a new glass

...înlocui acest geam cu unul din plexi? — ...replace this glass by a plastic watch glass?

Las ceasul la dv. — I'll leave the watch with you.

| *Cuvinte suplimentare:* | *Additional words:* |
|---|---|
| cadran; - luminos | dial; luminous dial |
| carcasă (cutie) de ceas | watch-case |
| ceas portabil; - neportabil | watch; clock |
| ceas... | watch/clock... |
| ...de buzunar | ...pocket-watch |
| ...cu cuc | ...cuckoo clock |
| ...deşteptător | ...alarm clock |
| ...de mână | ...wrist watch |
| ...de turn | ...tower clock |
| curea de ceas | watch strap |
| lanţ de ceas | watch-chain |
| marca ceasului | the make of the watch |
| maşinăria ceasului | the clockwork, the works |
| minutar | minute hand |
| orar | hour hand |
| pendulă | pendulum-clock |
| rotiţă | wheel |
| rubin (ceas) | jewel |
| secundar | second hand |

| **La cizmărie** | **At the Shoemaker's** |
|---|---|
| Puteţi... | Can you... |
| ...să-mi faceţi o pereche de pantofi? | ...make a pair of shoes for me? |
| ...pune tălpi şi tocuri la aceste ghete | ...sole and heel these boots? |
| ...pune pingele la aceşti pantofi? | ... half-sole these shoes? |
| Nu face să reparaţi aceşti pantofi. Aruncaţi-i! | These shoes are not worth repairing. Throw them away! |
| Tălpile sunt foarte uzate. | The soles are badly worn. |
| Tocurile sunt tocite. | The heels are worn down. |
| Cusătura este desfăcută. | The seam is undone. |
| Este un cui în talpă care mă jenează. Îl puteţi scoate? | There is a nail in the sole that hurts me. Can you pull it out? |
| Cât (îmi) luaţi pe reparaţie? | How much do you charge for the mending? |
| Preferaţi tălpi din piele (de bovine sau din cauciuc? | Which do you prefer, leather soles or rubber soles? |
| Nu uitaţi să puneţi blacheuri la vârf şi la tocuri. | Don't forget to put some metal tips on the toes and heels. |
| Putem face reparaţia pe loc. | We can do the repair while you wait. |
| Fiţi atent, am picioare foarte sensibile. | Mind you, my feet are very sensitive. |

| La croitor - La croitoreasă | At the Tailor's At the Dressmaker's |
| --- | --- |
| Hainele "de gata" nu vin mai niciodată bine. | Ready-made clothing never or very seldom fits well. |
| Sunt totdeauna fie prea strâmte, fie prea largi. | It is always either too tight or too loose. |
| Eu îmi fac hainele la... | I have my clothes made at/in... |
| Doresc să-mi fac un costum nou de comandă. | I want to have a new suit made to order. |
| De câți metri (de stofă) am nevoie pentru un costum? | How many metres (of cloth) do I need for a suit? |
| Pentru un costum fără vestă sau cu vestă? | For a two-piece suit or a three-piece suit? |
| Am adus stofa pentru un costum întreg (cu vestă). | I have brought the cloth for a complete suit of clothes. |
| Ați cumpărat și căptușeala și furniturile? | Did you also buy the lining and the trimmings? |
| Cum doriți să fie făcut? | How will you have it done? |
| Doriți haina la un rând sau la două rânduri? | Do you want the coat single or double breasted? |
| Haina o doriți pe talie sau lejeră? | Would you like the coat tight or loose? |
| Cum vă plac manșetele de la pantaloni? | How do you like the turn-ups? |
| Pot să vă iau măsura? | May I take your measurements? |
| Cât am de plată în total? | How much have I to pay all in all? |
| Cât trebuie să dau acont? | What have I to leave for a deposit? |
| Când credeți că va fi gata costumul? | When do you think the suit will be ready? |
| Vreți să veniți peste 3-4 zile pentru prima probă? | Will you come in three or four days for the first fitting? |
| Ce număr de telefon aveți? | What's your telephone number? |
| Am să vă telefonez mai întâi, pentru a mă asigura că totul este în ordine. | I'll ring you up first to make sure everything is all right. |
| Da, domnule. Poftiți bonul (dv.). | Yes, Sir. Here is your receipt. |
| La umeri... este cam largă// cam strâmtă. | It is rather broad//tight in the shoulders. |
| Nu sunt mânecile//pantalonii prea lungi//scurte(i)? | Aren't the sleeves/the trousers too long//short? |
| Face cute la talie/miloc. | It wrinkles at the waist. |
| Pantalonii sunt lăbărțați. | The trousers are baggy. |
| Sunt de făcut unele mici// mari modificări. | There are some minor//major alterations to be done. |

| | |
|---|---|
| Haina aceasta dă semne de "oboseală"/arată jerpelită. | This coat shows signs of wear/looks shabby. |
| Merită să mi-o întoarceţi? | Does it pay to have it turned? |
| Da, va arăta ca nouă. | Yes, it will look like new. |
| Pantalonii mei sunt teribil de şifonaţi. Vreţi să-i călcaţi? | My trousers are awfully creased. Will you press them? |
| Puteţi stopa ruptura aceasta? | Can you mend this tear? |
| Este o gaură în căptuşeală... Puteţi aplica un petic? | There is a hole in the lining of my... Can you put a patch on? |
| (Mi-)a căzut un nasture. Îl puteţi coase? | A button has come off. Will you sew it on? |
| Îmi puteţi recomanda o croitoreasă de încredere? | Can you recommend me a reliable dressmaker? |
| Am nevoie de o rochie de seară//de o bluză elegantă de mătase. | I want an evening dress//a fashionable silk blouse. |
| V-aţi hotărât asupra modelului? | Have you decided on the pattern? |
| Sunt în încurcătură ce model (anume) să aleg. | I am at a loss what pattern to choose. |
| Vrei să vă uitaţi la ultimul nostru jurnal de modă? | Won't you have a look in our latest fashion journal. |
| Puteţi... | Can you... |
| ...face... absolut ca acest model? | ...make the... entirely to this pattern? |
| ...face... repede? | ...make the... at short notice? |
| ...furniza furniturile? | ...supply the trimmings? |
| Ce fel de căptuşeală v-ar plăcea? | What kind of lining would you like? |
| Arătaţi-mi ceva alb//maro etc. | Show me something in white// brown etc. |
| Aduc eu materialul. Ajung doi metri pentru o bluză? | I'll bring the cloth. Will two metres be enough for a blouse? |
| Faceţi... după ultima modă? | Do you make... after the latest fashion? |
| Se poartă fuste scurte//lungi. | Short//long skirts are in. |
| Cât socotiţi manopera pentru...? | What do you charge for making the...? |
| Depinde de materialul pe care îl alegeţi. | That depends on the style you choose. |
| Aş dori să vă iau măsura. | I should like to take your measurements. |
| Vă puteţi schimba în cabina de probă. | You can change in the fitting room. |
| Nu-mi vine bine. Se pare că m-am îngrăşat//am slăbit. | It doesn't fit me well. It seems I have put on//lost weight. |

| | |
|---|---|
| Se vede combinezonul. | The slip is showing. |
| Puteți veni la proba următoare peste aproximativ o săptămână. Voi avea toată grija să fie perfect executat(ă). | Can you come for the next fitting in about a week's time. I'll take the utmost care to make it a perfect fit. |
| Nu este nevoie de nici o modificare... vă îmbracă foarte bine. | No alterations are necessary. The ... fits you exceedingly well. |

| *Cuvinte suplimentare:* | *Additional words:* |
|---|---|
| butonieră | buttonhole |
| buzunar | pocket |
| capot, halat de casă | dressing-gown |
| costum; - de sport | suit, costume; casual suit |
| cusătură | seam |
| demodat | out of fashion |
| frac | tails, full evening dress |
| fundă | bow |
| fustă plisată | pleated skirt |
| guler | collar |
| haină de blană | fur coat |
| haină de casă pentru bărbați | cardigan jacket |
| loden | shag overcoat |
| manșon | muff |
| mantou | cloak |
| fără mâneci | sleeveless |
| palton | winter coat |
| panglică | ribbon |
| pantaloni bufanți | knickers |
| pardesiu | overcoat |
| perniță (vată, vatelină) | padding |
| pliseu | pleat |
| raglan | raglan |
| redingotă | frock coat |
| rever (haină) | lapel revers |
| salopetă | overalls |
| smoching | dinner jacket |
| taior | tailor-made |
| tiv | hem |
| vestă | waistcoat, vest |
| a căptuși cu blană | to line with fur |
| a lua//a da drumul la cusătură | to take in//to let cut at the seam |
| a (se) dezbrăca | to take off |
| a (se) îmbrăca | to put on, to dress |
| a fi îmbrăcat cu..., a purta | to wear |
| a însăila/a prinde cu ace | to stitch |
| a lungi | to lengthen |
| a scurta | to shorten |
| a stopa; stoper | to fine-darn; fine-darner |
| a tivi | to hem |
| a vătui | to pad |

| | |
|---|---|
| **La fotograf - Articole de fotografiat** | **At the Photographer's Photo Articles** |
| Practicați fotografiatul? | Do you go in for photography? |
| Vă pricepeți la fotografie? | Are you good at photography? |
| Sunt fotograf amator. | I am an amateur photographer. |
| Vreți să-mi faceți un instantaneu? | Will you take a snapshot of me? |
| Fotografiez destul de prost. În afară de aceasta, nu știu cum să mânuiesc acest aparat. | I photograph bad enough. Besides, I don't know how to handle this camera. |
| Developați și faceți singur copiile fotografiilor dv.? | Do you develop and print your snapshots yourself? |
| Nu, prefer să mă duc la un (atelier) fotograf(ic). El se pricepe la treaba asta, cum să le retușeze și câte altele. | No, I prefer to go/I'd rather go to a photographer's. He understands this job, how to retouch them and what not. |
| Am nevoie de... | I want... |
| ...șase copii după acest negativ. | ...six prints/copies of this negative. |
| ...o copie mărită după această fotografie. | ...to have this photo enlarged. |
| Îmi trebuie două fotografii pentru pașaport? | I need two passport photos. |
| Unde se află un studio fotografic? | Where is there a photographer's studio? |
| Pot să le am până mâine// până luni dimineață? | Can I have them by tomorrow//by Monday morning? |
| Când pot veni să le iau? | When may I come to take them? |
| Apropo, unde pot găsi... | By the way, where can I find... |
| ...aparate de filmat? | ...motion picture cameras? |
| ...filme 6 x 9? | ...six by nine films? |
| ...un trepied? | ...a tripod stand? |

| *Cuvinte suplimentare:* | *Additional words:* |
|---|---|
| aparat de mărit | enlarger |
| casetă pt. clişeu//film | plate cassette//film cartridge |
| declanşator; - automat | release; automatic release |
| developator | developer |
| diafragmă | diaphragm |
| diapozitiv | (lantern) slide |
| distanţă | distance |
| exponometru | exposure meter |
| expunere | exposure |
| film alb-negru//colorat// îngust | black-and-white//colour//16 (or 8) millimetre film |
| filtru; - galben | filter; yellow filter |
| fixator | fixer, fixing solution |
| format carte poştală | postcard size |
| foto-copie | (photo-)copy |
| fotogenic | photogenic |
| fotograf | photographer; cameraman |
| fotografie bust//în culori// portret | head and shoulders photo// colour photo//portrait |
| hârtie fotografică | photographic paper |
| lumină de magneziu | luminosity |
| mărire | enlargement |
| obiectiv | lens |
| rolfilm | (spool of) roll film |
| subexpus//supraexpus | under-exposed//over-exposed |
| vizor | viewfinder |

| **La frizerie -**<br>**La coafor -**<br>**Salonul de cosmetică** | **At the Barber's -**<br>**At the Hairdreser's -**<br>**The Beauty Parlour** |
|---|---|
| Unde mă pot tunde? | Where can I get my hair cut/a haircut? |
| Unde mă pot bărbieri? | Where can I get a shave? |
| Unde mă pot coafa? | Where can I get a hair-set/my hair dressed? |
| Unde îmi pot face manichiura//pedichiura? | Where can I get my manicure//pedicure done? |

| | |
|---|---|
| Tunde-te. Ți-a crescut părul prea lung. | Get your hair cut. It has grown too long. |
| Te bărbiereşti/razi singur sau te duci la frizer? | Do you shave yourself or do you go to the barber's? |
| Mă bărbieresc//coafez totdeauna singur(ă). | I always shave myself//dress/do my hair myself. |
| Următorul, vă rog. Cine este la rând? | Next, please. Whose turn is it? |
| Cu ce vă pot servi? | What will it be? |
| Doresc să mă tundeți//să-mi potriviți părul. | I want to have my hair cut//trimmed. |
| Tuns și ras, vă rog. | A hair-cut and a shave, please. |
| Doresc să-mi potriviți mustața//barba//favoriții. | I wish to have my moustache//beard//whiskers trimmed. |
| Îndreptați părul la tâmple, dar nu prea sus. Favoriții nu sunt egali. | Straighten the hair at the temples, but not too high. The whiskers are uneven. |
| Aş dori o frecție. | I would like a scalp massage. |
| Cum doriți să vă tund? | How do you wish your hair cut? |
| Tăiați-l mai scurt la ceafă și în părți. | (Cut it) short at the back and sides. |
| Cum vă pieptănați părul? | How do you comb your hair? |
| Pe spate sau cu cărare? | Back or with a parting? |
| Pieptănați-l pe spate. | Comb it back. |
| Faceți cărare... | Part it... |
| ...pe dreapta//pe stânga. | ...on the right//on the left side. |
| ...la mijloc. | ...in the middle. |
| Să vă dau contra/perdaf? | Shall I shave you against the beard? |
| Nu, nu. Mă doare. | No, don't. It hurts me. |
| Mă tem de iritația pielii. | I am afraid of skin irritation. |
| (Doriți) apă de colonie//briantină//cremă? | Any eau de Cologne//brilliantine//cream? |
| Doresc... | I want... |
| ...să-mi spălați și să-mi aranjați părul. | ...to have my hair washed and set. |
| ...să-mi platinați părul. | ...to have my hair dyed platinum. |
| ...(un) șampon și (un) permanent. | ...a shampoo and a perm(anent) wave. |
| Doriți o anumită coafură? | Do you wish a peculiar hair-do? |
| Purtați părul tuns scurt? | Do you wear your hair bobbed? |
| Lăsați părul să vă crească (la spate)? | Do you let your hair grow (at the back)? |
| Doriți permanent rece sau cald? | Do you want a cold or a hot perm? |

| | |
|---|---|
| Vă rog îndreptaţi vârfurile. | Make the ends even please. |
| Aş mai dori să... | I would also like to have... |
| ...îmi faceţi manichiura. | ...my nails done. |
| ...îmi pensaţi/smulgeţi sprâncenele. | ...my eyebrows plucked. |
| ...îmi "faceţi"/rimelaţi genele. | ...my eyelashes painted. |
| Nu-mi tăiaţi/piliţi unghiile prea scurt. | Don't trim/file my nails too short. |
| Ce lac de unghii v-ar plăcea? | What nail varnish would you like? |
| Lacul acesta trandafiriu (nu) merge la... | This pink nail varnish goes// does not go with... |
| Îmi îngăduiţi, doamnă, să vă sfătuiesc să nu întrebuinţaţi... | May I advise you, madam, not to use... |
| ...aşa multă pudră. | ...so much powder. |
| ...acest ruj (de buze). | ...this kind of lipstick. |
| Sunteţi prea tare fardată. | You are too heavily made up. |
| Ar trebui să vă faceţi un tratament al pielii. | You ought to undergo a skin treatment. |
| Cât îmi luaţi pentru... | What do you charge for... |
| ...vopsitul şi coafatul părului? | ...dyeing and dressing my hair? |
| ...un tratament complet al pielii? | ...a complete skin treatment? |
| Cât durează/ţine acest permanent? | How long does this perm last? |

| | |
|---|---|
| *Cuvinte suplimentare:* | *Additional words:* |
| bătătură | corn |
| breton | fringe |
| brici; - bine ascuit | razor; well-stropped razor |
| coadă scurtă//lungă | pigtail//tress |
| dezinfectant | disinfectant |
| fileu de păr | hair-net |
| fixativ | hair-spray |
| manichiură//pedichiură | manicure//chiropody |
| ras cu perdaf | clean shaven |
| şervet cald | hot towel |
| ten | complexion |
| uscător de păr/foehn | hair drier |
| a ascuţi briciul | to strop the razor |
| a-şi face buzele | to make up/to paint the lips |
| a clăti părul | to rinse the hair |
| a depila părul de pe... | to remove the hair from... |
| a îndepărta mătreaţa | to remove the dandruff |
| a aranja părul | to tidy up the hair |
| a cădea părul | to lose the hair |
| a împleti părul/a face codiţe | to braid/to plait |

| | |
|---|---|
| a-și lăsa barbă | to grow a beard |
| a (se) pieptăna uscat//cu apă | to comb dry//with water |
| a usca părul | to dry the hair |
| a vopsi părul | to dye the hair |

**La lenjereasă** — **At the Seamstress**

| | |
|---|---|
| Pot comanda/face la dv... | Can I order here... |
| ...un halat de casă//un combinezon? | ...a dressing-gown/a chemise? |
| ...niște rufărie de pat? | ...some bed clothes? |
| Puteți... | Can you... |
| ...broda inițialele mele pe...? | ...embroider my initials on the...? |
| ...face aici o butonieră și coase nasturele? | ...make a buttonhole and sew on the button? |
| ...repara aceste rufe? | ...mend this linen? |
| Când pot veni să-l//le iau? | When can I come to take it// them? |
| Cât am de plată? | What have I to pay? |
| Nu-mi dați un bon? | Don't you give me a receipt? |
| Apropo, mi-a fugit un fir de la ciorap. Îl puteți remaia pe loc? | By the way, I have a ladder in my stocking. Can you mend it while I am waiting? |

*Cuvinte suplimentare:* — *Additional words:*

| | |
|---|---|
| batistă | handkerchief, hanky |
| cămașă bărbătească//sport | shirt//sports shirt |
| cămașă (fem.) de noapte | nightdress, nightie |
| cearceaf | bed sheet |
| chiloți (fem.) | panties |
| corset | corset |
| față de pernă//plapumă//masă | pillow case//blanket slip// table cloth |
| furou | slip |
| garnitură de pat | bedding |
| guler | collar |
| indispensabili scurți//lungi | short pants//long pants/ drawers |
| jupon | petticoat, waist slip |
| manșetă | cuff |
| pijama | pyjamas, sleeping suit |
| pantaloni | trousers |
| port-jartier | suspender belt |
| rufărie de corp | underwear, body linen |
| salopetă | overalls |
| sutien | bra(ssière) |
| vestă/haină tricotată (de casă) de lână | cardigan jacket |

| La optician | At the Optician's |
|---|---|
| Mi-au căzut ochelarii şi am spart/rupt... | I dropped my glasses and I broke... |
| ...o lentilă. | ...a lens. |
| ...rama. | ...the frame. |
| ...braţele. | ...the side-pieces. |
| Puteţi... | Can you... |
| ...pune lentile noi la ochelarii mei? | ...put new lenses to my glasses? |
| ...repara rama? | ...mend the frame? |
| ...înlocui braţele? | ...replace the side-pieces? |
| ...să-i reparaţi până mâine? | ...repair them by tomorrow? |
| Găsesc la dv... | Can I find here... |
| ...ochelari de soare? | ...(a pair of) sun-glasses? |
| ...un etui pentru ochelari? | ...a spectacles case? |
| *Cuvinte suplimentare:* | *Additional words:* |
| barometru | barometer |
| binoclu; - de campanie | opera glasses; binoculars |
| dioptrie | diopter |
| lupă | magnifying glass |
| microscop | microscope |
| ochelari de prins pe nas//de protecţie | pince-nez//goggles |
| termometru | thermometer |
| a purta ochelari | to wear spectacles/specs |
| a fi miop | to be short-sighted |
| a fi presbit | to be long-sighted |

| La spălătorie - Curăţătorie şi boiangerie | At the Laundry - The Dry-Cleaner's and Dyer's |
|---|---|
| Puteţi prelua spălarea şi călcatul rufelor mele de corp? | Can you undertake to wash and iron my body linen? |
| Cât costă spălatul unei cămăşi// pijamale etc.? | How much do you charge for a shirt//pyjamas etc.? |
| Nu uitaţi să scrobiţi gulerele şi manşetele. | Don't forget to starch the collars and the cuffs. |

| | |
|---|---|
| Rufele se spală și se calcă într-o săptămână. | The linen is washed and ironed within a week. |
| Rufele (spălate) sunt încă ude. | The washing is still damp. |
| Doresc să-mi curățați (chimic) acest costum. | I'd like to have this suit dry-cleaned. |
| Rochia asta are o pată. O puteți scoate fără a lăsa urme? | There is a stain on this dress. Can you remove it without leaving any trace? |
| ...nu va intra la spălat? | Won't the... shrink in the wash? |
| Puteți vopsi acest material verde într-o nuanță mai închisă? | Can you dye this piece of green cloth into a darker shade? |

| | |
|---|---|
| *Cuvinte suplimentare:* | *Additional words:* |
| mașină (electrică) de spălat | (electric) washing machine |
| preparat pentru scos petele | stain remover |
| spălătoreasă | laundress, washerwoman |
| a fi spălat | to be laundered/washed |
| a fi murdar//curat | to be dirty//clean |
| a ieși la spălat | to fade/to lose colour |
| a spăla bine | to vash properly |
| a vopsi din... în... | to dye from... (in)to... |

## LA BANCĂ - GHIŞEUL DE SCHIMB - CASA DE ECONOMII (CEC)

## AT THE BANK THE CURRENCY EXCHANGE COUNTER - THE SAVINGS BANK

| | |
|---|---|
| Banca Naţională | The National Bank |
| Banca Română de Comerţ Exterior | The Romanian Bank for Foreign Trade |
| Am o scrisoare de credit din partea... | I have a letter of credit from... |
| Am un cec în valoare de... asupra băncii dv. | I have a cheque to the value of... on your bank. |
| Doresc să încasez acest cec de călătorie. | I want to cash this traveller's cheque. |
| Este plătibil la vedere. | It is payable at sight. |
| Regretăm... | I am sorry... |
| ...nu este încă scadent. | ...it is not yet due. |
| ...este expirat. | ...it is overdue. |
| ...nu are acoperire. | ...it is not covered. |
| Paşaportul dv., vă rog. | Your passport, please. |
| Binevoiţi să scrieţi pe verso suma primită şi data efectuării plăţii. | Will you, kindly, note on the back the sum received and the date of the payment? |
| Semnătura, vă rog. | Signature, if you please. |
| Unde este ghişeul de schimb valutar? | Where is the currency exchange counter? |

| | |
|---|---|
| Am nişte (bani în) valută străină. | I have some (money in) foreign currency. |
| Aş dori să schimb... în... | I'd like to exchange some... into... |
| Care este cursul (de schimb) azi? | What is the day's exchange rate? |
| Ce sumă/Cât primesc pentru... | How much do I get for... |
| Nu sunt famliarizat cu banii englezeşti//americani. | I am not familiar with English//American money. |
| Daţi-mi bancnote de diferite valori. | Let me have notes of convenient amounts. |
| Îmi puteţi da... | Can/Could you let me have... |
| ...cinci bancnote a 1000 lei? | ...five one thousand lei notes? |
| ...zece monede a 20 lei? | ...ten coins of twenty lei each? |
| N-am mărunţiş la mine. | I have no small change about me. |
| Aveţi 500 lei mărunţi? | Have you got change for a five-hundred lei note? |
| Regret, am doar câţiva... | I am sorry, I have but a couple of . |
| Vă rugăm să număraţi/verificaţi banii la ghişeu. | Check the money at the desk, please. |
| În ce condiţii pot deveni deponent la banca dv.? | On what terms can I become a depositor with your bank? |
| Pot deschide un cont la această bancă? | Can I have an account opened at this bank? |

**La Casa de Economii (CEC)** — **At the Savings Bank**

| | |
|---|---|
| Ori de câte ori dispun de o sumă de bani mai mare, o depun la o casă de economii (solidă). | Whenever I get a larger sum of money, I place it in a (sound) savings bank. |
| Am făcut economii. Am economisit câteva mii de lei. | I've been saving up. I've saved a few thousand lei. |
| Ce sumă doriţi să depuneţi? | What sum do you wish to deposit? |
| Aş dori să depun suma de... | I should like to deposit the sum of... |
| Pentru început... | I want to start with... |

| | |
|---|---|
| Doresc să depun bani cu dobândă. | I want to deposit money at interest. |
| Ce dobândă plătiţi? | How much is the interest you pay? |
| Depinde. Între trei şi cinci la sută anual. | It depends. Between 3 and 5 per cent a year. |
| Pot retrage bani la cerere? | Can I draw money on demand? |
| Puteţi retrage orice sumă de bani de la oricare din sucursalele noastre. | You can draw any sum of money from any branch office of our savings bank. |
| Depunătorul poate retrage orice sumă, prezentând libretul nostru de economii. | The depositor may withdraw any sum of money presenting our savings-bank book. |
| Doresc să retrag nişte bani. | I want to draw (out) some money. |
| Completaţi, vă rog acest formular. | Fill in this form, please. |
| Dacă nu vă supăraţi, buletinul/legitimaţia dv. | Your identity card, if you please. |
| Pot deschide un cont curent? | Can I open an account current? |
| Pot plăti la/prin dv. chiria şi notele mele de plată pentru gaze, electricitate şi telefon? | Can I pay here the rent and my bills for gas, electricity and telephone rates? |

| *Cuvinte suplimentare:* | *Additional words:* |
|---|---|
| acţiune | share, stock |
| bani peşin/în numerar | cash payment/in cash |
| birou/oficiu de schimb | exchange office |
| bursă | exchange |
| camătă - cămătar | usury - usurer, money lender |
| casierie | cashier's desk |
| cec la purtător | cheque to bearer |
| cerere (la -) | on demand |
| devize (regimul -lor) | currency regulations |
| dobândă; -la sută; cu - | interest; per cent interest; at interest |
| monetărie | mint |
| speze bancare | bank charges |
| sumă mică//mare | small//large sum |
| a nu avea/a-i lipsi bani | to be short of money |
| a datora bani/a fi îndatorat | to owe money/to be indebted |
| a împrumuta bani de la cineva | to borrow money from somebody |
| a plăti (achita); a depune | to pay (off); to pay in |
| a retrage bani | to withdraw money |

## LA OFICIUL POŞTAL - TELEFONUL

## AT THE POST OFFICE THE TELEPHONE

| | |
|---|---|
| Treci pe lângă poştă în drum spre...? | Are you going past the post office on your way to...? |
| Te superi dacă te rog să expediezi scrisoarea asta? | Would you mind posting this letter for me? |
| Nu uita s-o franchezi/ timbrezi. | Don't forget to stamp it. |
| Unde pot cumpăra mărci (timbre)? | Where can I get stamps? |

**La ghişeul de mărci poştale:**

**At the Stamp Counter:**

| | |
|---|---|
| Acesta este ghişeul unde se vând mărci? | Is this the counter for stamps? |
| Cu cât se timbrează/ francheaza scrisorile interne? | What is the inland postage? |
| Cu cât se franchează... | What is the postage for... |
| ...o scrisoare pentru Olanda? | ...a letter to Holland? |
| ...o carte poştală simplă// ilustrată pentru SUA? | ...a plain//picture postcard to the USA? |
| ...scrisorile pentru străinătate? | ...letters abroad? |
| ....imprimatele? | ...printed matter? |
| (Scrisoare) simplă, recomandată sau cu poşta aeriană? | Ordinary, registered or by air mail? |

| | |
|---|---|
| Doresc să trimit scrisoarea recomandat//cu poşta aeriană. | I want to send this letter registered//by air mail. |
| Care e taxa pentru recomandate? | What is the registration fee? |
| Taxa poştală depinde de greutatea scrisorii? | Does the postage depend on the weight of the letter? |
| Taxa pentru recomandate este... | The registration fee is... |
| Scrisoarea dv. depăşeşte greutatea admisă. Mai aplicaţi o marcă de 1 1/2 penny. | Your letter is overweight. It wants another one-and-a-half penny stamp. |
| Greutatea ei nu trebuie să depăşească...grame; fiecare gram în plus se taxează cu... | It must not exceed... gram(me)s in weight; any additional gramme is charged... |
| Îmi puteţi da... | Can you let me have... |
| ...un plic pentru o recomandată? | ...a registered envelope? |
| ...un plic timbrat pentru poşta aeriană? | ...a stamped air mail envelope? |
| ...mărci? | ...stamps? |
| Daţi-mi, vă rog... | Give me, please... |
| ...o marcă de 2 penny. | ...a twopenny stamp. |
| ...trei mărci a 2 ½ penny. | ...three twopenny-halfpenny stamps. |
| Pot cumpăra mărci şi de la automat? | Can I get stamps from the slot-machine too? |
| Cum le pot obţine de la automat? | How can I get stamps from the slot-machine? |
| Introduceţi banii... | Put the money in the slot... |
| Apăsaţi pe buton. | Press the button. |
| Marca iese afară. | The stamp comes out. |

---

| | |
|---|---|
| Lipeşte marca pe plic. | Stick the stamp on the envelope. |
| Unde pot (de)pune scrisoarea? | Where can I drop the letter? |
| Cutia de scrisori se află în holul principal//la ieşire/după colţ. | The letter-box is in the main hall/at the exit//round the corner. |
| Aţi pierdut prima ridicare a scrisorilor. Următoarea este la ora 10. | You have missed the first mail collection. The next collection is at ten o'clock. |
| De la această cutie scrisorile se ridică de patru ori pe zi. | This letter-box is cleared four times a day. |
| Serviciul funcţionează toată ziua//toată noaptea. | They run all-day//all-night service. |

| La ghişeul de telegrame: | At the Telegram Counter: |
|---|---|
| Doresc... | I want... |
| ...să expediez o telegramă | ...to send off a telegram. |
| ...să trimit o telegramă la... | ...to send a telegram to... |
| Unde pot găsi formulare de telegramă? | Where can I find telegram forms? |
| Daţi-mi, vă rog, un formular de telegramă. | Give me, please, a telegram form. |
| Completaţi formularul. | Fill in the form. |
| Scrieţi(-l) citeţ. | Write it out legibly. |
| Cât face telegrama asta până la...? | How long does this telegram take to get to...? |
| Când credeţi că o va primi destinatarul? | When do you think the addressee will get it? |
| Dacă o trimiteţi până la ora 12, va... | If you send it by twelve o'clock, it will... |
| ...fi predată astă seară. | ...be delivered this evening. |
| ...ajunge la destinatar în dimineaţa următoare. | ...reach the addressee the following morning. |
| Dacă doriţi să fie predată azi după-amiază, trebuie să o trimiteţi expres. | If you want it delivered this afternoon, you must send it express/by special delivery. |
| Care este taxa pentru un cuvânt?/ Cât costă cuvântul? | What is the charge per word?/ How much the word? |
| Pot plăti şi pentru răspuns? | Can I also pay for the reply? |
| Doriţi să trimiteţi o telegramă cu răspuns plătit? | Do you want to send a reply-paid telegram? |
| O telegramă de 10 cuvinte costă..., fiecare cuvânt în plus costă... | A telegram of ten words costs..., every additional word costs... |

| La ghişeul de post restant: | At the Poste Restante Counter: |
|---|---|
| Este vreo scrisoare pentru mine? | Is there any letter for me? |
| Am (primit) vreo scrisoare? | Any mail for me? |
| Iată/Poftiţi legitimaţia mea// paşaportul meu. | Here is my identity card//my passport. |
| Regret, nimic până acum. | Sorry, no letter as yet. |
| Noi păstrăm scrisorile până ce sunt ridicate de destinatar în persoană. | We keep the letters until called for by the addressee in person. |

| | |
|---|---|
| **La ghişeul de mandate poştale:** | **At the Money Order Counter:** |
| Doresc să trimit o sumă de bani la... | I want to send a sum of money to... |
| Puteţi expedia banii cu un mandat simplu sau telegrafic. | You may send it by mail or by telegram. |
| Ce taxă se plăteşte? | How much is the charge? |
| **La ghişeul de mesagerii:** | **At the Parcel Counter:** |
| Există un serviciu de ambalare? | Is there a packing service here? |
| Doresc să trimit un pachet la.. | I want to send a parcel to... |
| Vreţi să-l cântăriţi? | Will you weigh it please? |
| Sper că n-am depăşit greutatea (admisă). | I hope it is not overweight. |
| Îl pot expedia contra ramburs? | Can I send it C.O.D?* |
| Dacă aveţi ceva de valoare în pachetul dv., este mai bine să-l asiguraţi. | If you have something valuable in your parcel, it is better to have it insured. |
| Aş dori să-l asigur pentru suma de... | I'd like to have it insured for... |
| **(Vorbind) la telefon:** | **(Talking) on the Phone:** |
| Doresc să telefonez unui prieten. | I want to ring up a friend. |
| Pot da telefon de aici? | May I make use of this telephone? |
| Chiar peste drum este o cabină telefonică. | There is a telephone booth//a call-box just across the street. |
| Nu cunosc numărul de telefon. | I don't know the telephone number. |
| Caută numărul în cartea de telefon. | Look up the number in the telephone directory. |
| Numărul domnului N.N. nu este (încă) în cartea de telefon. | The number of Mr N.N. is not (yet) in the directory. |
| Formează 931 şi întreabă la informaţii. | Dial 931 and ask the Directory Inquiry/Information. |
| Nu am deloc bani mărunţi la mine. Îmi poţi da o fisă? | I haven't got any small change about me. Could you spare a penny/nickel? |
| Nu ştiu cum să mânuiesc acest telefon (automat). | I don't know how to manage this (automatic) telephone. |

* C.O.D. = cash on delivery

| | |
|---|---|
| Tot ceea ce ai de făcut este... | All you have to do is to... |
| ...să ridici receptorul; | ...pick up the receiver; |
| ...să introduci fisa în aparat; | ...drop the coin into the slot; |
| ...să-l duci la ureche; | ...lift it to your ear; |
| ...să aştepţi tonul; | ...wait for the tune/signal; |
| ...să formezi numărul. | ...dial your number. |
| Este ocupat. | The line is engaged/busy. |
| Pune receptorul jos. | Put the receiver down. |
| Apasă pe acest buton pentru a primi banii înapoi. | Press this button to get your money back. |
| Fisa va fi înapoiată. | The coin will be returned. |
| Încearcă/Formează numărul încă o dată. | Try/Dial again. |
| Aud un bâzâit prelungit. | I hear a prolonged buzzing. |
| Foarte bine. Rămâi la telefon, (persoana) va răspunde imediat (dacă acolo este cineva). | That's all right. Hold the line, your number will answer in a moment (if there is anybody in there). |
| Telefonul sună, dar nimeni nu răspunde. | The phone is ringing, but nobody answers. |
| Nu bate în furcă. | Don't waggle the telephone/ rest. |
| Pune receptorul la loc şi formează (numărul) încă o dată. | Hang up and dial again. |
| Telefonul e deranjat/"mort". | The phone is out of order/dead. |
| Cum procedez dacă nu este un telefon automat? | What if there is a non-automatic phone? |
| Procedeul este aproape acelaşi, însă... | The procedure is almost the same but... |
| ...în locul bâzâitului vei auzi operatoarea/telefo nista spunând: "Numărul, vă rog!" | ...instead of the buzzing you'll hear the operator calling: "Number, please!" |
| ...în loc de a forma tu numerele trebuie să ceri (să ţi se dea) numărul. | ...instead of dialling the numerals, you have to ask for your number. |
| În momentul în care auzi vocea telefonistei, indici numărul. | The moment you hear the operator's voice, just give the number you want (to call). |

| | |
|---|---|
| Dați-mi, vă rog, numărul... (621 75 49). | Please connect me with number... (six-two-one seven-five four-nine). |
| (sau operatoarei de la centrală): | (or to switchboard operator): |
| Îmi puteți da legătura cu biroul dlui P? Interior 17, vă rog. | Can you put me through to Mr P's office? Extension one-seven, please. |
| Când ți s-a făcut legătura, vei auzi operatoarea spunând: | When you have been connected, you'll hear the operator saying: |
| Aveți legătura! Vorbiți! sau: | You are through. Go ahead! or: |
| Regret, este ocupat! | Sorry, your number is engaged. |
| Duduie, mi-ați dat un număr greșit. Eu am cerut... | Operator, you gave me the wrong number. I asked for... |

---

| | |
|---|---|
| Trebuie să efectuez o convorbire interurbană. | I have to make a trunk-call/a long-distance call. |
| În zilele noastre/Azi o convorbire București - Londra nu este ceva neobișnuit. | Nowadays a Bucharest - London call is nothing out of the ordinary. |
| Dorești să dai un aviz telefonic? | Will you book the call? |
| Care este taxa pentru o convorbire de trei minute cu Parisul? | What is the rate for a three-minute call to Paris? |
| Taxa este de... dar după ora 6 seara taxa este mai redusă. | The rate is..., but there are cheaper ratea after 6 p.m. |
| Aș dori să efectuez o convorbire cu... | I should like to put through a trunk-call to... |
| Indică telefonistei orașul și numărul pe care îl solicitți. | Give the operator the town and the number you require. |
| Vă fac legătura chiar acum. | I'm putting your call through right now. |
| Aveți Berlinul! Vorbiți! | Berlin (is) on the line. Go ahead! |

---

| | |
|---|---|
| Când te pot găsi la telefon? | When can I get you over the phone? |
| Oricând seara. | Any time in the evening. |
| Telefonează-mi între 8 și 10. Vrei să-ți notezi numărul meu? | Ring me up betwen eight and ten. Will you take down my number? |

| | |
|---|---|
| Apropo, dacă îmi telefonezi la birou, cere-i telefonistei interior 46. | By the way, when you ring through to my office, ask the operator extension four-six. |
| Alo, dl. Wilson? | Hello, is that Mr Wilson? |
| Greşeală. Aici nu e/nu stă nici un Wilson. | Wrong number. No Wilson here. |
| Scuzaţi-mă de deranj. Mi s-a dat greşit legătura. | Sorry for troubling you. They switched me to the wrong number. |
| Alo, dl. Wilson? | Hello, is that Mr Wilson? |
| Un moment, vă rog. | Just a moment, please. |
| Dle Wilson, sunteţi chemat la telefon. | Mr Wilson, you are wanted on the phone. |
| Dl. Johnson la telefon? | Is that Mr Johnson? |
| Da, cine vorbeşte/întreabă? | Yes, who is speaking? |
| N.N. la aparat. | N.N. speaking. |
| De unde vorbiţi? | Where are you speaking from? |
| Vorbesc din holul hotelului la care locuiesc. | I am speaking from the lobby of the hotel I am staying at. |
| Aş dori să vă întâlnesc şi... | I'd like to meet you and... |
| Nu vă aud bine. | I can't hear you. |
| Nu vă înţeleg. | I can't understand you. |
| Nu înţeleg nici un cuvânt. | I can't understand a word. |
| Vorbiţi mai tare. | Speak louder. |
| Vorbiţi mai rar. | Speak more slowly/Don't talk so fast. |
| E cineva pe fir. | Somebody is interfering. |
| A intrat (alt)cineva pe fir. | Someone else cut in. |
| Duduie, nu ne întrerupeţi, mai vorbim. | Operator, don't cut us off, we are still speaking. |
| Făceţi-ne iar legătura. | Connect me again, please. |
| Alo, dl. Wilson? | Hello, is that Mr Wilson? |
| Regret, domnule. Dl. Wilson este plecat. | Sorry, Sir. Mr. Wilson is out. |
| Cine să spun că l-a căutat? | Who shall I say was calling? |
| Puteţi telefona mai târziu? | Would you mind calling later? |
| Doriţi să-i comunic ceva? | Would you like to leave a message? |

| *Cuvinte suplimentare:* | *Additional words:* |
|---|---|
| abonat la telefoane | telephone subscriber |
| adresa expeditorului | return address |
| adresantul necunoscut | addressee unknown |
| căsuţă poştală | P.O.Box/P.O.B. |
| centrală telefonică | telephone exchange |
| colet | parcel |
| convorbire telefonică locală | local call |
| expeditor | sender |
| expediţie cu mare viteză | express delivery |
| francat insuficient | underpaid |
| marcă - emisiune specială | special issue |
| mijloc de comunicaţie | means of communication |
| mostră fără valoare | sample of no value |
| pacheţel | small parcel |
| păstrare (în - a cuiva) | c/o (= care of...) |
| poşta centrală | G.P.O. (General Post Office) |
| poştă, corespondenţă | mail |
| (cu întoarcerea) poştei | by return |
| răspuns plătit | reply pre-paid |
| recipisă | receipt |
| taxă redusă | lower rate, reduced charge |
| telegramă de fclicitare | greetings telegram |
| valoare declarată | declared value |
| a cântări | to weigh |
| a duce o scrisoare la poştă | to take a letter to the post office |
| a scrie/a trimite acasă | to write/to send home |
| a telegrafia; - peste ocean | to wire; to cable |

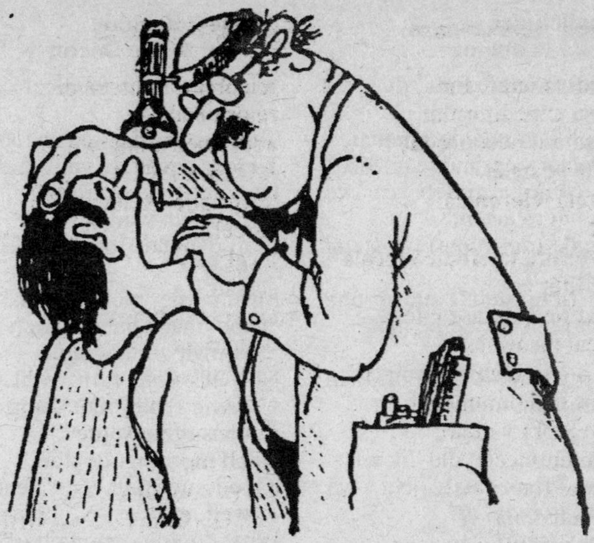

| OCROTIREA SĂNĂTĂȚII | PUBLIC HEALTH |
|---|---|
| **La doctor** | **At the Doctor's** |
| Nu arăți bine. | You don't look well. |
| Nu te simți bine? | Don't you feel well? |
| Ți-e rău? | Are you unwell? |
| Ai temperatură. | You got a temperature. |
| Ești palid. | You look pale. |
| S-ar zice că ești gata să leșini. | It looks as if you were going to faint. |
| Ar trebui să consulți un medic. | You ought to see/consult a doctor. |
| Ai nevoie de un examen medical general minuțios. | You want a thorough checkover/ examination. |
| Dr. Brown este specialist în boli de... | Dr Brown is a specialist for... diseases. |
| Când/La ce ore consultă dr. Brown? | When are Dr Brown's consulting hours? |
| Dr. B. primește (pacienți) marți și vineri între 4 și 7 d.a | Dr B. sees his patients on Tuesday and Friday between 4 p.m. and 7 p.m. |
| Să chemăm doctorul (acasă). | Let's call/have the doctor in. |
| Trebuie să chemăm un doctor. | A doctor must be sent for. |
| Telefonează la Salvare. | Ring for the ambulance. |

| **La policlinică - o vizită la doctor** | **At the Polyclinic - A Visit to the Doctor's** |
| --- | --- |
| O infirmieră: Fişa dv., vă rog. | A nurse: Your medical card, please. |
| Luaţi loc în sala de aşteptare. | Take a seat in the waiting-room. |
| Dl. doctor vă primeşte imediat. | The doctor will see you directly. |
| Cât (timp) credeţi că va trebui să aştept? | How long do you think I am likely to wait? |
| Depinde (de multe). Poate şi o oră. | It all depends. It may take an hour. |
| Între timp puteţi alege una din revistele de pe masă. | Meanwhile pick up one of the magazines which are strewn on that table. |
| Acum e rândul dv. Poftiţi în cabinetul medical. | Now it's your turn. Will you come into the surgery/ consulting room? |
| Bună dimineaţa, dle doctor. | Good morning, doctor. |
| Bună dimineaţa! Nu vă simţiţi bine, ei? | Good morning. Not feeling well, eh? |
| Ce vă supără? | What do you complain of? |
| În ultimele zile nu m-am simţit bine. | I haven't been feeling well the last days. |
| Nu ştiu ce este cu mine. Totul mă indispune. Mă simt prea obosit ca să mă mişc. Se pare că toate oasele din corp mă dor. Mi-a pierit pofta de mâncare. | I don't know what is the matter with me. I am upset with everything. I feel too tired to move. Every bone in my body seems to ache. My appetite has gone. |
| Nu pot dormi noaptea. Sufăr de insomnie. | I cannot sleep at night. I am suffering from sleeplessness. |
| Cred că am gripă. | I think I have got the flu/influenza. |
| Am febră/temperatură ridicată. | I have a fever/a high temperature. |
| Am adesea ameţeli. | I often have giddy turns. |
| Am răcit. | I have caught a cold. |
| Uneori tuşesc. | I cough at times. |
| Strănut mereu. | I have got a fit of sneezes. |
| Nasul... | My nose... |
| ..."îmi curge". | ...is running. |
| ...esta înfundat de tot | ...is all clogged up. |
| Am dese dureri de cap. Ce pot face să scap de durerea de cap? | I have frequent headaches. What can I do to get rid of my headache? |
| Mă doare gâtul; sunt tare răguşit. | I have a sore throat; I am quite hoarse. |
| Am degerături la mâini// | I got chilblains on my |

| | |
|---|---|
| picioare. | hands//feet. |
| Sufăr de nevralgie. | I am suffering from neuralgia. |
| Mi-am stricat stomacul. | I have spoiled my stomach. |
| Mă doare stomacul. Simt o durere în abdomen. | I have got a stomach-ache. I feel a pain in my belly. |
| Stau prost cu digestia. Sunt constipat. | My digestion is not good. I am costive. |
| Sufăr de reumatism articular/ la încheieturi. | I suffer from rheumatism in the joints. |
| Nu pot întinde brațele// picioarele. | I can't stretch my arms//legs. |
| Simt o durere în piept când respir. | I feel a pain in the chest when I breathe. |
| Am dureri violente în spinare. | I have sharp pains in the back. |
| Mă dor șalele. | The loins hurt me. |
| Sufăr adesea de tulburări cardiace. | I often suffer from heart troubles. |
| Am o proastă circulație a sângelui. | I have a bad blood circulation. |
| Nu aud bine. | I don't hear well. |
| Îmi țiuie urechile. | My ears tingle. |
| Vederea îmi slăbeşte. | My eyesight is going weak. |
| Sunt miop//prezbit. | I am short-sighted//long-sighted. |
| Cred că trebuie să port ochelari. | I think I must wear glasses. |
| Am căzut pe scări și mi-am fracturat piciorul. | I fell down the stairs and I broke my leg. |
| Acum câteva minute, în timp ce traversam strada, un fost trântit jos de un automobil. | A few minutes ago, while crossing the street, I was knocked down by a car. |
| Sunt grav rănit. Rana încă mai sângerează. | I am badly hurt. The wound is still bleeding. |
| Mi-am scrântit glezna; este umflată. | I have sprained my ankle; it is swollen. |
| Mi-am tăiat degetul cu un cuțit (ascuțit). Sper că nu este o leziune gravă. | I have cut my finger with a (sharp) knife. It is not a seriuus injury, I hope. |
| Este doar o zgârietură. | It is only a scratch. |
| M-am ars//opărit. Îmi puteți prescrie ceva pentru a-mi vindeca rana? | I have got a burn//a scald. Can you prescribe something for me to cure the wound? |

| | |
|---|---|
| Slăbesc//Mă îngraş. | I am losing//putting on weight. |
| Copilul a crescut prea înalt pentru vârsta lui. | The child has grown too tall for his age. |
| Îmi cade părul. Chelesc. | I am losing my hair. I am getting bald. |
| Cc vă supără? De când sunteţi bolnav? Când aţi căzut bolnav? | What's wrong? How long have you been ill? When were you taken ill? |
| De când vă doare? | How long has it been hurting? |
| Apropiaţi-vă. Aşezaţi-vă (pe marginea canapelei). | Draw near. Sit down (on the edge of this couch). |
| Să vă iau pulsul. | Let me feel your pulse. |
| Pulsul este accelerat şi neregulat. | The pulse is quick and irregular. |
| Arătaţi-mi/Scoateţi limba. | Show me/Stick out your tongue. |
| Exact cum mi-am închipuit. Este încărcată. | Just as I thought. It is quite furred. |
| Deschideţi gura. Omuşorul este inflamat. Şi în ce stare sunt dinţii dv! | Open your mouth. The uvula is swollen. And what a state your teeth are in! |
| Scoateţi-vă haina. | Take off your coat. |
| Deschideţi nasturii de la cămaşă. | Undo the buttons of your shirt. |
| Dezbrăcaţi-vă până la mijloc. | Strip to the waist. |
| Doresc... | I want... |
| ...să vă examinez plămânii. | ...to check your lungs. |
| ...să vă ascult inima. | ...to listen to your heart. |
| Inspiraţi şi expiraţi adânc. | Breathe in and out deeply. |
| Nu mai respiraţi. | Hold your breath. |
| Am să vă iau temperatura. | I'll take your temperature. |
| Ţineţi termometrul la subsoară. | Keep the thermometer under your armpit. |
| Aveţi puţină temperatură. | You have (got) a slight temperature. |
| Aveţi temperatură: 38.9. Este peste normal. | You are running a temperature: 38.9 (thirty-eight point nine). It's above normal. |
| Acum culcaţi-vă pe spate. | Now lie down on your back. |
| Vreau să controlez... | I want to check... |
| Vă doare când apăs aici? | Does it hurt you when I press here? |
| Spuneţi-mi... | Tell me... |
| ...de ce boli aţi suferit în copilărie? | ...what diseases did you suffer from in childhood? |
| ...aţi suferit vreodată de...? | ...have you ever suffered from...? |

| | |
|---|---|
| La vârsta de 7 ani... | At the age of seven... |
| ...mi-au fost scoase amigdalele. | ...I had my tonsils removed. |
| ...am fost operat de apendicită. | ...I was operated on for appendicitis. |
| ...am avut pojar. | ...I had the measles. |
| Care este părerea dv, dle doctor? | What is your opinion, doctor? |
| Este boala aceasta periculoasă// molipsitoare? | Is this disease dangerous// catching? |
| Nimic îngrijorător. | Nothing to worry about. |
| Se pare că sunteți foarte sensibil la... | You seem to be very sensitive to... |
| Momentan nu vă prescriu nici un medicament// tratament. | For the time being I am not prescribing you any medicine//treatment. |
| Dacă veți continua să luați pilulele/hapurile acelea, vă vor face mai mult rău decât bine. | Taking those pills will do you more harm than good. |
| Nu vă trebuie altceva decât odihnă. | All you need is rest. |
| Nu vă obosiți prea mult. | Do not overwork/overtire yourself. |
| O schimbare de aer vă va face mult bine. | A change of air will do you much good. |
| În curând vă veți... | You'll soon... |
| ...însănătoși. | ...recover. |
| ...vindeca (de boala dv.). | ...get over your illness. |
| Vă sfătuiesc... | I advise you... |
| ...să mâncați alimente necondimentate. | ...to eat plain food. |
| ...să beți mult lapte proaspăt. | ...to drink plenty of fresh milk. |
| ...să vă lăsați de fumat. | ...to give up smoking. |
| Stați în casă câteva zile. | Keep indoor(s) for a few days. |
| Am să vă prescriu unele medicamente. | I shall prescribe you some medicine. |
| Mergeți cu această rețetă la farmacie. Cereți să v-o prepare cât mai repede | Take this prescription to the chemist's. Ask them to make it up as quickly as possible. |
| Luați acest medicament de trei ori pe zi, după mese. | Take this medicine three times a day, after meals. |
| Beți acest(ă)... pe stomacul gol. | Drink this... on an empty stomach. |
| Ungeți vânătaia//rana cu acest unguent antiseptic. | Smear the bruise//wound with this antiseptic ointment. |

| | |
|---|---|
| Va trebui să vă prescriu și regim. | I'll have to put you on a diet too. |
| Este recomandabil să vă faceți toate analizele necesare. | It is advisable that you go through the necessary laboratory tests. |
| Nimic nu trebuie trecut cu vederea. | Nothing must be overlooked. |
| Controlați-vă tensiunea arterială și faceți-vă hemograma. | Check up your blood pressure and have the haemogran made. |
| Urmează să stau la pat? | Am I confined to bed? |
| Trebuie... | Must... |
| ...să intru în spital? | ...I go into hospital? |
| ...să fiu operat? | ...I be operated on? |
| Nu mă pot pronunța încă. | I cannot tell yet. |
| Nu pot spune dacă este... sau... | I cannot say whether it is... or... |
| Durerile s-ar putea datora unui// unei..., ca și unui// unei... | The pains might be due to a(n)...as well as to a(n)... |
| Nu mă pot ocupa de cazul dv. | I cannot deal with your case. |
| Vă voi recomanda unui specialist în... | I'll recommend you to a specialist in... |
| ...boli de inimă. | ...heart diseases. |
| ...boli de piele. | ...skin diseases. |
| Vă veți vindeca complet numai dacă veți urma cu strictețe tratamentul ce vi l-am prescris. | You'll be completely restored provided you stick to the treatment I've prescribed for you. |
| Dacă nu se constată o amelio rare, va trebui să vă internez/spitalizez. | If there is no improvement, I'll have to hospitalize you. |
| Treceți din nou pe la mine după o săptămână, dacă nu vă simțiți mai bine. | Come and see me again in a week's time if you don't feel any better. |

| | |
|---|---|
| Cum vă simțiți acum? | How do you feel now? |
| Tot vă mai doare? | Still aching//hurting? |
| Regret, dle doctor, dar medicamentul nu mi-a ajutat deloc/nu mi-a servit la nimic. | I'm sorry, doctor, but the medicine hasn't done me any good. |
| Mă simt mult mai ușurat, mulțumesc dle doctor. | I feel much relieved, thank you, doctor. |
| Îmi puteți da un certificat care să ateste că... | Can you give me a certificate to say that... |
| ...(nu) sunt apt pentru muncă? | ...I'm (not) fit to work? |

| | |
|---|---|
| ...pot ocupa serviciul pe care îl solicit? | ...I can get the situation I am applying for? |
| ...ați decis să mă operați de îndată? | ...you have decided to operate on me at once? |
| Care este onorariul dv., dle doctor? | What is your fee, doctor? |
| Onorariul meu este... | My fee is... |
| Onorariul dv, dle doctor. | Your fee, doctor! |
| Mulțumesc! | Thank you! |
| Eu vă mulțumesc! | Thank you! |
| N-aveți nimic de plată. Consultația/tratamentul este gratuit. | No fee. The consultation// treatment is free of charge. |
| La revedere (și) curaj! | Good-bye and cheer up! |

| **La dentist** | **At the Dentist's** |
|---|---|
| Ce este cu tine? Arăți cam indispus. | What is the matter with you? You look rather seedy. |
| Am o durere de dinți îngrozitoare. | I have a terrible toothache. |
| În ultimele zile am avut mereu dureri de dinți. | For the last two days I have had frequent toothaches. |
| Sufăr mult, în special în timpul nopții. | I suffer much, chiefly at night time. |
| Am un dinte stricat în față// în fundul gurii//pe partea dreaptă. | I have a bad tooth in front//at the back//on the right side. |
| Uite, mi s-a umflat falca. | See, my cheek is swollen. |
| De ce nu mergi la un dentist? | Why don't you go to a dentist? |
| Am oroare de dentiști. | I hate (going to) dentists. |
| Ciocănitul și sfredelitul dinților nu este deloc amuzant. | Knocking and drilling one's teeth is not at all very entertaining. |
| Nu exagera lucrurile. Îți voi recomanda un dentist "cu mână ușoară". | Don't exaggerate things. I'll recommend you a painless dentist. |

---

| | |
|---|---|
| Luați loc pe scaun și lăsați capul pe spate. | Sit down on this chair and lean your head back. |

| | |
|---|---|
| Deschideţi gura. Vreau să văd... | Open your mouth. I want to see... |
| Stai liniştit, vă rog. | Sit still, please. |
| Care dinte vă doare? | What tooth is it that hurts you? |
| Dintele de sus//jos din faţă. | The upper//lower front tooth. |
| Mai aveţi o măsea cariată în maxilarul superior. | You have also a hollow molar in the upper jaw. |
| A căzut plomba. | The filling/topping has come out. |
| Gingiile sunt inflamate. | The gums are swollen. |
| Voi curăţa şi plomba cavitatea | I shall clean out the cavity and fill/stop it. |
| Dintele acesta... | This tooth... |
| ...poate fi plombat. | ...can be filled/topped. |
| ..are nevoie de o coroană (nouă). | ...needs a new crown. |
| ...nu poate fi salvat, este prea rău stricat. | ...can't be saved, it is too badly dammaged. |
| ...trebuie radiografiat. | ...must be X-rayed. |
| ...trebuie extras. | .. must be pulled out/ extracted. |
| Am să vă fac o injecţie şi nu veţi simţi nici o durere. | I'll make you an injection so that you'll feel no pain. |
| Eu sunt gata. V-a durut? | I am ready. Did it hurt? |
| Clătiţi-vă gura cu antiseptic. | Rinse your mouth with this antiseptic mouth wash. |
| Câteva ore nu mâncaţi nimic. | Don't eat anything for a couple of hours. |
| Dacă veţi avea vreo supărare, puneţi puţină vată înmuiată în eter, în cavitatea dintelui. | Should you have any troubles, put a little cotton dipped in ether into the hollow of the tooth. |
| Dacă dintele continuă să vă doară, reveniţi. Va trebui să omor nervul. | If the tooth keeps aching, come again. I'll have to kill the nerve. |
| Evitaţi să şedeţi în curent ca să nu căpătaţi pe deasupra şi o durere de urechi. | Avoid sitting in a draught or you'll be having an earache on the top of that. |
| Vă mulţumesc, dle doctor. Voi urma sfaturile dv. | Thank you, doctor. I'll observe your advice. |

| *Cuvinte suplimentare:* | *Additional words:* |
|---|---|
| abces | abscess |
| amețeală | giddiness |
| analiză; - de sânge | analysis; blood test |
| anchilozare | stiffening |
| anemie | anaemia |
| anestezie (locală) | (local) anaesthetic |
| apoplexie | apoplexy |
| arterioscleroză | arteriosclerosis |
| artritism | arthritis |
| astenie | asthenia |
| astmă | asthma |
| bâlbâit | stammerer |
| blenoragie | gonnorhoea, blennorrhagia |
| boală de nervi | nervous disease |
| brancardă, targă | stretcher |
| bronșită | bronchitis |
| calmant (efect -) | soothing (effect) |
| cancer | cancer |
| cataractă | cataract |
| certificat medical | medical certificate |
| chior | (a) one-eyed |
| chirurg - chirurgie | surgeon - surgery |
| chirurgie plastică | plastic surgery |
| ciung | (a) one-armed |
| clinică | clinic |
| cocoșat | hunchback(ed), humpback(ed) |
| colic | colic |
| comoție cerebrală | concussion of the brain |
| concediu de boală//de maternitate//de odihnă | sick//maternity//rest leave |
| congestionat | bloodshot |
| constipație | constipation |
| contagios, molipsitor | contagious, catching |
| convalescență | convalescence |
| crampă | cramp |

| | |
|---|---|
| criză | crisis; (de inimă) heart attack; (de nervi) fit of nerves/ hysteria |
| curabil/incurabil | curable//incurable |
| dantură falsă | a set of false teeth/a denture |
| deficient mintal | mentally deficient |
| diabet | diabetes |
| diaree | diarrhoea |
| difterie | diphteria |
| dioptrie | diopter |
| dispensar | dispensary |
| dizenterie | dysentery |
| doctor în medicină | doctor of medicine (M.D.) |
| doctor în medicină generală | general practitioner (G.P.) |
| durere de ficat//de ochi | liver complaint//sore eye(s) |
| dureros | painful |
| eczemă | eczema |
| epidemie | epidemic |
| epilepsie | epilepsy |
| frisoane, friguri | shivers |
| furuncul | boil |
| ginecolog | gynaecologist |
| greață (senzația de -) | sensation of nausea |
| gută | gout |
| hemoragie | haemorrhage, bleeding |
| hepatită | hepatitis |
| hernie | hernia, rupture |
| infecție | infection |
| infirm - infirmitate | infirm - infirmity |
| insolație | sun-stroke |
| invalid - invaliditate | invalid - invalidity |
| leșin | faint |
| leziune - rană | injury |
| lumbago | lumbago |
| luxație | luxation |
| malarie | malaria |
| masaj | massage |
| maternitate | maternity (hospital) |
| medic (doctor) | physician, doctor |
| medic veterinar | veterinary surgeon (V.S.) |
| metabolism | metabolism |
| migrenă | migraine |
| moașă | midwife |
| mut | dumb |
| nebun - nebunie | mad/insane - madness/insanity |
| nervos | nervy |
| oftalmolog, oculist | ophtalmologist |

| | |
|---|---|
| olog | (cu un picior) (a) one-legged; (fără ambele picioare) legless |
| orb; - din naștere | blind; blind from birth |
| ore de vizită (spital etc) | visiting hours |
| oreion | mumps |
| otrăvire | poisoning |
| pacient intern//extern | in-patient//out-patient |
| palpitație | palpitation, throbbing |
| pansament | dressing |
| paralizie; - infantilă | palsy, paralysis; polio |
| pleurezie | pleurisy |
| pneumonie | pneumonia |
| pojar | measles |
| prim ajutor | first aid |
| prostatită | prostatitis |
| proteză dentară | dental plate, denture |
| punte (proteză) dentară | dental bridge |
| puroi | pus |
| rahitism | rickets |
| raze X | X-rays |
| rădăcină; tratamentul rădăcinii | root; root-treatment |
| râie, mâncărime | itch |
| sală de operație | operating theatre |
| sanatoriu | sanatorium |
| sanitar | first-aid man |
| sașiu | (a) squint-eyed |
| scarlatină | scarlet fever |
| sciatică | sciatica |
| sifilis; - sililitic | syphilis - syphililic |
| simptom | symptom |
| specialist în boli de nervi | nerve speciatisl |
| spital | hospital |
| stațiune climaterică | health resort |
| sughiț | hiccup |
| surd - surdo-mut | deaf - deaf-and-dumb |
| șchiop | lame |
| tampon de vată | pad of cottonwool |
| tăietură | cut |
| tifos | typhus |
| transfuzie de sânge | blood transfusion |
| tuberculoză (T.B.C.) | tuberculosis, consumption (T.B.) |
| tuse | cough |
| ulcer | ulccr |
| urină | urine |
| urolog | urologist |
| vaccin - vaccinare | vaccine - vaccination |
| varice | varicose vein |

| | |
|---|---|
| varicelă, vărsat de vânt | chicken-pox |
| vărsat, variolă | small-pox |
| venerică (boală -) | venereal disease |
| virus | virus |
| vitamine (lipsă de - ) | lack of vitamines |
| a aluneca | to slip |
| a calma/liniști | to soothe |
| a avea o criză de... | to have a fit of... |
| a face gargară | to gargle |
| a se îmbolnăvi | to fall/to be taken ill |
| a îngriji/a vindeca bolnavi | to nurse/to cure the sick ones |
| a fi operat de... | to be operated on for... |
| a fi supus unei operații | to undergo an operation |
| a curăța/ a pansa o rană | to clean up/to dress a wound |
| a fi rănit într-un accident | to be injured in an accident |
| a se bucura de o bună sănătate | to enjoy good health |
| a strănuta | to sneeze |
| a scădea temperatura | to drop/the temperature is dropping |
| a fi tratat de... | to be treated for... |
| a transpira | to perspire |
| a tuși | to cough |
| a vaccina | to vaccinate, to inoculate |
| a (se) vindeca | to cure/to be cured |

| LA FARMACIE | AT THE CHEMIST'S |
|---|---|
| Unde pot să fac o rețetă? | Where can I have a prescription made? |
| Este vreo farmacie în apropiere? | Is there a chemist's (shop) nearby? |
| Ce farmacie este de serviciu în noaptea aceasta? | Which chemist's is on duty tonight? |
| Este una chiar în josul străzii. Funcționează toată noaptea/ zi și noapte fără întrerupere.- | There is one just down the road. It runs an all-night service/a day and night service. |
| Bună seara, domnule. Am o rețetă.. Mi-o puteți face pe loc? | Good evening, Sir. I have a prescription. Can you make it while (I am) waiting? |
| Da, dar va trebui să așteptați mai bine de o oră până ce o prepar. | Yes, but it will take you more than an hour to wait until I get it prepared. |
| Nu puteți veni să o luați mai târziu. | Do you mind coming later to collect it. |
| Este un caz urgent. Omul este grav bolnav/în pericol. | It is an urgent case. The man is dangerously ill. |
| Îmi puteți da ceva de dormit/ un somnifer? | Can you supply me with some sleeping-draught? |
| Numai cu rețeta medicului. | On doctor's prescription only. |
| Ce îmi puteți recomanda împotriva răcelii? | What can you recommend me for a cold? |
| Am nevoie de... | I want... |
| ...câteva aspirine. | ...some aspirins. |
| ...un tonic bun și drageuri cu polivitamine. | ...a good tonic and multivitamin pills. |

| | |
|---|---|
| ...ceva ca să slăbesc. | ...something to slim. |
| ...un pachet de vată. | ...a package of cottonwool. |
| ...un laxativ ușor. | ...a mild laxative. |
| ...o loțiune (un tonic) pentru păr. | ...a bottle of hair restorer. |
| ...o trusă (medicală) de prim ajutor. | ...a first-aid box. |
| Câte tablete//pilule//lingurițe trebuie să iau pe zi? | How many tablets//pills// spoonfuls am I to take a day? |
| Doctoria trebuie luată înaintea meselor sau după? | Shall I take the medicine before or after the meals? |
| Mă pot bizui pe acest preparat? | Is this stuff reliable? |
| Este bun atât pentru copii, cât și pentru adulți. | It is good for children as well as for grown-ups. |
| Nu uitați să agitați sticla înainte de întrebuințare. | Don't forget to shake the bottle before using. |
| A se păstra la rece. | Store it in a cool place. |
| Acest...este destinat numai pentru uz extern. | This...is intended for external use only. |

| | |
|---|---|
| *Cuvinte suplimentare:* | *Additional words:* |
| alcool; - camforat | alcohol; camphorated alcohol |
| alifie; pomadă | ointment |
| anestezic | anaesthetic |
| antibiotic | antibiotic |
| antigripal | anti-flu |
| antinevralgic | antineuralgic |
| antiseptic | antiseptic |
| bicarbonat | bicarbonate |
| calmant | sedative, pain-killer |
| ceai de mușețel; - de tei | camomile tea; lime blossom |
| infuzie | infusion |
| chinină | quinine |
| dezinfectant | disinfectant |
| eter | ether |
| expectorant | expectorant |

| | |
|---|---|
| fiolă | phial |
| frecție | friction |
| gargară | gargle |
| glicerină | glycerine |
| injecție | injection |
| medicament | medicine, drug |
| pansament | dressing, bandage |
| penicilină | penicilin |
| picături | drops |
| plasture | plaster |
| pudră de talc | talcum powder |
| purgativ | purgative |
| sirop de tuse | throat syrup, cough-mixture |
| spirt medicinal | alcoholic extract |
| streptomicină | streptomycin |
| tifon | gauze |
| tinctură de iod | tincture of iodine |
| ulei de ricin | castor oil |
| untură de pește | cod-liver oil |
| vaccin | vaccine |
| valeriană | tincture of valerian |
| vaselină | vaseline |

# În vacanță

# On Holidays

## Concediul de odihnă

## The Rest Leave

| PLANURI PENTRU VACANȚĂ | PLANNING FOR THE HOLIDAYS |
| --- | --- |
| Aștept cu tăcere (și emoție) vacanța/concediul. | I am looking forward to the holidays. |
| Doresc să mă bucur de fiecare minut al vacanței/concediului. | I want to enjoy every minute of my holidays. |
| Ai vreun plan pentru vacanță/concediu? | Have you made any plans for the holidays? |
| Unde vrei să-ți petreci vacanța/concediul anul acesta? | Where are you going to spend your holidays this year? |
| Nu mă pot decide dacă să plec pe litoral sau la munte. | I can't decide whether to go to the seaside or in the mountains. |
| De multe ori am dorit... | I have often longed... |
| ...să hoinăresc din loc în loc. | ...to stroll from place to place. |
| ...să vizitez/să cutreier Maramureșul. | ...to go sightseeing in Maramureș. |
| ...să fac turul României cu mașina. | ...to tour Romania by car. |
| Mi-am dorit întotdeauna... | I have always wanted... |
| ...să fac o croazieră pe Marea Neagră. | ...to go on a cruise on the Black Sea. |
| ...să petrec 30 de zile fără griji, sus pe munți. | ...to spend 30 care-free days up in the mountains. |
| ...să călătoresc în țări străine. | ...to travel to other countries. |
| Nu stau niciodată multă vreme într-un loc; îmi place să-mi petrec timpul... | I never stay in one place for long; I like to spend my time... |
| ...făcând excursii (lungi, pe jos). | ...hiking. |
| ...mergând din loc în loc. | ...wandering/going places. |
| ...făcând ciclism. | ...cycling. |
| ...mergând cu automobilul. | ...motoring. |
| ...pescuind/vânând. | ...fishing/hunting/shooting. |
| ...vizitând locuri ce prezintă interes. | ...visiting places of interest. |
| Duminica viitoare intenționez să plec într-o excursie... | On next Sunday I intend to start on a trip... |
| ...în josul//în susul Văii Oltului. | ...down//up the Olt Valley. |
| ...în Delta Dunării. | ...to the Danube Delta. |

| | |
|---|---|
| La această oră, sâmbăta viitoare voi (fi)... | This time next Saturday I shall be... |
| ...călători spre... | ...on a journey to... |
| ...zbura spre... | ...flying to... |
| ...pe bordul unui vapor. | ...on board a ship. |
| ...la o casă de odihnă. | ...at a rest-home. |
| Ce planuri ai tu? | What are your plans? |
| Am primit o invitație să petrec un week-end cu prietenii mei care locuiesc la... | I've got an invitation to spend a weekend with my friends living in... |
| Prietenii mei din... doresc să rămân la ei cel puțin 10 zile. | My friends in... want me to stay at least 10 days with them. |
| Am să îmi petrec vacanța/ concediul la țară, la familia Ionescu. | I am going to spend my holidays in the country with the Ionescus. |
| Când te înapoiezi? | When are you coming back? |
| Cred că sunt înapoi în trei, cel mult patru săptămâni. | I expect to be back in three weeks, four at the most. |
| Îmi voi petrece vacanța/ concediul în liniște, acasă. Nu cred să plec undeva vara aceasta. | I'll spend my holidays quietly at home. I don't think I am going anywhere this summer. |
| Nu voi lipsi de acasă. | I shan't be away from home. |

| | |
|---|---|
| *Cuvinte suplimentare:* | *Additional words:* |
| acasă (rămânerea - ) | stay-at-home |
| așezare - locuință | settlement - dwelling |
| busulă | compass |
| camping: loc pentru - | camping; camping site |
| cazare la hotel | hotel accommodation |
| cheie, trecătoare în munți | gorge(s)/pass |
| concediu de odihnă | rest leave |
| condiții/posibilități de distracție / tratament | entertainment//treatment facilities |
| deal | hill |
| decor; peisaj; - pitoresc | scenery; picturesque scenery |
| defileu | defile |
| dor de ducă | wanderlust |
| drumeție | wandering |
| excursie (în aer liber) | outing |
| faună | fauna |
| floră | flora |
| fortăreață | fortress |
| ghid | guide-book |
| itinerar | itinerary |
| împrejurimi | surroundings |

| | |
|---|---|
| haltă, oprire | stop, stopping place |
| hotel | hotel |
| lac | lake |
| localitate istorică | historical place |
| mănăstire; - de maici | monastery; nunnery |
| monument istoric | historical monument |
| motel | motel |
| munte: lan de munți | mount; chain/range of mountains |
| muzeu | museum |
| pădure; - seculară | wood; secular forest |
| peisaj | landscape |
| peşteră | cave, cavern |
| pârâu | brook |
| platou, podiş | plateau |
| plin sezon/sezon mort | high season//out of season |
| pod | bridge |
| relief | relief |
| rezervație (animale etc) | preserve |
| râu; - mic | river; rivulet |
| ruină | ruin |
| stațiune... | resort; place |
| ...balneară | ...watering place, seaside resort |
| ...climaterică | ...health resort |
| ...de iarnă | ...winter resort |
| ...de munte | ...mountain resort |
| ...termală | ...health spa |
| ...de vară | ...summer resort |
| ...deschisă în tot timpul anului | ...all-the-year-round-resort |
| teren de sport | sports ground |
| torent, şuvoi de apă | mountain stream |
| transport (mijloc de -) | means of transport |
| trecătoare prin munți | pass |
| turism - turist | tourism - tourist |
| vale | valley |
| vestigiu (arheologic) | (archaeological) vestige |
| viaduct | viaduct |
| vilă | villa, cottage |
| zonă/regiune turistică | tourist area |
| a călători/ a merge... | to travel/to go... |
| ...cu automobilul | ...to travel by car |
| ...cu bicicleta | ...to cycle/to ride a cycle |
| ...cu avionul | ...to travel/to go by plane/by air |
| ...pe jos | ...to go on foot/to walk |
| ...cu trenul | ...to travel/to go by train |

| | |
|---|---|
| ...cu vaporul | ...to travel/to go by ship/by water |
| ...în străinătate | ...to travel/to go abroad |
| a fi în concediu | to be on leave/on holiday |
| a conduce automobilul | to drive the car |
| a pleca într o excursie | to go on a trip |

| | |
|---|---|
| **O EXCURSIE LA ŢARĂ** | **A TRIP TO THE COUNTRYSIDE** |
| Soţia mea şi cu mine aşteptăm să ne petrecem concediul de odihnă... | My wife and I are looking forward to spending our rest leave... |
| ...la ţară. | ...in the country. |
| ...într-o tabără de vară. | ...in a summer camp. |
| ...la o fermă. | ...on a farm. |
| Îmi place mult... | I am fond of... |
| ...să merg din loc în loc, fără un traseu şi o destinaţie prestabilite. | ...going from place to place without a settled route or destination. |
| ...un picnic în aer curat. | ...a picnic in the fresh air. |
| ...să dorm peste noapte sub cerul liber, într-un cort. | ...camping out. |
| Ţii bine la drum? | Are you a good walker? |
| Ştii să mergi pe bicicletă? | Can you ride a bicycle? |
| Ai automobil? | Have you got a car/Do you run a car? |
| Sunt bilete cu preţ redus pentru excursii spre/la...? | Are there any cheap excursion tickets to...? |
| Duminicile/în timpul week-endului este o reducere de 20%. | On Sundays/During the weekend there is a 20 per cent reduction. |
| Autobuzul ne duce numai până la... | The bus takes us only as far as... |
| Satul se află la şase kilometri de gară//de staţia de autobuz. | The village lies six kilometres off the railway station//bus stop. |
| De la...putem merge fie pe jos, fie cu o trăsură. | From the... we can either go on foot or hire a carriage. |
| Pădurea este la o aruncătură de băţ de sat. | The wood is at a stone's throw from the village. |
| Cunosc un loc frumos lângă liziera pădurii. | I know a beautiful/lovely spot near the fringe of the forest. |
| Un prieten de-al meu are un bungalou la numai câţiva metri depărtare de drumul care duce la cabana de vânătoare. | A friend of mine owns a bungalow only a few metres off the road that leads to the shooting-box. |
| Este un loc de campare//o | There is a camping site//a hut |

| | |
|---|---|
| cabană pentru turiştii care cutreieră locurile, dar nu există cale ferată sau şosea în apropiere. | for tourists who wander about, but there is no railway or highway nearby. |
| Tabăra se află la cale de două ore de mers pe jos// la o oră de mers cu maşina de-a lungul unui drum sinuos. | The camp is at a two hours' walk//at an hour's drive along a winding road. |
| Lângă râu se află... | Close to the river there is/stands... |
| ...o moară de apă. | ...a water-mill. |
| ...un han. | ...an inn. |
| ...casa fermierului. | ...the farmer's house. |
| Am putea înnopta la hanul din sat. | We might put up for the night at the village inn. |

---

| | |
|---|---|
| Cunoşti drumul spre..., nu-i aşa? | You know the way to..., don't you? |
| Ia-o înainte (ca să ne conduci). | Lead the way. |
| Întreabă pe cineva/un trecător care este drumul cel mai scurt spre... | Ask somebody/a passer-by which is the shortest way to... |
| Să mergem/ţinem pe cărarea care duce peste câmp. | Let's follow the path running across the fields. |
| Unde duce poteca de acolo? | Where does the footpath over there lead to? |
| Duce în pădure. | It leads into the woods. |
| Să părăsim drumul bătut/umblat. | Let's get off the beaten track. |
| Dar ştii că drumul umblat/ bătătorit este cel mai sigur. | A trodden path is the safest, you know. |
| Dacă mergem pe poteca aceea peste dealuri, câştigăm timp mult. | If we follow that footpath across the hills, we'll gain much time. |
| Putem să o luăm şi pe scurtătură, peste fâneaţă. | We can also take a short cut across the meadow. |
| Drumul ăsta e pustiu. | This path is lonely. |
| Cât vezi cu ochii, nici o fiinţă omenească/nici ţipenie de om. | There is hardly a human being to be seen as far as the eye can reach. |
| Am putea da de/întâlni animale sălbatice. | We may come across wild animals. |
| Regiunea aceasta pare cam aridă/pustie/sălbatică. | This countryside seems rather bare/wild-looking. |
| Nu mergem... | Aren't we going... |
| ...pe un drum greşit? | ...the wrong way? |
| ...în direcţie opusă? | ...in the opposite direction? |
| Este mai bine să urmăm cursul pârâului; el curge prin satul | It's better to follow the course of the brook; it flows through |

| | |
|---|---|
| spre care ne îndreptăm. | the village we are heading for. |
| Foarte ciudat să mă rătăcesc. | Strange enough to miss the way. |
| Am mai fost pe aici de nenumărate ori. | I have been here a good many times before. |

| | |
|---|---|
| Mergeți prea repede. Nu pot ține pasul cu voi. | You walk too quickly. I can't keep pace with you. |
| Dacă nu ne grăbim... | If we don't hurry... |
| ...s-ar putea să ne prindă ploaia. | ...we might be caught in the rain. |
| ...se va întuneca mai înainte de a ajunge la... | ...it will be dark before we get at the.../we reach the... |
| Transpir în hainele acestea și apoi mai e și rucsacul. | I am sweating in these clothes and there is the rucksack. |
| Sunt ud leoarcă de sudoare. | I am drenched in sweat. |
| Sunt ud până la piele. | I am already wet through/to the skin. |
| Unde ne putem adăposti de ploaie? | Where can we take shelter against the rain? |
| Dă-mi mie să duc echipamentul de camping. | Let me carry the camping outfit. |
| Nu călca pe iarba udă, ca să nu aluneci. | Keep off the wet grass lest you should slip. |
| Ferește-te de soare. | Keep out of the sun. |
| Pune-ți pălăria de pai// hanoracul. | Put on your straw hat//your anorak. |
| Fă și tu o dată un efort. | Make an effort for once. |
| Am făcut deja jumătate din drum//de milă. | We have already done half way//half a mile. |
| Au mai rămas...mile. | There have been left only miles. |
| În curând părăsim acest drum prăfos//murdar. | We shall soon leave this dusty//dirty road. |
| Sunt obosit//istovit//însetat// flămând. | I am tired// exhausted// thirsty// hungry. |
| Mă jenează bocancii. | The boots pinch me. |
| (Hai) să... | Let's... |
| ...ne odihnim. | ...have/take a rest. |
| ...facem un popas aici. | ...make a halt here. |
| ...stăm la umbră. | ...sit down in the shade. |
| ...bem//mâncăm ceva. | ...drink//eat something. |

| | |
|---|---|
| Aici este de-a dreptul minunat. | It is just wonderful here. |
| De jur împrejur este un decor fermecător. | All around there is a lovely scenery. |
| Privește la tot ce te înconjoară. | Look at the things around you. |
| Dealurile//Munții învecinați | The neighbouring hills// |

| | |
|---|---|
| sunt împăduriți. | mountains are wooded. |
| Câmpia este plină de flori. | The field is full of flowers. |
| Pomii sunt înfloriți. | The trees are in blossom. |
| Cât de proaspătă arată iarba! | How fresh the grass looks! |
| Cât de vesele cântă păsările! | How cheerful the birds sing! |
| Ce priveliște frumoasă! | What a beautiful sight! |
| Auzi murmurul pârâului care curge în apropiere? | Can you hear the purl of the brook which flows nearby? |
| În pomii aceştia sunt mere. | There are apples on these trees. |
| Fructele sunt la îndemâna oricui. | The fruit are within reach of anyone. |
| Am putea... | We might... |
| ...campa lângă râu. | ...camp near the river. |
| ...să ne scăldăm în râu. | ...bathe in the river. |
| Eu voi... | I shall... |
| ...întinde pătura (de excursie) sub ramurile stejarului aceluia. | ...spread the picnic cloth under the branches of that oak. |
| ...ridica cortul aproape de/lângă pădure. | ...put up the tent by/close to the wood. |
| Nu putem sta culcați//sta acolo; pământul este jilav. | We can't lie//sit there; the ground is damp. |
| Pune rucsacul etc... | Put the rucksack etc... |
| ...rezemat de copac. | ...against the tree. |
| ...la umbra copacului. | ...in the shade of the tree. |
| Scoate alimentele din rucsac. | Take the provisions out of the rucksack. |
| Vreau să aprind un foc și să gătesc ceva. | I want to light a fire and cook something. |
| Vrei să aduci niște uscături// puțină apă proaspătă? | Will you fetch some bits of dry wood//some fresh water? |
| Lasă treaba asta pe seama mea. | Leave that to me. |
| Sunt mort de oboseală. Tot ceea ce doresc acum este să mă culc și să dorm. | I am dead tired. All I want now is to lie down and sleep. |

| | |
|---|---|
| *Cuvinte suplimentare:* | *Additional words:* |
| adăpost | shelter |
| buchet de flori | nosegay, bouquet |
| cabană (la munte) | chalet/cottage |
| căruță; - trasă de boi | cart; a cart driven by oxen |
| cătun | hamlet |
| cioban | shepherd |
| combină | combine |
| cosaș | mower, reaper |
| curte | yard |
| drum de țară/de care | country road |
| drumeție | hiking, wandering |

| | |
|---|---|
| fân; căpiță de fân | hay; hay stack |
| fluture | butterfly |
| gamelă | canteen |
| gard; - viu | fence; hedge |
| hambar | barn |
| iaz | pond |
| insectă | insect |
| izvor | spring |
| livadă (grădină cu pomi fructiferi) | orchard |
| luncă (la malul râului) | water meadow, water side |
| magazie pentru lemne | wood shed |
| marș | march |
| mașină de treierat, batoză | treshing machine |
| moară de vânt | windmill |
| oaie, oi | sheep |
| ogor | (ploughed) field |
| ogradă | courtyard, farmyard |
| păsări de curte, orătănii | poultry |
| permis de vânătoare | shooting licence |
| petrecere în aer liber | garden-party |
| plimbare cu mașina | drive |
| ploios | rainy |
| poartă | gate |
| plug - plugar | plough - ploughman |
| poiană | clearing, glade |
| puț | well |
| sătean(că) | villager - countryman/ countrywoman |
| secerător | reaper |
| termos | thermos (flask) |
| tractor | tractor |
| treierător | tresher |
| turmă | flock, herd |
| țăran, -țărancă -țărăncuță | peasant - peasant woman - peasant girl |
| vie; culesul -ei | vineyard: vintage |
| vite (bovine) | cattle |
| vântos | windy |
| vreme, timp | weather |
| a ara | to plough, to till |
| a cădea | to fall |
| a culege (flori etc) | to pick (flowers etc) |
| a gâfâi de oboseală | to pant with fatigue |
| a îmbrăca//a dezbrăca | to put on//to take off |
| a paște, a pășuna | to graze |
| a recolta, a strânge recolta | to gather in the harvest |
| a semăna | to sow, to seed |

| AUTOMOBILISM | MOTORING |
| --- | --- |
| Anul acesta îmi voi face/ petrece concediul (călătorind) cu maşina. | This year I'll spend my holidays motoring. |
| Intenţionez... | I intend... |
| ...să fac turul părţii de est// nord etc a ţării, vizitând toate locurile interesante din drumul meu. | ...to tour the eastern// northern etc part of the country visiting every place of interest on my way. |
| ...să plec în Bulgaria şi să stau la nişte prieteni bulgari care locuiesc lângă Sofia. | ...to go to Bulgaria and stay with some Bulgarian friends of mine living near Sofia. |
| ...să mă opresc la o staţiune de munte, o săptămână sau două, apoi să plec pe litoral. | ...to stop at a mountain resort for a week or two and then go to the seaside. |
| Tot drumul îl voi face cu maşina. | I'll travel all the way by car. |
| Acum am maşina mea | I now drive/run my own car. |
| Am terminat rodajul maşinii. | I have done the running in of the car. |
| Am trecut examenul de conducere auto (pt. şoferi amatori). | I have just passed my A.A. (Automobile Association) tests. |
| Am primit... | I have got... |
| ...permisul de conducere auto. | ...my driving licence. |
| ...adeverinţa de înscriere. | ...the registration card. |
| ...permisul de circulaţie. | ...the road/car licence. |
| Cunosc (pe de rost) toate regulile de circulaţie. | I know all the traffic regulations (by heart). |
| Ce (fel de) maşină ai? | What (kind of) car have you got? |
| Ce marcă are (maşina ta)? | What is the make of your car? |
| Este nouă? Este o maşină nouă? | Is it new? Is it a new car? |

| | |
|---|---|
| Am cumpărat-o... | I bought it... |
| ...nouă. | ...new. |
| ...în douăsprezece rate. | ...in twelve instalments. |
| ...de ocazie. | ...second-hand. |
| Nu și-a schimbat prea des proprietarul? | Hasn't it changed hands too often? |
| Este... | It is... |
| ...un Fiat sport, nou-nouț, de 140 C.P. | ...a brand new 140 h.p. (horse-power) sports Fiat roadster. |
| ...un Renault de 4 cilindri. | ...a four-cylinder Renault. |
| ...o Dacia 1300 de cinci locuri. | ...a five-seater Dacia 1300. |
| ...un vechi DKV în doi timpi. | ...an old two-stroke DKW. |
| ...un ARO cu tracțiune pe 4 roți. | ...a four-wheel drive ARO. |
| Are patru viteze și marșarier. | It has four forward speeds and one reverse. |
| Dezvoltă până la 100 C.P.* la 2900 ture pe minut. | It develops up to 100 h.p. at 2,900 r.p.m. (revolutions per rninute). |
| Consumă 8 litri la 100 km. | It does 30 miles a gallon. |
| De când ai mașina asta? | How long have you had this car? |
| Ai avut vreo neplăcere cu ea? | Have you had any trouble(s) with it? |
| Care este viteza ei rnaximă? | What is its top speed? |
| Câți kilornetri face pe oră? | How many kilometres per hour does it travel? |
| O am de aproape trei luni. | I have had it for about three months. |
| Încă mai sunt dator la ea. | I still owe on my car. |
| Am făcut deja 10.000 km. | I've already done more than 6.000 miles. |
| Motorul... | The engine... |
| ...este în stare perfectă. | ...is in perfect condition. |
| ...pornește ușor și merge regulat. | ...starts easily and runs smoothly. |
| ...funcționează destul de bine. | ...runs well enough. |
| Pare... | It seems... |
| ...să fie bine întreținută. | ...to be in good repair. |
| ...să aibă nevoie de unele reparații. | ...to want some repairs. |

* C.P.(cat putere) h.p.(horse power)

| | |
|---|---|
| Fac un drum lung la/spre... | I am taking a long drive to... |
| Am auzit/Am fost informat că... | I've heard/I've been informed that... |
| ...sunt moteluri de-a lungul şoselei care asigură atât locuinţă în camere (mici) separate, cât şi loc de parcare pentru maşini. | ...there are motels along the highway that provide both lodging in individual cabins and parking space for the cars. |
| ...sunt amplasamente pentru camping unde automobiliştii îşi pot ridica (propriile) corturi. | ...there are camping sites where the motorists might put up their (own) tents. |
| ...sunt condiţii de cazare în/la...la preţuri rezonabile în tot timpul anului. | ...there are accommodation facilities in/at... at reasonable prices all the year round. |
| ...sunt vreo duzină de cabane (făcute) din buşteni la dispoziţia vilegiaturiştilor. | ...there are about a dozen log huts at the disposal of the holidaymakers. |
| Mai sunt de asemenea... | There are also... |
| ...terenuri de tenis şi volei. | ...tennis and volley-ball courts. |
| ...ringuri pentru dans în aer liber. | ...open-air dance-floors. |
| Există un lac pentru scăldat, canotaj şi pescuit, dar principala atracţie a taberei este pădurea de pini învecinată. | There is a lake for bathing boating and fishing, but the chief attraction of the camp is the adjoining pine forest. |
| Unii automobilişti (din străinătate) preferă să locuiască în rulotele lor, (care sunt) de fapt case pe roţi. Ei gătesc şi se odihnesc în ele. | Some motorists (from abroad) prefer living in their trailers, which are actually houses on wheels. They cook and rest in them. |
| Ei, ce spui? Îţi surâde un drum (cu maşina) la...? | Now what do you say? Docs it appeal to you a drive as far as...? |
| Ţi-ar plăcea să faci o plimbare cu maşina mea? | Would you like to go for a ride in my car? |
| Da, desigur, ideea este bună. | Yes, of course. I like the idea. |
| Nu chiar acum. Azi nu mă simt în apele mele. Oricum, îţi mulţumesc. | Not just now. I feel rather out of sorts today. Thank you, all the same. |

| | |
|---|---|
| Pune acest... în portbagaj. | Put this... into the boot. |
| Este loc suficient pentru toate acolo. | There is enough room for everything there. |
| Să mergem. Urc în maşină. | Let's go. Get/Step into the car. |
| Şezi lângă mine//în spate. | Sit beside me//on the back seat. |
| Va trebui să mă opresc la staţia de benzină să umplu rezervorul. | I'll have to stop at the filling station to refuel. |
| Mergi/Condu încet. Circulaţia este intensă la orele astea. | Drive slowly. The traffic is heavy at these hours. |
| Fii atent la luminile semaforului. | Pay attention to the traffic lights. |
| E roşu/Semaforul e pe roşu. | The traffic light has turned red. |
| Încetineşte. Opreşte. | Slow down. Stop. |
| Încetineşte când traversezi zebrele/trecerile pentru pietoni. | Slow down when crossing the zebras/the pedestrian crossings. |
| Ai depăşit viteza legală. | You've exceeded the speed limit. |
| Este interzis... | It's forbidden... |
| ...să claxonezi (între... şi...). | ...to sound the horn (between... and...) |
| ...să intri pe strada asta; are sens unic. | ...to enter this street; it's a one-way street. |
| Indicatorul acela spune: | That sign reads: |
| Intrarea interzisă! | No entry! |
| Se înfundă. | No through way! |
| Interzis a vira la stânga// dreapta. | No left//right turn! |
| Parcarea interzisă! | No parking! |
| Circulaţia se face pe dreapta. | The traffic moves on the right. |
| Tu conduci pe culoarul stâng al drumului. | You are driving on the left lane of the road. |
| Vei fi amendat. Iată poliţistul dirijând circulaţia. | You'll be tined. There is the policeman controlling the traffic. |
| N-am comis nici o infracţiune. | (I did) no offence. |
| Conduc... | I am driving... |
| ...numai cu 50 kilometri pe oră. | ...only 30 miles an hour. |
| ...pe primul culoar. | ...along the first lane. |
| Am redus la 40 kilometri pe oră. | I'm down to 25 miles an hour. |
| Încetează cu vorba, te rog. Nu mă bate la cap când conduc. | Stop talking, please. Don't bother me while driving. |

| | |
|---|---|
| Foarte curând vom fi afară... | Very soon we'll be out... |
| ...din oraş. | ...of the town. |
| ...din această înghesuială şi vacarm. | ...of this squash and hubbub. |
| Care este drumul spre... | Which is the road to... |
| Şoseaua este... | The road is... |
| ...frumoasă//în stare bună// proastă. | ...fine//in good//bad (state of) repair. |
| ...mărginită pe ambele laturi de pomi. | ordered by trees on either side. |
| Acum putem accelera/mări viteza. | Now we can speed up/ increase the speed. |
| Sunt... | There are... |
| ...pasaje superioare denivelate şi treceri subterane la fiecare intersecţie mai importantă. | ...fly-overs and under passes at each major intersection crossing. |
| ...doar puţine vehicule pe acest drum. | ...but few vehicles on this road. |
| Cu ce viteză mergem? | What speed are we driving at? |
| Acum mergem cu o viteză (medie) de 80 km pe oră. | I am driving at a(n average) speed of 50 miles per hour (m.p.h ) |
| Nu este (cam) prea repede? | Isn't it rather too fast? |
| Vreau să depăşesc autocamionul din faţa noastră. | I want to overtake the lorry in front of us. |
| Pare că nu înaintează deloc. | It seems not to make any progress. |
| Cineva... | Someone... |
| ...ne face semne. | ...is beckoning to us. |
| ...ne cheamă. | ...is hailing us. |
| Sigur, unul care face autostop/ un autostopist. | Surely, someone asking for/ begging for a lift. |
| Vă rog, mă puteţi lua şi mine? Merg numai până la... | Can you give me a lift please? I am going only as far as... |
| Regret, toate locurile sunt ocupate. | Sorry, all seats are taken. |
| Maşina asta este numai pentru 4 persoane. | This car seats only four persons. |
| Bine! Urcă în maşină. | All right! Climb into the car. |
| Unde să te las? | Where shall I drop you? |
| Atenţie! | Careful! |
| ...O motocicletă se ţine după noi (ca umbra). | ...We are shadowed by a motor-cycle. |
| ...Maşina care vine din faţă aleargă nebuneşte. | ...The oncoming car is running like hell. |

| | |
|---|---|
| ...Drumul se îngustează. | ...The road narrows. |
| ...Drumul este alunecos; mașina ar putea să derapeze. | ...The road is slippery; the car might skid. |
| ...Bariera (de cale ferată este lăsată.) | ...The railway gate is down. |
| ...Vizibilitatea este slabă. | ...The visibility is poor. |
| Se întunecă. Aprinde farurile. | It's getting dark. Put on the lights. |
| Este... | There is... |
| ...o curbă și o trecere de nivel. | ...a bend and a level crossing. |
| ...indicatorul de intersecție de drumuri//trecere de nivel cu barieră. | ...the sign for cross-roads// gated level crossing. |
| ...ceva care blochează drumul. | ...something blocking the road. |
| ...mașina poliției în spate. | ...the police car in the rear. |
| Ce s-a întâmplat acolo? Un accident? | What (has) happened there? An accident? |
| Mă tem că da. | I am afraid, yes. |
| O furgonetă/o dubă a lovit un autobuz. | A van has run into a bus. |
| Dând/Ocolind colțul, un biciclist a fost trântit de un scuter. | On turning the corner, a cyclist was knocked down by a scooter. |
| Un om a fost călcat de o mașină. | A man was run over by a car. |
| O ciocnire (frontală) de automobile. | There is a head-on car collision. |
| Din fericire, nimeni nu este rănit. | Luckily none is injured. |
| Agentul de circulație este la fața locului pentru a culege informațiile/a face cercetări. | The traffic officer is on the spot to collect information/ to investigate. |
| Se zice că unul din conducă tori e beat//nu s-a trezit încă din beție. | They say that one of the drivers is drunk//is not sober. |

| | |
|---|---|
| Am impresia că este ceva în neregulă cu mașina asta. | It seems to me there is something wrong with this car. |
| Nu trage. De-abia mai trage. | It won't pull. It's barely pulling. |
| Se oprește//Moare motorul. | The engine stops//is dying. |
| O pană? A, ce pacoste! | A breakdown? Ah, what a nuisance! |
| Trage pe dreapta șoselei//în fața casei aceleia//după colț. | Pull up on the right side of the road//in front of that house//round the corner. |
| Te pricepi s-o repari? | Can you handle it? |
| Mă pricep puțin la mașini, dar șofez numai ca o recreație. | I know a little about cars, but I cultivate driving only as a pastime. |
| Sper să reușesc cumva să-l/o fac să meargă. | I hope I'll manage somehow to make it run. |
| Mașina n-are benzină. A mai rămas doar foarte puțină benzină. | The car has run out of petrol. There is only very little petrol left. |
| Rezervorul de benzină este aproape gol. | The petrol tank is almost empty. |
| Pare a fi... | It sounds like... |
| ...un defect de aprindere. | ...ignition trouble. |
| ...o defecțiune la carburator... | ...carburettor trouble. |
| Bujiile par a fi murdare; trebuie să le curăț. | The spark(ing) plugs seem to be dirty; I must clean them. |
| Jiclorul este înfundat; va trebui să-l scot și să-l desfund. | The jet is stopped; I'll have to get it out and clean it. |
| Motorul este supraîncălzit. | The engine is overheated. |
| Radiatorul curge/se prelinge. | The radiator is leaking. |
| Uleiul este sub nivel. | The oil stands below the level. |
| Acumulatorul este descărcat/slab. | The battery is flat/weak. |
| S-a rupt axa de transmisie. | The driving shaft is broken. |
| Frânele trebuie reglate (din nou). | The brakes want readjusting. |
| Luminile/Farurile din față//din spate nu se aprind. | The headlights//rearlights won't work. |
| O roată este pe jantă. Avem a pană de cauciuc. | A tyre is flat. There is puncture (in the tube). |
| Dați-mi... | Get me... |
| ...cheia franceză. | ...the monkey wrench. |
| ...cheia de piulițe. | ...the spanner. |
| ...cleștele. | ...the pliers. |
| ...șurubelnița. | ...the screwdriver. |
| ...ciocanul. | ...the hammer. |
| Trebuie să văd ce este în neregulă cu sistemul de aprindere. | I must see what the trouble is with the ignition system. |

Filtrul de aer trebuie schimbat. — The air filter must be changed.

Unde este... — Where is...

...cutia de scule? Nu găsesc... — ...the tool box? I miss...

...cricul mașinii? Trebuie să ridic mașina pe cric, să scot roata și să o înlocuiesc. — ...the car jack? I must jack up the car, take off the wheel and replace it.

Avem roată de rezervă? — Have we got a spare wheel?

Nu văd ce are/Ce este defect la motor. — I can't find out what's wrong with the engine.

Este puțin probabil// imposibil să găsim o piesă de rezervă aici. — It's unlikely//impossible to get a spare part here.

Nu ne putem descurca fără ea. — We can't do without it.

Unde se află... — Where is there...

...o stație de benzină? — ...a (petrol) filling station?

...un atelier de reparații auto? — ...a car repair (work)shop?

La ce distanță se află cel mai apropiat...? — How far is the nearest...?

Nu poate fi prea departe. — It can't be too far away.

Este un (auto) service în apropiere (cu un mecanic auto). — There is a (car) service shop near here (with a motor mechanic).

Vreți să vă uitați și să vedeți ce e în neregulă la motor? — Will you have a look and see what's wrong with the engine?

Îi puteți face ceva? — Can you do something about it?

Voi face tot ceea ce pot. — I'll try my best.

Puneți contactul! — Switch on (the ignition)!

Porniți motorul! Apăsați pe accelerator! — Start the engine! Press the starter!

Debraiați! — Declutch!

Băgați în viteză! Încercați toate vitezele. — Put/Throw it in gear! Engage the clutch on all gears.

Ambalați motorul! — Rev up the engine!

Dați drumul la frâna de mână! — Release the hand brake!

Mergeți puțin înainte! — Go forward a little!

Dați înapoi mașina/Mergeți în marșarier! — Back the car!

Întrerupeți contactul! — Switch off (the ignition)!

Este în regulă! A fost un scurtcircuit. — It's all right! It was a short circuit.

Vă mulțumesc foarte mult. Cât vă datorez? — Thank you very much. What do I owe you?

Nimic! A fost o nimica toată. — Nothing! It was a mere nothing.

(Primiți)... pentru osteneală și deranj. — Here is something for the pains and trouble taken.

Reparația... și înlocuirea... revin la... în total. — The repair of the... and the replacement of the... come to... in all.

| *Cuvinte suplimentare:* | *Additional words:* |
|---|---|
| accelerator | accelerator/starter |
| accesorii | accessories |
| amortizor | damper |
| (lichid) antigel | anti-freeze |
| anvelopă | tyre |
| apă distilată | distilled water |
| arc | spring |
| aripă, apărătoare | wig, mudguard |
| ataş (moto) | sidecar |
| autostradă cu două piste | dual highway/motorway |
| axă; - cardanică | axle; prop(eller) shaft |
| bară antişoc (protecţie) | bumper |
| bec | bulb |
| cameră (auto) | tube |
| capac de roată | hub disk |
| capota motorului | hood, bonnet |
| caroserie aerodinamică | streamlined body |
| casetă de direcţie | steering wheel |
| cheie fixă | double open and wrench |
| circulaţie pe dreapta//stânga | right-hand//left-hand drive |
| claxon | horn |
| combustibil | fuel |
| cutia de viteze | gear box |
| deviere de circulaţie | traffic diversion |
| diferenţial | differential |
| dinam | dynamo |
| distanţă în km etc | distance in kilometres etc |
| drum ocolit | roundabout way |
| (ţeavă de) eşapament | exhaust pipe |
| far din faţă//spate//de parcare | headlight //rear (tail) light// parking light |
| frână de mână//de picior//pe patru roţi | hand//foot//four-wheel brake |
| garaj | garage |
| hartă automobilistică | rnotoring map/road map |
| indicator de direcţie//rutier | direction indicator//road sign |
| încurcătură/perturbaţie în circulaţie | traffic jam |
| jantă (la roată) | rim |
| kilometraj | speedometer |
| lanternă electrică portabilă | (electric) torch |
| legea circulaţiei pe drumurile publice | road traffic act |
| levier | lever |
| lichid pentru frână | brake fluid |
| limuzină | four-door saloon |
| loc în faţă//în spate//al şoferului | front//back//driver's seat |
| manivelă | crankshaft |

| | |
|---|---|
| maşină de curse | racing car |
| motor cu benzină//Diesel | petrol//Diescl engine |
| număr (tăbliţa pentru -) | nurnber/licence plate |
| oglindă retrovizoare | rearview mirror |
| opriri pentru vizitarea unui loc etc | stopovers |
| pedală ambreiaj | clutch pedal |
| pericol - periculos | danger - dangerous |
| petic de cauciuc | rubber patch |
| piese de rezervă//originale | spare parts//genuine partls |
| pilă | file |
| piuliţă | nut |
| pompă de aer | inflator |
| pornire automată | starter |
| prelată | tarpaulin |
| prioritate - drum cu prioritate | priority - priority road |
| rulment | ball bearing |
| salopetă | overalls |
| semnalizator | blinker |
| stop (farul) | stop light |
| şasiu | chassis frame |
| şofer | chauffeur, driver |
| şosea (parte carosabilă) | roadway |
| ştergător parbriz | windscreen wiper |
| şurub | screw |
| tobă de eşapament | silencer |
| trusă de prim ajutor | first-aid outfit/kit |
| turnantă | turning |
| unsoare, vaselină | grease |
| uşa maşinii | car door |
| ventil | valve |
| ventilator | fan |
| viteza 1, a 2-a etc | first gear, second gear etc |
| vânzător la staţia de benzină | petrol attendant |
| volan | steering wheel |
| vulcanizare | vulcanization |
| a avea un accident | to meet with an accident |
| a călători cu autostopul | to hitch-hike |
| a conduce cu prudenţă | to drive cautiously |
| a controla presiunea cauciucurilor | to check the tyre pressure |
| a demonta | to disassemble, to take off |
| a deşuruba | to unscrew |
| a dirija circulaţia | to direct the traffic |
| a evita | to avoid |
| a face tabără/a carnpa | to camp |
| a frâna | to put on the brake |
| a gresa | to grease |
| a ieşi (roată, capac etc) | to come off |
| a încărca acumulatorul | to charge up the battery |
| a lua cu chirie un automobil | to hire a car |

| | |
|---|---|
| a micşora lumina la faruri | to dim the lights |
| a monta | to assemble, to fix |
| a parca | to park |
| a remorca (pe cineva) | to (give a) tow |
| a schimba uleiul | to change the oil |
| a semnaliza | to signal |
| a spăla | to wash |
| a suferi reparaţii | to undergo repairs |
| a tampona | to run into/to collide (with) |
| a traversa | to cross |
| a umfla (camera) | to inflate |
| a umple rezervorul etc | to fill (up) |
| a vulcaniza | to vulcanize |

| **Indicatoare pentru semnalizare rutieră** | **Road Traffic Signs and Plates** |
|---|---|
| Acces/sens interzis | No entry |
| Atenţie! Copii! | Children! |
| Bac | Ferry |
| Cedează trecerea! | Give way! |
| Coborâre periculoasă | Steep hill |
| Curbă dublă | Double curve |
| Curbă periculoasă | Curve |
| Depăşirea interzisă | No overtaking |
| Drum alunecos | Slippery |
| Drum cu denivelări | Bump |
| Drum cu prioritate | Priority road ahead |
| Drum îngustat | Road narrows |
| Drum în reparaţie | Road work ahead |
| Intersecţie cu un drum fără prioritate | Crossroad with precedence |
| Intersecţie de drumuri | Crossroads |
| Interzis pentru autoturisme | Automobiles prohibited |
| Interzis pentru vehicule de toate tipurile | Closed to all vehicles |
| Întoarcerea interzisă | No U-turn |
| Opreşte, asigură-te, porneşte! | Halt at crossroads! |
| Pericol | Danger |
| Pod | Bridge |
| Sens giratoriu | Roundabout |
| Sens obligatoriu | Compulsory direction |
| Terminarea zonei de viteză limitată | End of speed limit |
| Trecere de nivel cu bariere | Gated level crossing |
| Trecere de nivel fără bariere | Ungated level crossing |
| Trecere pentru pietoni | Pedestrian crossing |
| Viteza maximă | Speed limit |

**PE MUNȚI ALPINISM**

Îmi voi petrece vacanța/concediul...
...la munte.
...făcând alpinism/ascensiuni.

Eu aș fi dorit să mă duc pe litoral, dar medicul mi-a recomandat muntele.

O schimbare de aer îmi va face mult bine, a spus el.

Anul trecut am făcut multe ascensiuni în Carpați.

Știu că vara aceasta pleci pe munți. Ai avea vreo obiecțiune dacă m-aș asocia și eu?

Sunt gata să împart cu tine cheltuielile...

Din contră, voi fi bucuros să am compania ta...

Cu siguranță că ne vom distra bine.

Ești...
...bun cățărător?
...bine echipat în acest scop?

**IN THE MOUNTAINS MOUNTAINEERING**

I shall spend my holidays...
...in the mountains.
...mountaineering.

I should have liked to go to the seaside, but the doctor ordered me to the mountains.

A change of air will do me much good, he said.

Last year I did a lot of climbing in the Carpathians.

I know you are going in the mountains this summer. Would you mind my joining you?

I am ready to share with you the expenses of the...

On the contrary, I'll be glad to have your company.

We shall certainly have a good time.

Are you...
...good at climbing?
...well-equipped for this purpose?

| | |
|---|---|
| Am urcat deja pe cei mai mulţi munţi din această parte a ţării. | I have already climbed most of the mountains in this part of the country. |
| Am făcut rost de bocanci pentru căţărat, un hanorac, un rucsac şi celelalte. | I have got nailed climbing boots, an anorak, a rucksack and the like/and what-not. |
| Noi încercăm să ne urcăm pe masivul... | We are making an attempt to climb the... massif. |
| Aceşti munţi... | These mountains... |
| ...par a fi foarte înalţi. | ...seem to be very high. |
| ...se ridică la 2.500 m deasupra nivelului mării. | ...stand 2,500 meters above the surface of the sea/sea level. |
| Nu este greu//periculos să urci singur aceşti munţi stâncoşi//râpoşi? | Isn't it difficult//dangerous to climb alone these rocky// steep mountains? |
| Urcuşul nu este neobişnuit de greu, dar în condiţii de ploaie//zăpadă//vizibilitate redusă este destul de greu. | The climb is not unusually difficult, but in rain// snow// poor visibility conditions, it is difficult enough. |
| Este... | It is... |
| ...periculos să urci pe un munte râpos/abrupt. | ...dangerous to climb a steep mountain. |
| ...(şi) mai periculos să cobori pe un versant de munte alunecos. | ...more dangerous to descend a slippery mountain slope. |
| Urcatul pe munţi este o recreaţie/ ocupaţie obositoare. | Climbing mountains is a strenuous pastime. |
| (Noi) avem avantajul de a avea cu noi un ghid cu experienţă. | We have the benefit of having an experienced guide with us. |

---

| | |
|---|---|
| Trebuie... | We must... |
| ..să mergem pe/să urmăm cărarea îngustă care urcă muntele în spirale. | ...follow this narrow path that runs in spirals up into the mountain. |
| ...să urcăm această potecă de pădure, să traversăm valea de acolo, apoi să începem iarăşi să urcăm un versant acoperit de pomi înalţi. | ...climb this forest path, cross the yonder valley, then again begin to climb a slope bearing a tall forest. |
| Unii munţi sunt înverziţi şi împăduriţi, alţii sunt pleşuvi. | Some mountains are green and wooded, others are bare. |

| | |
|---|---|
| Pe versanţii acestor munţi... | On the slopes of these mountains... |
| ...sunt văi roditoare. | ...there are fertile valleys. |
| ...se află căsuţe ale fermierilor. | ...there are small farm-houses. |
| ...pasc cirezi de vite. | ...there are herds of cattle grazing. |
| Auzi susurul unui pârâiaş (de munte)? | Can/Do you hear the babbling of a streamlet? |
| Izvorăşte chiar din acest loc... | It has/takes its spring in this very place... |
| ...se precipită în jos pe peretele râpos al muntelui. | ...it rushes down the steep face of the mountain... |
| ...curge printr-o vale... | ...flows in a valley... |
| ...pătrunde într-un şes şi... | ...enters a plain and... |
| ...după ce primeşte mulţi afluenţi, se varsă în mare printr-o deltă largă. | ...after receiving many tributaries, flows into the sea by a broad delta. |
| Ce păcat! Vremea, atât de frumoasă înainte cu câteva ore, începe să se strice. | What a pity! The weather, so fine a few hours ago, begins to break. |
| Bate vântul. | It is windy/The wind blows. |
| Burniţează. | It drizzles. |
| Începe să plouă//să ningă. | It begins to rain//to snow. |
| Plouă//Ninge. | It's raining//snowing. |
| O ceaţă deasă... | A thick fog... |
| ...se răspândeşte peste munţi. | ...is spreading over the mountains. |
| ...cuprinde totul. | ...encompasses everything in sight. |
| Este un zid alb de ceaţă de nepătruns. | There is a white wall of unpenetrable fog. |
| Nu vezi/Este imposibil să vezi la mai mult de câţiva metri în oricare direcţie. | It is impossible to see farther than a few metres in any direction. |
| Ia seama să nu aluneci pe rădăcina vreunui pom! | Look out not to slip on a tree-root! |
| Nu putem merge mai departe. | We can't go any farther. |
| Am putea... | We might... |
| ...să ne accidentăm. | ...meet with an accident. |
| ...să dăm de animale sălbatice. | ...fall in with wild animals. |

| | |
|---|---|
| Acum ne aflăm pe o creastă la aproximativ 1.800 m deasupra nivelului mării. | We are now on a ridge about 1,800 metres above the sea level. |
| Ne vom opri/Vom poposi în luminișul acela. | We'll halt at that clearing. |
| Pe această creastă de munte, câteva sute de metri mai sus, se află o mică cabană de pădurar, în prezent nelocuită. | On this mountain ridge, a few hundred metres higher up, there stands a little forester's cabin, now uninhabited. |
| Este o cabană (de munte) la o distanță de aproximativ o oră. | There is a mountain hut (a chalet) at about one hour's distance. |
| Am putea... | We might... |
| ...să ne adăpostim acolo. | ...take shelter there. |
| ...să înnoptăm acolo. | ...stay there overnight. |

---

| | |
|---|---|
| Cerul se limpezește. | The sky is clearing up. |
| Ploaia a încetat. | The rain has stopped. |
| Ceața s-a ridicat. | The fog has lifted. |
| În depărtare putem vedea piscurile acoperite cu zăpadă ale... | In the distance we can see the snowy peaks of the... |
| În curând atingem vârful. | Soon we shall reach the top. |
| (Până) la ora opt vom fi în zona lacurilor alpine. | By eight o'clock we'll be within the area of the alpine lakes. |
| Eu sunt de părere... | I am in favour of... |
| ...să urcăm și mai sus spre cabana de la cota 2.000. | ...climbing a little higher towards the 2,000 metres altitude hut. |
| ...să mergem cu telefericul și astfel să putem admira vasta panoramă care se întinde sub noi. | ...going by the cable railway and thus have the opportunity of admiring the vast panorama that stretches below us. |
| Să mergem cu telefericul? Asta nu se numește alpinism! | To go by (the) telpher/cable railway? That isn't climbing! |
| Funicularul nu urcă până la vârf. Va mai trebui să urcăm de la capătul liniei până la vârf. | The cable/telpher does not go up the top. We'll still have to climb from the end of the line to the top. |
| Ce răsărit//apus de soare! | What a sunrise//sunset! |
| Ce vedere pitorească! | What a picturesque sight! |

| | |
|---|---|
| De pe culme/vârf priveliştea este măreaţă. | The view from the summit is magnificent. |
| Priviţi... | Look/Have a look... |
| ...de jur împrejur la piscurile acoperite cu zăpadă şi gheaţă! | ...at the snow and ice covered peaks all around! |
| ...râurile care şerpuiesc la vale! | ...at the rivers winding in the valley! |
| Puteţi zări... | Can you perceive... |
| ...acoperişurile roşii ale case lor din satul pe care l-am părăsit azi dimineaţă// nu mai departe decât ieri? | ...the red roofs of the houses in the village we left this morning//but yesterday? |
| ...fumul vetrelor? | ...the smoke of the fires? |
| ...coşurile zvelte ale fabricii de mobilă? | ...the slender chimneys of the furniture factory? |
| Nu văd/pot vedea... cu ochiul liber. | I can't see the... with the naked eye. |
| Vrei să-mi dai binoclul? | Will you pass me the binoculars? |
| După ce se înserează, vom putea vedea luminile marelui oraş. | After dusk we'll be able to see the lights of the big city. |
| Cât sunt de bucuros că am urcat aici! | How glad I am to have climbed up here! |
| Cu câtă prospeţime/Ce înviorător îmi mângâie fruntea acest vânt răcoros! | How freshly/invigoratingly this cool wind fans my brow! |
| Aici este (un) alt aer! | The air is quite different here! |
| Locuri frumoase ca acesta sunt magneţi care an de an atrag din ce în ce mai mulţi turişti//alpinişti. | Such beauty spots are magnets which year after year draw ever more tourists//mountaineers. |
| Aş vrea să facem o fotografie grup. | I would like to take a group photo. |
| Îmi poţi face o poză? | Can you take a snap(shot) of me? |
| Sunt foarte mulţumit că am petrecut momente atât de reconfortante. | I am full of satisfaction at having spent such a refreshing time. |
| Simt cum totul se înviorează în mine. | I feel that all my senses are being sharpened. |
| Aceasta este cea mai emoţionantă trăire pe care am cunoscut-o vreodată. | This is the most thrilling experience I have ever known. |

| *Cuvinte suplimentare:* | *Additional words:* |
|---|---|
| baston (cu vârful de metal) pentru ascensiuni | alpenstock |
| cădere de apă/cascadă | waterfall |
| carabină | karabiner |
| cățărător accidentat | injured climber |
| ciocan pentru pitoane | piton hammer |
| cornișă de zăpadă | snow cornice |
| costum de alpinist | climbing clothes |
| crampon | crampon |
| crater | crater |
| echipament pentru ascensiuni | climbing equipment |
| espadrile, bocanci-pâslari | felt-soled kletterschuhe |
| fisură | crack |
| floare-de-colț | edelweiss |
| frânghie pt. ascensiuni | climbing rope |
| ghețar | glacier |
| inel de piton | piton ring |
| izvor | spring |
| muntos | mountainous |
| ochelari de protecție (zăpadă) | snow goggles |
| pantaloni de alpinist | climbing breeches |
| perete de stâncă | rock face |
| piolet | ice axe |
| piton | piton |
| platformă de stâncă | rock platform |
| prăpastie | precipice |
| provizii alimentare | provisions |
| rău de munte | mountain sickness |
| salvator; echipă de salvare | rescuer; rescue team |
| surplombă | overhang |
| vertical | vertical |
| vulcan - vulcanic | volcano - vulcanic |
| a cădea de oboseală | to break down with fatigue |
| a duce/a căra | to carry |
| a escalada | to climb over |
| a încetini//a mări pasul | to slow//to quicken the pace |
| a lega cu frânghii/a fi legat cu frânghii | to rope/to be roped |

| PE LITORAL | AT THE SEASIDE |
|---|---|
| Plec pe litoral. | I am going to the seaside. |
| Și eu intenționez să petrec câteva zile pe coasta Mării Negre. | I too intend to spend a few days on the Black Sea coast. |
| Câte zile de concediu ai? | How many days of holiday did you get? |
| Trei săptămâni de concediu, de odihnă, de distracții. | Three weeks of holidays, of rest, of good time. |
| Unde preferi să mergi? | Where did you choose to go? |
| Mamaia este perla stațiunilor noastre de pe litoral. | Mamaia is the pearl of our seaside resorts. |
| Din iulie până în septembrie sezonul este în toi. | From July to September the season is at its height/best. |
| Administrația hotelurilor nu poate face față cererilor vilegiaturiștilor. | The management of the hotels can't meet the demands of the holiday makers. |
| Este greu de găsit locuință în toiul verii. | It is hard to get accommodation at the height of summer. |
| Eu am încercat, dar nu am putut găsi o cameră într-o casă particulară. | I tried, but couldn't find a room in a private home. |
| Prețurile (nu) sunt foarte ridicate. | Prices are (not) very high. |
| Sunt mulți turiști/vizitatori din străinătate, dar încă mai mulți urmează să sosească. | There are many tourists/visitors from abroad, and many more are still to come. |
| Sunt zeci de restaurante, baruri, localuri de dans, terenuri de sport, locuri de distracții etc. | There are tens of restaurants, bars, dancing bars, sports grounds, places of entertainment etc. |
| Cât (timp) rămâi la...? | How long will you be staying at...? |

| | |
|---|---|
| Unde locuieşti//mănânci? | Where are you living//eating? |
| M-am hotărât să locuiesc într-un cort de pe plajă. Masa o voi lua la un restaurant. | I made up my mind to live in one of the tents on the sands of the beach. I'll have my meals in a restaurant. |
| N-am avut altă posibilitate. | I had no alternative/choice. |
| La urma urmei, a locui într-un cort nu-i deloc aşa de rău. În plus, este mult mai ieftin. | After all, living in a tent isn't so bad at all. Besides, it's much cheaper. |
| Locuind foarte aproape de mare, am prilejul... | Living close by the sea, I have the opportunity... |
| ...să ascult freamătul apei. | ...to listen to the swirl of the water. |
| ...să privesc valurile mângâind//măturând plaja. | ...to watch the waves caressing// sweeping the beach. |
| ...să văd valurile mării sfărâmându-se de dig. | ...to see the waves of the sea breaking against the dam. |
| Ai fost la...? | Have you been to...? |
| Este o barcă cu motor care face curse dus-întors între... şi...la fiecare două ore. | There is a motor-boat that plies between... and.... every other hour. |
| Aş dori să vizitez Insula... | I should like to visit the Isle of... |
| Am putea închiria o barcă? Eu ştiu să vâslesc//cârmesc. | Could we hire a boat? I can row// steer a boat. |
| Ai văzut elegantul cazino? | Have you seen the fashionable casino? |
| Copiii se amuză... | Little children enjoy themselves... |
| ...dându-se în leagăn. | ...going up in the swing. |
| ...lipăind cu picioarele prin apă. | ...paddling in the water. |
| ...bălăcindu-se în apă. | ...dabbling in the water. |
| ...stropindu-se unii pe alţii cu apă. | ...splashing water on one another. |
| Prefer să stau pe un şezlong. | I prefer sitting in a lounge-chair. |
| Briza răcoroasă face foarte plăcută şederea pe plaja însorită. | The cool breeze makes lying on the sunny beach very pleasant. |
| Să înotăm puţin? | Shall we swim a little? |
| Nu ştiu să înot. | I cannot swim. |
| Nu te teme. Aici apa nu este adâncă. | Don't be afraid. The water is not deep here. |
| Marea este calmă. Este/Arată ca o oglindă. | The sea is smooth. It looks like a looking-glass. |
| Poţi vedea fundul mării? | Can you see the bottom of the sea? |

| | |
|---|---|
| Ai curajul să înoţi până la far şi înapoi? | Dare you swim to the lighthouse and back again? |
| Nu te duce prea departe. Azi marea este agitată//periculoasă. | Don't go too far. The sea is rough//dangerous today. |
| Vântul stârneşte valuri teribile. | The wind is blowing tremendous waves. |
| Nu te depărta de ţărm. | Keep near the shore. |
| Săptămâna trecută s-a înecat un tânăr. | Last week a young man was drowned (in the sea). |

---

| | |
|---|---|
| Soarele este orbitor. | The sun is dazzling. |
| Am să caut un loc la umbră. | I'll look for a place in the shade. |
| Pune-ţi... | Put on... |
| ...ochelarii de soare. | ...your sun-glasses. |
| ...pălăria de paie. | ...your straw hat. |
| Îmi place să stau întins//să dorm//să citesc pe plajă. | I like to lie//sleep//read on the sands. |
| Vreau să mă bronzez. | I want to get tanned/a sun tan. |
| Nu sta prea mult la soare. | Don't stay in the sun too long. |
| Nu-ţi expune corpul la soare mai mult de... minute. | Don't expose the body to the sun longer than... minutes. |
| Soarele arde/dogoreşte. | The sun is burning. |
| Eşti ars de soare. | You are sunburnt. |
| Unge-ţi corpul cu acest... | Smear the body with this... |
| Întinde puţină cremă//ulei de nucă pe faţă. | Spread some cream//nut-oil over your face. |
| Întoarce-ţi faţa la dreapta//la stânga pentru ca soarele să nu-ţi bată în ochi. | Turn your face to the right//left lest the sun should shine in your eyes. |
| Ţi se jupoaie pielea. | Your skin is peeling. |
| Cred că pentru azi e destul. | I think it's enough for today. |
| Să mergem... | Let's go... |
| ...şi să bem ceva. | ...and have a drink. |
| ...la umbră. | ...in the shade. |
| ...la hotel şi să ne schimbăm. | ...to our hotel and change. |
| La ce oră se serveşte masa? | What time is dinner served? |
| Ne putem vedea deseară? Ce ai spune să mergem la cazino şi să cinăm// dansăm acolo? | Can we meet in the evening? What do you say to going to the casino and supping// dancing there? |
| Să mergem şi să încheiem astfel ziua. | Let's go and call it a day! |

| *Cuvinte suplimentare:* | *Additional words:* |
|---|---|
| ambarcader - debarcader | landing stage |
| arsură de soare | sunburn |
| baie de nămol | mud-bath |

| | |
|---|---|
| banc de nisip | sandbank |
| barcă de pescari//cu pânze// de salvare | fishing-boat//sailing-boat// lifeboat |
| bonetă de baie | bathing cap |
| cap (geograf.) | cape |
| chiloţi de baie | slips, trunks |
| colac de salvare | life-belt |
| costum de baie | bathing costume; swimming suit |
| delfin | dolphin |
| dună | sandhill, dune |
| duş | shower (bath) |
| faleză | cliff |
| flux//reflux | flow//ebb |
| găleţică pt. copii | bucket |
| golf | bay |
| greblă | rake |
| halat de baie | bathing wrap, bathing gown |
| insolaţie | sunstroke |
| înotător//neînotător | swimmer//non-swimmer |
| lopată, vâslă - lopăţică | oar - spade |
| maree | tide |
| meterez, zid (mare) | rampart |
| nudism - nudist | nudism - nudist |
| pernă pneumatică | air cushion |
| pescar | angler, fisherman |
| pescăruş | sea-gull |
| piele bronzată de soare | sun-tan |
| plasă | net |
| port | port, harbour |
| post de prim-ajutor | life-guard station; first-aid |
| loc de promenadă | promenade |
| rază de soare | sun-ray, sunbeam |
| raze ultraviolete | ultraviolet rays |
| sacoşă de plajă | beach bag |
| saltea pneumatică | air mattress |
| sandale de plajă | bathing shoes |
| scaun-coş din răchită | wicker shelter with seat |
| salvator | life saver |
| scoică | shell |
| spumă | foam |
| stâncă | cliff, rock |
| umbrelă de soare | sunshade |
| undiţă | fishing-rod |
| valuri (spargerea, izbirea lor de stânci) | surf |
| vapor | ship, steamer |
| a se bronza | to tan |
| a călători cu un iaht | to make a voyage in a yacht |
| a salva | to save |
| a se scălda | to bathe |

| DIN NOU ACASĂ | HOME AGAIN |
|---|---|
| Bun venit!/ Bine ai/ați venit! | Welcome! |
| Bucuros de revedere! | Glad to see you again! |
| În sfârșit, iată-te! | There you are at last! |
| Am crezut că vii abia peste două zile. | I thought you wouldn't come for another two days. |
| Am primit telegrama ta... | I received your telegram... |
| ...chiar azi dimineață. | ...this very morning. |
| ...numai cu o oră mai înainte. | ...only an hour ago. |
| Îți mulțumesc mult pentru că ai venit la gară//aeroport etc. | Thank you so much for coming to the station// airport etc. |
| A fost drăguț din partea ta să vii să mă întâmpini. | It was very kind of you to come and meet me. |
| Unde sunt bagajele? | Where is your luggage? |
| Voi... | Let me... |
| ...merge eu să scot bagajele de la casa de bagaje. | ...go and get your luggage from the luggage office. |
| ...duce eu bagajele. | ...carry your luggage. |
| Ai călătorit bine? | Have you had a pleasant journey? |

| | |
|---|---|
| Presupun că eşti obosit după această lungă călătorie. | I suppose you are tired after the long journey. |
| Deloc! | Not a bit! |
| Da, puţin. | Yes, a little. |
| Tot ceea ce doresc este o baie bună. | All I want is a good bath. |
| Am nevoie de odihnă. | I want/need rest. |
| Să mergem. | Let's go. |
| Ieşirea este pe aici. | This is the way out/the exit. |
| Iată maşina mea//staţia de taxiuri. | There is my car//the taxi rank. |
| Urcă în maşină. | Get into the car. |
| Du-ne la... | Drive us to... |
| Ai lipsit mult de acasă, nu? | You have been away from home a long time, haven't you? |
| Da, şi sunt mulţumit că am petrecut timpul cu folos. Am câştigat multă experienţă în specialitatea mea. | Yes, and I am satisfied at having had such a profitable time. I have gained a lot of experience in my line. |
| Ţi-a fost vreodată dor de casă/patrie? | Have you ever been homesick? |
| Cu greu se poate spune cât de mult doream... | I can hardly say how much I wanted... |
| ...să mă înapoiez acasă/în patrie. | ...to return home. |
| ...să îmi revăd familia, pe voi toţi. | ...to join my family, to see you all again. |
| Ce mai face...? | How is... |
| Toată lumea bine, sănătoasă? | Everybody safe and sound? |
| Aveţi ştiri de la...? | Any news from...? |
| Aţi primit scrisorile mele? | Have you received my letters? |

| REDACTAREA UNEI SCRISORI | LETTER WRITING |
| --- | --- |
| *Data* | *The date* |
| 7 octombrie 1976 | October 7th. 1976/7th of October,. 1976 |
| *Antetul* | *The heading* |
| Domnule,... Doamnă,... | Sir,... Madam... |
| Stimate Domn, Stimată Doamnă, | Dear Sir, Dear Madam, |
| Stimate Domnule Brown, | Dear Mr Brown, |
| Stimată Doamnă Brown, | Dear Mrs Brown, |
| Dragă George, | Dear George, |
| *Modalități de a începe o scrisoare* | *Some ways of beginning a letter* |
| Confirmăm primirea scrisorii Dv. din... | We acknowledge the receipt of your letter of... |
| Răspunzând scrisorii Dv. din 22 crt., ne permitem să vă informăm că... | In reply to your letter of 22nd inst* , we beg to inform you that... |
| Îți mulțumesc pentru invitația la cină, dar datorită unui angajament anterior... | (I) thank you for your asking me to dinner, but owing to a previous engagement... |

* instant = of the current month

| | |
|---|---|
| Cu aceasta vă prezentăm pe domnişoara Liza Smith, din oraşul nostru care doreşte să se prezinte la examenul de admitere la... | This is to introduce to you Miss Liza Smith, of our town, who wishes to sit for the entrance examination at... |
| *Modalităţi de a încheia o scrisoare* | *Some ways of closing a letter* |
| În aşteptarea răspunsului Dv. neîntârziat,... | Looking forward to your early reply... |
| Aştept cu plăcere (şi nerăbdare) să te văd. | I'm looking forward to see you. |
| Mulţumindu-vă pentru bunăvoinţa arătată cu ocazia primei noastre întâlniri,... | Thanking you for your kindness shown on the occasion of our first meeting,... |
| Transmiteţi părinţilor Dv. respectuoasele mele salutări şi... | Give my kindest regards to your parents/kindly remember me to your parents and... |
| Al Dv. devotat/... îndatorat, | Yours sincerely,/ - (much) obliged, |
| Cu stimă, | Yours faithfully, |
| Cele mai bune urări, | With best wishes. |

## CUPRINSUL

### DIVERSE



## CONTENTS

### MISCELLANEA

CĂLĂTORIND



TRAVELLING



ÎN ORAŞ



IN TOWN

ÎN VACANȚĂ - CONCEDIUL DE ODIHNĂ

ON HOLIDAYS - THE REST LEAVE